U0141959

清 史 論 集

（五）

莊 吉 發 著

文史哲學集成
文史哲出版社印行

國家圖書館出版品預行編目資料

清史論集 / 莊吉發著. -- 初版. -- 臺北市: 文史哲,
民 86 –
　　冊;　公分. -- (文史哲學集成 ; 421–)
含參考書目
ISBN 978-957-549-110-9 (第一冊：平裝) .--ISBN978
957-549-111-6(第二冊：平裝) .--ISBN957-549-166-6
(第三冊：平裝) . --ISBN 978-957-549-271-7 (第四冊：.
平裝) --ISBN 978-957-549-272-4 (第五冊：平裝)

1.中國–歷史–清(1644-1912)–論文，講詞等

627.007　　　　　　　　　　　　86015915

文 史 哲 學 集 成　421

清 史 論 集 (五)

著　　者：莊　　　　吉　　　　發
出 版 者：文　史　哲　出　版　社
　　　　　http:// www.lapen.com.tw
　　　　　e-mail：lapen@ms74.hinet.net
登記證字號：行政院新聞局版臺業字五三三七號
發 行 人：彭　　　正　　　雄
發 行 所：文　史　哲　出　版　社
印 刷 者：文　史　哲　出　版　社
　　　　　臺北市羅斯福路一段七十二巷四號
　　　　　郵政劃撥：16180175　傳真 886-2-23965656
　　　　　電話 886-2-23511028　　886-2-23941774

實價新臺幣四五〇元

二〇〇〇年（民八十九）十月初版

ISBN 978-957-549-272-4　　　00421

清史論集

(五)

目　次

清史論集

出版説明

　　我國歷代以來，就是一個多民族的國家，各民族的社會、經濟及文化等方面，雖然存在著多樣性及差異性的特徵，但各兄弟民族對我國歷史文化的締造，都有直接或間接的貢獻。滿族以邊疆部族入主中原，建立清朝，一方面接受儒家傳統的政治理念，一方面又具有滿族特有的統治方式，在多民族統一國家發展過程中有其重要地位。在清朝長期的統治下，邊疆與內地逐漸打成一片，文治武功之盛，不僅堪與漢唐相比，同時在我國傳統社會、政治、經濟、文化的發展過程中亦處於承先啓後的發展階段。蕭一山先生著《清代通史》敘例中已指出原書所述，爲清代社會的變遷，而非愛新一朝的興亡。換言之，所述爲清國史，亦即清代的中國史，而非清室史。同書導言分析清朝享國長久的原因時，歸納爲二方面：一方面是君主多賢明；一方面是政策獲成功。《清史稿》十二朝本紀論贊，尤多溢美之辭。清朝政權被推翻以後，政治上的禁忌，雖然已經解除，但是反滿的情緒，仍然十分高昂，應否爲清人修史，成爲爭論的焦點。清朝政府的功過及是非論斷，人言嘖嘖。然而一朝掌故，文獻足徵，可爲後世殷鑒，筆則筆，削則削，不可從闕，亦即孔子作《春秋》之意。孟森先生著《清代史》指出，「近日淺學之士，承革命時期之態度，對清或作仇敵之詞，既認爲仇敵，即無代爲修史之任務。若已認爲應代修史，即認爲現代所繼承之前代。尊重現代，必並不厭薄於所繼承之前

代，而後覺承統之有自。清一代武功文治、幅員人材，皆有可觀。明初代元，以胡俗爲厭，天下既定，即表章元世祖之治，惜其子孫不能遵守。後代於前代，評量政治之得失以爲法戒，乃所以爲史學。革命時之鼓煽種族以作敵愾之氣，乃軍旅之事，非學問之事也。故史學上之清史，自當占中國累朝史中較盛之一朝，不應故爲貶抑，自失學者態度。」錢穆先生著《國史大綱》亦稱，我國爲世界上歷史體裁最完備的國家，悠久、無間斷、詳密，就是我國歷史的三大特點。我國歷史所包地域最廣大，所含民族分子最複雜。因此，益形成其繁富。有清一代，能統一國土，能治理人民，能行使政權，能綿歷年歲，其文治武功，幅員人材，既有可觀，清代歷史確實有其地位，貶抑清代史，無異自形縮短中國歷史。《清史稿》的既修而復禁，反映清代史是非論定的紛歧。

　　歷史學並非單純史料的堆砌，也不僅是史事的整理。史學研究者和檔案工作者，都應當儘可能重視理論研究，但不能以論代史，無視原始檔案資料的存在，不尊重客觀的歷史事實。治古史之難，難於在會通，主要原因就是由於文獻不足；治清史之難，難於在審辨，主要原因就是由於史料氾濫。有清一代，史料浩如烟海，私家收藏，固不待論，即官方歷史檔案，可謂汗牛充棟。近人討論纂修清代史，曾鑒於清史範圍既廣，其材料尤夥，若用紀、志、表、傳舊體裁，則卷帙必多，重見牴牾之病，勢必難免，而事蹟反不能備載，於是主張採用通史體裁，以期達到文省事增之目的。但是一方面由於海峽兩岸現藏清代滿漢文檔案資料，數量龐大，整理公佈，尚需時日；一方面由於清史專題研究，在質量上仍不夠深入。因此，纂修大型清代通史的條件，還不十分具備。近年以來，因出席國際學術研討會，所發表的論文，多涉及清代的歷史人物、文獻檔案、滿洲語文、宗教信仰、族群關係、

人口流動、地方吏治等範圍，俱屬專題研究，題爲《清史論集》。雖然只是清史的片羽鱗爪，缺乏系統，不能成一家之言。然而每篇都充分利用原始資料，尊重客觀的歷史事實，認眞撰寫，不作空論。所愧的是學養不足，研究仍不夠深入，錯謬疏漏，在所難免，尙祈讀者不吝教正。

一九九九年十二月　莊吉發

建州三衛的設置及其與朝鮮的關係

一、前　言

　　《史記》五帝本記所載息慎，又稱為肅慎，居於長白山以北的廣大地區，是古代活動於東北的主要部族，也是女真的先世。遠在周武王時，肅慎即遣人貢獻「楛矢石砮」，已經與中原建立了密切的關係。戰國以後，肅慎改稱挹婁，也使用楛矢石砮獵取野獸。在三國時，中原社會也以挹婁貂作為禦寒珍品。南北朝時，挹婁更名勿吉，隋唐稱為靺鞨，五代時，靺鞨始改稱女真，沿用至明清，女真就是滿族的核心民族。肅慎及其後裔的發展過程，雖然不可視為滿洲部族本身的發展過程，但若將肅慎及其後裔與女真部族加以割裂，則將忽視女真悠久的歷史淵源，不能正確反映出其歷代相承的關係。明初，女真因其活動的地區及社會演進的過程被區分為建州女真、海西女真及野人女真三部，永樂初年以降，明廷在建州女真地區，透過朝鮮的關係，設置了建州衛，其後又析置建州左衛與建州右衛，枝幹互生。建州三衛與朝鮮為鄰，出入朝鮮後門，彼此關係密切。本文撰寫的目的，旨在利用明代及朝鮮史料，探討建州三衛設置的經過，並從建州三衛的遷徙過程中說明女真與朝鮮的關係，以及明廷的態度。

二、建州三衛設置的經過

　　蒙古滅金後，女真遺族散居於混同江流域、開元城之北，東濱海，西接兀良哈，南鄰朝鮮。明代初年，女真分為三部，據《

大明會典》載，居海西等處者爲海西女眞，居建州、毛憐等處者爲建州女眞，其極東爲野人女眞。海西女眞與建州女眞每年遣人朝貢，野人女眞去中國窵遠，朝貢不常①。建州女眞分佈於牡丹江、綏芬河及長白山一帶，其人「知耕種緝紡，居處飲食，頗有華風。」②建州名稱，由來已久，唐代渤海率賓府已領華、益、建三州③。金、元相承，都稱爲建州。元代曾在建州地區設置五個萬戶府，元末，建州女眞因遭野人女眞屢次侵擾，逐漸向西南遷移。明朝繼承元代統治東北地區後，在政治上仿照唐代羈縻州制度，設置一百八十幾個衛所，除軍事作用外，尙須處理地方行政事務。衛所各官職俱由各部族大小頭人充任，俾各統其所屬。其官職設置最高者爲都督，其下依次分別爲都督同知、都督僉事、都指揮、都指揮同知、都指揮僉事、都軍史、指揮同知、指揮僉事及千百戶等職，由明廷直接委任，各都督給予勅書、印信，各官職的晉陞襲替，均由各都督等呈報明廷，取得認可。

明初在建州設衛，係因其原有種別，以稱其衛，非因設衛而後始有種別。成祖永樂年間以降，先後設置建州衛、建州左衛與建州右衛。明成祖永樂元年（1403）十一月，胡里改萬戶阿哈出等赴京朝貢，明廷設建州衛軍民指揮使司，以阿哈出從征奴兒干等地有功，授爲指揮使，賜姓名李誠善④，其餘爲千百戶所鎭撫，賜誥印冠服及鈔幣。明廷亦設建州衛經歷司署經歷一員。毛憐與建州同部，永樂三年（1405）四月，明廷遣百戶金聲齎勅招撫毛憐地面兀良哈萬戶把兒遜等，其敕諭云：

> 朕今即位三年，天下太平，四海内外，皆同一家，恐爾等不知，不相統屬，強凌弱，眾暴寡，何寧息之有。今遣百戶金聲等，以朕意諭爾，並賜爾綵幣等物，爾等若能敬順天意，誠心來朝，各立衛分，給印信，授以名分賞賜，俾

> 爾世居本土，自相統屬，打圍牧放，各安生理，經商買賣，
> 從便往來，共享太平之福，故諭⑤。

從前引敕諭可以瞭解明初對女真人的政策，授以名分，從便往來，
自相統屬，各安生理。同年十二月，把兒遜等六十四人朝貢明廷，
明廷設毛憐衛，以把兒遜為指揮，其餘為千百戶等官，並賜誥印
冠服鈔幣。永樂六年（1408）三月，忽的河法胡卓兒海剌河等
處女真頭人哈剌等朝於明，明廷併其地入建州衛，授哈剌等為指
揮、千百戶。永樂七年（1409）十月，阿哈出赴京師朝貢，旋
即身故。

阿哈出有子二人，即釋加奴與猛哥不花，阿哈出既死，以釋
加奴為建州衛指揮使，猛哥不花為指揮僉事。永樂八年（1410），
明成祖親征出塞，釋加奴率所屬從征有功，同年八月，釋加奴陞
為都指揮僉事，賜姓名李顯忠，所屬咎卜，自千戶陞為指揮僉事，
賜姓名張志義，又賜百戶阿剌失姓名李從善，可捏姓名郭以誠，
俱為正千戶。永樂九年（1411）九月，釋加奴已陞為建州衛都
指揮，是時又舉其弟猛哥不花為毛憐衛指揮使，與猛哥不花同命
者，凡十八人為千百戶等職。次年十一月，據遼東都指揮同如巫
凱奏建州歲祲乏食，明廷命發倉粟賑濟。永樂十一年（1413）
十月，毛憐衛指揮使猛哥不花等赴京貢馬，明廷優賚後遣還。

永樂初年，與阿哈出父子同時並起的有猛哥帖木兒及其異父
同母弟凡察，永樂二年（1401），有廷遣使齎敕招撫猛哥帖木
兒，其敕諭云：

> 敕諭萬戶猛哥帖木兒等，前者阿哈出來朝，言爾聰明識達
> 天道，已遣使齎敕諭爾，使者回復言，爾能恭敬朕命，歸
> 心朝廷，朕甚嘉之。今再遣千戶王教化的等賜爾綵段表裏，
> 爾可親自來朝，與爾名分賞賜，令爾撫安軍民，打圍牧放，

從便生理，其餘頭目人等，合與名分者，可與同來，若有合與名分在彼管事不能來者，可明白開寫來奏，一體給與名分賞賜，故賜⑥。

永樂三年（1405）三月，明使王教化的等齎敕道經朝鮮，朝鮮遣上將軍郭敬儀爲伴送使，與明使同行。旋猛哥帖木兒親自入京朝於明，明廷授猛哥帖木兒爲指揮使，析置建州左衛以處之，嗣後猛哥帖木兒與釋加奴、猛哥不花屢次赴京朝觀，進貢馬匹，並屢爲其所屬乞官。永樂十五年（1417）二月，《明太宗實錄》載：

建州左衛指揮猛哥帖木兒奏舉其頭目卜顏帖木兒、速哥等堪任以職，命爲指揮千百戶⑦。

建州左衛自是年始正式見諸明實錄，二衛並立，亦自此始。明宣宗宣德元年（1426）正月，明廷命猛哥帖木兒爲都指揮僉事。是時釋加奴已死，宣德元年三月，釋加奴之子李滿住由指揮使陞爲都指揮僉事⑧，宣德七年（1432）二月，猛哥帖木兒遣其弟凡察朝於明，同年三月，明廷以凡察招撫遠夷歸附，陞都指揮僉事。宣德八年（1433）二月，猛哥帖木兒自都督僉事陞右都督，凡察陞都指揮使。是年十月，七姓野人木答忽等糾阿速紅等處頭人弗答哈等掠建州左衛，猛哥帖木兒及其子阿古遇害，建州左衛受到一次嚴重的打擊。凡察告難於明，適明使都指揮裴俊赴斡木河中途遇寇，凡察率所屬赴援有功，次年二月，進凡察都督僉事，執掌建州左衛事務。明廷命凡察掌建州左衛的經過，朝鮮方面記載頗詳，據朝鮮咸吉道都節制使金宗瑞稱：

凡察之母，僉伊（官名）甫哥之女也，吾巨先嫁豆萬（官名）揮厚，生猛哥帖木兒。揮厚死後，嫁揮厚異母弟容詔（官名）包奇，生於虛里、於沙哥、凡察。包哥〔奇〕本

妻之子吾沙哥、加時波。要知則凡察與猛哥帖木兒非同父弟明矣。然猛哥帖木兒生時，如有興兵之事，則必使凡察領左軍，權豆領右軍，自將中軍，或分兵與凡察，故一部之人，素不賤惡。猛哥帖木兒死後，童倉與權豆妻皆被擄未還，凡察乘其隙亟歸京師，受都督僉事之職，又受印信而還，斡朵里一部人心，稍附之。及權豆妻與童倉生還，且得遺腹之子，一部人心皆歸於權豆之子與童倉。其後權豆之妻輕薄善罵詈，童倉愚弱，一部稍稍失望。其赴京也，朝廷薄童倉而厚凡察，賜凡察以玉帶，且命凡察曰：汝生時，管一部，死後並印信與童倉，以此一部之人不得已附於凡察，然其心則或童倉，或附權豆之子，時未有定⑨。

金宗瑞指出猛哥帖木兒與凡察是同母異父兄弟，童倉，明實錄作董山，是猛哥帖木兒次子，當猛哥帖木兒遇害時，董山被七姓野人所擄，凡察有功於明，當凡察告難於明時，明廷即令凡察接掌建州左衛，俾有所統屬，其後董山返回建州左衛，猛哥帖木兒之職，例應由董山承襲。因此，明廷諭令凡察之後，仍由董山執掌建州左衛，其情節頗有兄終弟及、弟沒再傳兄子之遺意。凡察因得有明廷新頒印信，猛哥帖木兒生時，凡察既領軍征戰，亦頗有勢力。

　明英宗正統二年（1437）十一月，明廷命董山襲父職，仍為建州左衛指揮使。當猛哥帖木兒為七姓野人戕害時，明廷率領建州左衛印信亦被掠去，宣德八年，明廷別鑄新印頒給凡察。不久後，凡察與董山叔姪之間，即展開了爭奪領導權的「衛印之爭」。董山朝於明時，奏稱已贖回舊印，則應呈繳新印，惟當正統三年（1438）凡察朝覲時，卻奏請仍留新印。明廷以一衛二印，並無故事，於法非宜，故敕凡察暫掌新印，董山協同署事，仍將舊

印遣人送繳，以便事體歸一，部衆有所統屬⑩，凡察與董山爭衛
印自此始。董山以舊印傳自父祖，故迄未遣人繳送舊印。明英宗
以祖宗建立天下，諸司無一衛二印之理，凡察與董山二人私意相
爭，彼此堅不呈繳印信。正統五年（1440）十一月，明廷又敕
諭建州左衛，凡察仍掌舊印，董山護封如舊，協心管事，即將新
印遣人進繳，不許虛文延緩⑪。明廷旋進凡察爲都督僉事，董山
爲指揮使，同領建州左衛，正統六年（1441）正月，董山所屬
塔察兒等朝於明，爲董山乞恩，明廷進董山爲都督僉事，但是凡
察與董山仍然不和。是年六月，明廷敕諭凡察、董山叔姪和好，
遵敕諭進繳新印，其敕諭云：

> 遣敕諭建州左衛都督僉事凡察、董山等，爾等世居邊陲，
> 舊爲親戚，正宜同心協力，撫率部屬，用圖長久。往歲冬，
> 因爾一衛存留二印，已當遣敕諭爾凡察、董山協同署事，
> 將新印進繳，今爾凡察乃奏董山不應署事，都指揮李章加
> 等又奏保凡察獨掌衛事。此事朕處置已定，豈容故違，敕
> 至，爾等即遵依前敕存留舊印，隨將新印繳來，務在安分
> 輯睦，毋爲小人所惑，自取罪愆。爾凡察所奏取回人口，
> 已敕邊將如例給糧接濟，爾等其欽承之⑫。

凡察與董山爭奪衛印，數年而不決，正統七年（1442）二月，
明廷採納遼東總兵曹義的建議，分建州左衛，增設建州右衛。董
山由都督僉事陞爲都督同知，掌建州左衛事務，凡察亦由都督僉
事陞爲都督同知，掌建州右衛事務，董山收掌舊印，凡察收掌新
印，凡察遂爲建州右衛的始祖⑬，並陞建州左衛指揮使塔察兒爲
指揮僉事，指揮同知哈當爲指揮使，指揮僉事木荅兀火兒火孫爲
指揮同知，千戶張家中卜爲指揮僉事。建州右衛指揮僉事兀乞納
古魯哥哈塔克苦苦爲指揮同知，千戶牙失荅忽里哈遼哈爲指揮僉

事。同時分別敕諭董山與凡察分領所屬，守法安業，毋需爭鬥。
其敕董山文云：

> 爾奏保都指揮僉事塔察兒等十人，皆嘗効勞於邊，悉陞官
> 職，聽爾部分，及奏高早化在朝鮮邊境，欲乞取回，爾往
> 歲嘗奏此事，已敕毛憐衛都指揮李哈兒禿等，令其挨查此
> 人今尚存否，候彼回奏處置。爾與凡察，舊本一家，今既
> 分設兩衛，特遣勑諭爾處大小頭目人民，聽所願分屬，自
> 今宜嚴飭下人毋相侵害，以保爾祿位，延及子孫。

明廷勅諭凡察內容相近，其全文云：

> 爾所奏保指揮僉事兀乞納等十五人，悉准所言陞授官職。
> 所缺耕牛農器，准令如舊更易應用，所遣親屬家口在鏡城
> 住者，已遣指揮吳良齋勑諭朝鮮國王，令查審發還。爾又
> 奏欲與董山分屬頭目人民，已敕遼東鎮守總兵官遣人公同
> 審問，各從所願，分撥管屬，爾等自今宜謹守法度，各安
> 生業，毋事爭鬥，以取罪愆，其欽承朕命，毋忽⑭。

建州右衛是由左衛分出設置的，也是雙印之爭下的產物，就是明
廷調停凡察、董山叔姪爭奪衛印的一種權宜措施，建州左衛猛哥
帖木兒死後，其內部的紛爭，自此暫告一段落，嗣後建州衛、建
州左衛與建州右衛，三衛並立。

三、建州三衛的衛址

　　元初，於建州女眞地區設立桃溫、胡里改、斡朵憐、脫斡憐、
孛苦江五個萬戶府鎮撫之，其中斡朵憐又作斡朵里，胡里改又作
火兒阿，清代官書作虎爾哈或呼爾哈，桃溫又作托溫，皆同音異
譯。此斡朵里、胡里改、托溫即朝鮮龍飛御天歌中的伊蘭豆漫。
女眞語所謂「三」讀如「伊蘭」（ilan），謂「萬」讀如「豆漫」

（tumen），伊蘭豆漫即三萬戶之意，明廷設三萬衛，就是由三萬戶而得名。阿哈出原爲胡里改萬戶，猛哥帖木兒原爲斡朵里萬戶，與托溫酋長卜兒闊並稱三萬衛。據龍飛御天歌注文指出斡朵里在海西江即松花江之東，火兒阿江即虎爾哈河之西，胡里放在海西江與火兒阿江合流之東，托溫則在二江合流之下。易言之，三萬衛均不越虎爾哈河流域。洪武二十年（1387）十二月，明廷設三萬衛於斡朵里，斡朵里的所在就是在朝鮮東北境圖們江迤北，琿春江沿岸，斡朵里女眞部族即居於此，胡里改、托溫兩部族居址亦相近，故其地有三豆萬之稱，明廷設三萬衛於此，即沿用其俗舊稱⑮。但因其地距離遼陽窵遠，孤軍遠戍，糧餉難繼，次年將三萬衛由斡朵里徙置於開元，即開原⑯。

　　明成祖永樂元年（1403），明廷設置建州，即爲繼承三萬衛而設。阿哈出授爲指揮使後，其部族旋即遷居於鳳州，《朝鮮太宗實》云：

　　　東北面吾音會童猛哥帖木兒，徙于開元路。吾音會，兀良哈地名也，猛哥帖木兒嘗侵慶源，畏其見伐，徙于鳳州，即開元，金於虛出所居，於虛出即帝三后之父也⑰。

於虛出即阿哈出，同音異譯，阿哈出與猛哥帖木兒兩部族，原居於朝鮮東北境近圖們江以外琿春江流域。阿哈出所居鳳州，即明代初設建州衛的衛址，稻葉岩吉氏、箭內亙氏所稱建州衛始祖阿哈出係居於今之依蘭即三姓的說法，尚待商榷。元代開元路治在瀕海恤品格，恤品即率賓，今作綏芬，都是同音異譯，其地在今吉林琿春以東之地⑱。開元城當在吉林延吉東北，朝鮮咸興府之北，吉林東京城正西，阿勒楚喀城東南，即今俄屬東海濱省的雙城子⑲，此雙城子又名鳳州。因阿哈出居住鳳州，所以明廷的使節在設置建州衛的次年，不由遼陽赴建州衛，而必途經朝鮮境內，

並由朝鮮加派伴送使⑳，然後，由朝鮮東北面同往建州衛，永樂二年（1404）六月，《朝鮮太宗實錄》載：

> 遼東千戶三萬衛千戶等賫勅諭及賞賜，與楊內使偕來，隨後而入，蓋以向建州衛也，命各司一員，迎于郊館，于太平館，以吏曹典書金漢老爲館伴，設宴。

毛憐衛把兒遜與建州衛阿哈出部族同爲兀良哈，其居地在土門，即琿春江迤西之地，與猛哥帖木兒所居斡木河即吾音會相近，把兒遜死後，明廷即以阿哈出次子猛哥不花爲毛憐衛指揮使，永樂十年（1412），毛憐部族亦有遷至鳳州者，與釋加奴同居鳳州。

　　猛哥帖木兒爲斡朵里萬戶，但在永樂初年已遷居朝鮮公險鎮迤南鏡城地面。永樂三年（1406）七月初五日早朝，朝鮮千秋使尹穆於北平奉天門叩頭，兵部尙書遵旨到金水橋邊詢問尹穆：「猛哥帖木兒那裡住？」對云：「在朝鮮境內豆萬江這邊住。」又問「以道路多遠？」對云：「距王京二十五、六日路。」㉑豆萬江即圖們江，同音異譯。當阿哈出部族遷居鳳州以後，建州女眞人的勢力更加單弱，猛哥帖木兒又素與兀狄哈互相仇殺，故不得不移居於朝鮮圖們江內會寧，朝鮮實錄作吾音會。永樂九年（1411）五月，朝鮮實錄又載猛哥帖木兒「嘗侵慶源，畏其見伐，徙于鳳州。」不過猛哥帖木兒遷徙鳳州以前，已在朝鮮境斡木河居住多年了。猛哥帖木兒曾與阿哈出爲鄰，因不堪忍受野人女眞的掠奪，於洪武初年被迫遷徙至朝鮮境內的慶源一帶居住，後來又遷居斡木河即會寧地方，永樂八年（1410），猛哥帖木兒率眾離開斡木河，徙居建州衛住牧的鳳州附近地方。

　　永樂二十年（1422）四月，猛哥帖木兒赴北平朝覲，同年九月，奏陳邊境不寧，請求移住斡木河，次年三月十五日，猛哥帖木兒率男婦六千餘人起程前往斡木河，同年六月，遼東開陽衛

女眞千戶楊木塔兀率衆家小軍丁男婦五百餘名至斡木河與猛哥帖木兒一處住牧。是時，建州衞釋迦奴已死，其子李滿住統領建州衞部衆。永樂二十一年（1423）二月，由於韃靼軍入侵，李滿住率管下一千餘戶，遷徙婆豬江，亦即佟家江，並得明廷允許於婆豬江多回坪等處住牧。據朝鮮方面的記載，婆豬一江，源出長白山，自江以東一日程爲朝鮮邊界，自江以西側爲建州之地，當地樹木參天，俗語謂伐十木見一星，可見樹林的茂密，李滿住管下女眞人即耕牧於此。

建州左衞凡察亦居住斡木河地面，與朝鮮邊境相接，屢受朝鮮邊兵侵擾，故奏請率大小官民欲往建州衞都指揮李滿住地方一處住牧，明廷准其請求，並敕諭李滿住知之。但因被朝鮮兵馬阻擋，不肯放行，凡察遣人奏報明廷，英宗正統二年（1437）五月，明廷頒敕諭云：

> 勅諭建州左衞都督凡察及大小頭目人等，今指揮李兀黑來奏，爾等見在阿木河地面居住，與朝鮮國境界相接，本國軍馬亦有在彼住坐，往來攪擾，不得安穩，十分艱難，今欲遵奉比先勅旨，移來建州衞，與都指揮李滿住一處住坐過活，緣被朝鮮國阻擋，不肯放來，朕以朝鮮國王恪守藩邦，謹遵法度，敬天事上，固有違禮，未審李兀黑所奏虛實若何，難便準信，茲特遣李兀黑齎敕往諭朕意，爾等且想彼人動靜，如果見住之處安稱無虞，仍舊在彼住坐，安生樂業，不必輕動。若實被朝鮮軍馬攪擾，不能安生，爾等即探聽道路無阻，可率領部下人口，來與李滿住一處住坐。如或朝鮮軍馬阻擋，不肯放來，爾等即將備細原由，具奏定奪，蓋朝鮮國王及爾等大小頭目，都是朝廷之人，不可自分彼此，爾等更宜睦鄰境守，相與和好，以副朕一

視同仁之心，故諭㉒。

阿木河即斡木河，前引敕諭是由李滿住齎往朝鮮，經咸吉道監司李叔時馳啓朝鮮國王。婆豬江流域土地肥沃，李滿住居於婆豬江兀剌山等處，營建家舍，耕牧自在，其後亦因受朝鮮邊兵侵擾，不能安生，而移居吾彌府。從朝鮮邊境可由三路進入吾彌府：一自江界涉婆豬江直入吾彌洞口；一自理山涉婆豬江由兀剌山東入吾彌府西邊山間；一自理山涉婆豬江由兀剌山南西折而入吾彌府。正統初年，因朝鮮邊將致討，不能安居，欲移住草河地面，但未經奏准，而遠徙於渾河山谷間。當地多虎豹，牛馬多被害，不能安業，糧餉匱乏，其管下女眞，或持土物往來開原，交換糧食，或往遼東買取糧米鹽醬，可見李滿住之困於遷徙。

　　凡察七子二女及族屬多在朝鮮境內，是時朝鮮與李滿住釁隙未解，恐凡察與李滿住結合入侵，不願凡察與李滿住同住。正統三年（1438）五月，明廷敕諭朝鮮云：

　　　前因建州左衛都督猛哥木帖兒男童倉等奏欲同李滿住一處
　　　居住，已准所奏，敕王令人護送出境，今得王奏，李滿住
　　　等，釁嫌未解，若令聚處，將來同心作賊，邊患益滋，王
　　　所計慮亦當，其童倉、凡察等聽令仍在鏡城地面居住，不
　　　必搬移，此輩皆朝廷赤子，在彼在此一也，王惟善加撫恤，
　　　使之安生樂業，各得其所，庶副一視同仁之意，欽哉㉓。

　　因朝鮮禁止凡察在邊境打圍，不得自由，仍欲遷移，與李滿住同在一起住居，故遣指揮童答察兒入奏明廷，請飭朝鮮遵敕解送其家口，然而此時明廷的態度已改變，不允所請，明廷敕諭凡察云：

　　　往者建州衛指揮李滿住等，屢奏搬取爾等，移來遼東渾河
　　　頭，一同居住，已遣勅諭朝鮮國王，禁約彼處軍民，不許

阻擋，仍差人護送出境，聽爾等搬移前來。既而得朝鮮國
王奏李滿住等虛捏奏請，妄稱爾等欲移來同住。朕惟四海
一家，彼等皆朕人民，況朝鮮國王，世守禮法，必不敢擅
自拘占，已諭其若果凡察、董山等在鏡城地面安生樂業，
仍聽爾等在彼居住，不必搬移。今爾等又奏要搬回鳳州放
豬地面居住，緣在此在彼，俱是朝廷官屬，茲特遣勅往諭
爾等遵奉朝命，仍在彼居住，朝鮮國王必能撫恤爾等，不
敢失所。但爾等須守本分，以安生理，朝廷或有勅召，爾
等來朝，或有征伐，調遣爾等，須即聽命前來，効力不違，
庶見爾等敬天事上之誠，故茲勅諭，宜體至懷㉔。

放豬是鳳州的音轉，自阿哈出徙居鳳州之後，至其孫李滿住時又
遷於婆豬江即今遼寧佟家江。正統初年，建州衛的部族就是耕牧
於婆豬江，凡察、董山則在鏡城地面居住，但建州左衛及右衛女
眞人逃往婆豬江者甚衆，李滿住在婆豬江仍不斷受到朝鮮軍馬襲
擊，不得安居，正統三年（1438），李滿住便率管下部衆西遷，
移住竈突山東渾河上。正統四年（1439），董山率領部衆遷移
到婆豬江。建州右衛設置後，凡察所部居住於三土河一帶。以蘇
子河流域爲中心的女眞人，因經過長期的遷徙與患難，遂定居下
來，逐漸發展。

四、建州三衛與朝鮮的關係

在明初洪武年間，建州女眞與朝鮮的關係，已極密切。朝鮮
太祖即位後，曾遣使招安女眞，猛哥帖木兒、阿哈出等請敕受職，
朝鮮王廷量授萬戶、千戶之職。由於女眞與朝鮮的接觸，「被髮
之俗，盡襲冠帶，改禽獸之行，習禮義之教，與國人相婚，服役
納賦，無異於編戶，且恥役於酋長，皆願爲國民。」㉕建州衛設

立後，女眞的經濟生活，主要也是仰賴於朝鮮。永樂九年（
1411）正月，猛哥帖木兒遣人向朝鮮國王進獻熊、鹿皮各一張。
同年二月，因鏡城地面飢荒，恐其衆離散，朝鮮王廷賜給猛哥帖
木兒穀百五十石。永樂二十一年（1423）四月，《朝鮮世宗實
錄》載：

> 咸吉道兵馬都節制使馳報，今四月十四日童猛哥帖木兒管
> 下童家吾下等二十七名來告慶源府云：我指揮蒙聖旨，許
> 令復還阿木河地面以居。指揮先令我曾曹率男女二百餘名，
> 牛一百餘頭，送還舊居耕農，仍使朝京，請穀種口糧，且
> 移鏡城慶源官文，我等帶來矣。猛哥帖木兒則隨後率正軍
> 一千名，婦人小兒共六千二百五十名，今四月晦時出來㉖。

朝鮮慶源府使認爲猛哥帖木兒曾受朝鮮印信，安住阿木河之地二
十餘年，後來歸順明朝，將朝鮮所領印信送呈明廷，改受明廷印
信，今又還居阿木河，擅便往來，實爲不當。朝鮮王廷議准答以
近年咸吉道失農，國庫米豆無幾，決定給與豆粟稷種共三十石、
米二十石。同年七月，猛哥帖木兒乞口糧，朝鮮賜給穀一百石，
若有更請，並允隨宜贈送雜穀魚鹽布物。猛哥帖木兒因屢次遷徙，
其耕牧均受重大影響，故屢向朝鮮王廷告糧。同年八月，據咸吉
道兵馬都節制使何敬呈送文書內所開建州左衛亟待接濟口糧的男
婦多達六千餘名口，此外遼東開陽衛女眞千戶楊木塔兀連家小軍
丁男婦共五百餘名於六月間遷往阿木河，與猛哥帖木兒一處居住，
亦仰賴朝鮮接濟口糧。朝鮮國王傳諭咸吉道都節制使何敬，略謂
該道比年失農，倉廩虛竭，民尙艱食，猛哥帖木兒、楊木塔兀管
下或三、四十，或五、六十人相繼而來，以國家有限米布，安得
人人而給之，若求之於貧窮民家，則彼此俱餓，故令何敬曉諭猛
哥帖木兒等云：

爾等下人，攜妻子絡繹而來，乞食於慶源鏡城民家，如我
國有所畜積，則當馳報國家，以賑恤之，民間若又豐稔，
則亦與汝等分食可也。本道近因凶歉，賑恤窮民，軍資告
罄，汝輩所知也，雖馳報國家，將何以能給，民間又皆乏
食，又安能與汝共食之也。雖然若汝酋長脫致乏食，國家
雖無所畜，予當轉達接濟使，不至飢餓。至於麾下，雖連
續群至，必不能給糧與食，今當雪天，挈妻子而來，徒勞
無益，須禁絕之，其中飢饉迫切，不能自存者，聽其自願，
就食豐稔他道，以遂其生，何如㉑。

朝鮮以女眞連續乞糧，苦於接濟。猛哥帖木兒於永樂二十一年六
月奉明廷諭旨到阿木河居住，同年九月初五日，朝鮮奏聞使崔雲
到行在覲見明成祖，以猛哥帖木兒新徙，缺乏糧料，成祖詢問崔
雲，朝鮮曾否接濟？崔雲覆奏云：「本國後門，連歲不登，又野
人三次於咸吉道，二次於平安道，往來作耗，我民尚且飢困，何
暇接濟？」㉘，建州衛李滿住，亦因遷徙無常，不得耕種，而向
朝鮮乞糧。永樂二十一年二月，韃靼軍入侵鳳州古城，李滿住率
管下一千餘戶到婆豬江居住，但缺乏口糧、種子、鹽、醬，亦向
朝鮮乞求接濟資生。朝鮮所給口糧，不過按斗升賜給，不肯多給，
一方面固由於糧食缺乏，一方面也是因爲恐資其力，對朝鮮構成
威脅。

女眞很早便進入耕牧並種的階段，在遷徙無定時，採獵畜牧，
佔著極重要的地位，但當建州三衛女眞遷徙於中國遼東境內或朝
鮮北部有利於耕種的地區時，農耕生活便佔著更重要的地位。女
眞一方面自行耕作，一方面利用擄掠所獲的漢人或朝鮮人爲其生
產，其農器籽種，亦請給於朝鮮王廷，其所耕田稅，則與朝鮮人
一體收納，朝鮮王廷又賞給衣服、笠、靴、鞍馬、家財、奴婢等。

由於女真與朝鮮人並耕而食及互通婚姻，更促進女真的農業生產
及提高農耕技術。朝鮮在此一歷史階段的文物制度、經濟生活，
與明朝相近，建州女真游離於文化相近的兩大之間，此即建州女
真進入遼東地區後，其所以易於接受中國農業文化的遠因㉙。

　　建州女真與朝鮮為鄰，邊境衝突，屢見不鮮。在明初設立建
州衛以前，野人女真或兀狄哈等逕至朝鮮慶源塞下，交易鹽、鐵、
牛、馬。永樂初年，明廷設立建州衛，以阿哈出為指揮後，即令
其招諭野人女真，慶源遂停市，野人女真頗感不便，與兀狄哈常
入慶源界抄掠。永樂八年（1410）四月，猛哥帖木兒胞弟於虛
里等結連毛憐女真合步騎一百五十餘名潛至慶源府雍丘站劫掠放
火，燒燬房舍，射殺男女，搶掠牛馬。同年五月，猛哥帖木兒遣
李大豆向朝鮮解釋云：「著和把兒遜管下，侵慶源之時，予亦同
來者，為其所逼，勢不得已耳，非予本心。今棄舊土而從遐域，
人多地窄，生理良艱，願殿下使通曉言語若金同介者來諭，予當
遣子入朝，還我舊土矣。」㉚朝鮮方面認為猛哥帖木兒領兵殘破
慶源，殺擄人畜，以快其心，為謀自安之計，乃遣李大豆求和。
是時，猛哥帖木兒將移徙於開元路，恐其糾合女真以間道直向吉
州，則鏡城如囊中之物，再牧馬南下，則端青地方亦騷動。倘若
猛哥帖木兒奏報明廷指摘朝鮮殺其族類，故徙居開元，並奏明永
興以北，在元代直隸中國，則明廷將削其地收回永興以北之地。
因此，朝鮮王廷曾議分兵襲擊，以擒俘猛哥帖木兒。建州衛與朝
鮮的關係更不友好，雖陽為歸順，使人納款，卻「陰有不順之心」。
阿哈出管下女真或因飢寒，或受野人劫掠，常移居朝鮮境內，朝
鮮亦許其留居。因此李滿住等常指摘朝鮮招亡納叛，而奏請明廷
敕諭朝鮮遣還逃人。並送出被擄人口，以便完聚。女真萬戶佟鎖
魯阿等六戶家小男共五十七口，在鏡城地面居住，永樂四年（

1406）八月，朝鮮將佟鎖魯阿之子三甫等十四口送還建州衛。次年四月間，又將六戶四十三口送還建州衛完聚。永樂六年（1408）六月，朝鮮參贊議政府事柳龍生自京師賫禮部咨文返回朝鮮，咨文內抄錄建州衛指揮使阿哈出等奏，有奚官萬戶府所屬察罕等十三戶人口，朝鮮將其中木答兀連妻子四口送還建州衛，其餘十二戶家口不曾送還。李滿注時，建州衛與朝鮮的關係，更加惡化，因朝鮮不斷收納逃人，李滿住屢次遣人至朝鮮交涉。宣德十年（1435）三月，李滿住管下馬右其率其母及兒女四人往投朝鮮，欲留王京充當侍衛，得朝鮮允許。是月又有李滿住管下千戶童和應哈男婦共十名，到滿浦口子，請求居住朝鮮。其後建州衛女眞逃入朝鮮境內者，與日俱增，原住朝鮮境內居住的女眞亦久未送出，以致建州衛與朝鮮時生齟齬，李滿住亦屢次聲言欲領兵入侵朝鮮。宣德七年（1432），李滿住領兵突入閭延，殺擄朝鮮人民，搶奪牛馬。李滿住擾害邊民，無歲無之，朝鮮邊吏主張調兵問罪，掃蕩窟穴。

正統元年（1436）閏六月，朝鮮國王李祹將四品以上廷臣所上「制寇之策」抄寄平安道都節制使李蕆等閱看。廷臣認爲率爾稱兵，其害有三：

㈠李滿住入侵閭延兵敗後，其復讎之舉，未嘗頃刻忘懷，日以生變爲計，探悉朝鮮進兵，預佔前路，一夫當百，險阻之處，盡心力戰，朝鮮兵不能前進，只得逗遛漸退。

㈡即使路無阻擋，直抵巢穴，李滿住將其金銀布帛等項家產，預藏山谷，家無擔石之儲，逃竄山林，徒燒空屋，益激其忿怨。

㈢閭延、江界、慈城等郡所貯米糧，不過三萬餘石而已，不數支用一、二月八、九萬名軍需，不能曠日持久，無功

而返，徒勞士卒。

歸納廷臣意見，並不主張用兵，「爲今之計，莫若寬限三、四年，轉輸糧餉，鍛鍊甲兵，休養士卒，固守邊鄙，弛其賊心，仍審賊穴之遠近，黨類之多寡，然後因可與之時，乘可爲之勢，量敵出軍，奇正相乘，明致天罰，庶免上項之弊，而雪數年之恥矣。」㉛婆豬江地方，峻嶺層崖，咫尺之間，候望不通，女眞鳥散雲聚，倏忽輕捷，勢易則突出亂擊，勢難則遠遁深藏，實難深入。因此，其制敵之策，不外爲「謹斥候，嚴備禦」，「因可與之時，乘可爲之勢」，然後一舉可成。

　　永樂三年（1405），明廷於建州衛附設毛憐衛。毛憐衛與朝鮮的關係亦欠佳。英宗天順四年（1460），世居會寧的斡朵里童于沙哈無應歌等與毛憐衛都督郎卜兒哈等通謀犯邊，因事洩，郎卜兒哈及其子亦升哥等爲朝鮮所誘殺，郎卜兒哈之妻己沙哥等五人被擄，郎卜兒次子阿比車糾合大馬，屢欲報讎。朝鮮擅殺郎卜兒哈等，明廷頗不以爲然，是年四月，明廷頒嚴旨切責：

　　　勅朝鮮國王李瑈，今得王回奏殺死毛憐衛都督郎卜兒哈，
　　　蓋因其通謀扇亂，依法置罪，且王之依法罪止可行于王國，
　　　今以王國之法罪鄰境之人得乎？若郎卜兒哈扇亂，既已監
　　　候，宜奏聞朝廷，暴白其罪，今王輒害伊父子九人，其族
　　　類聞之得不忿然以復讎爲事乎？無在其子阿比車之不靖也，
　　　朕爲王慮或可釋怨，其猶有五人存焉者一乃阿比車之母己
　　　沙哥，王宜將五人送至遼東都司，朝廷令阿比車收領完住，
　　　庶可以諭解仇，如或不然，王雖自恃國富兵強，恐亦不能
　　　當其不時之擾害也，且王素爲禮儀之邦，尊敬朝廷，故爲
　　　王慮如此，無非欲其境土寧靖，安享太平之福，王其勿忽
　　　朕命㉜。

明廷同時又敕諭毛憐衛不當與朝鮮交通，將所聚人馬撤回原地，依舊住牧生理，不許仍前讎殺，自取禍敗。但毛憐衛並未釋怨，天順五年（1461），建州衛女眞乘夜至義州江，擄掠男婦馬牛，邊境從此多事。

五、明朝與朝鮮聯軍征討建州三衛的經過

明廷設置建州三衛後，朝鮮依舊私與建州三衛交通，建州三衛亦向王廷請敕受職，頗爲明廷所不滿。天順三年（1459）二月，明廷敕諭朝鮮國王云：

> 勅諭朝鮮國王李瑈，近者邊將奏報，有建州三衛都督古納哈、董山等私謁王國，俱得賞賜而回，此雖傳聞之言，必有形跡可疑，且王國爲朝廷東藩，而王之先代以來，世篤忠貞，恪秉禮儀，未嘗私與外人交通，何至於王乃有此事，今特遣人齎敕諭王，王宜自省，如無此事則已，果有此事，王速改之，如彼自來，亦當拒絕，諭以各安本分，各守境土，毋或自作不靖，以貽後悔，在王尤當秉禮守法，遠絕嫌疑，繼承前烈，以全令名，王其慎之㉝。

明廷同時又敕諭建州衛右都督董山等，不得與朝鮮私通，「如彼招引爾去，爾當拒絕，不可聽從，毋或貪圖微利，以貽後悔。」朝鮮國王奉到明廷敕諭後，並不以爲然，仍欲與建州三衛維持既存關係。是年三月，明廷又頒旨切責，略謂：

> 勅諭朝鮮國王李瑈曰：先因邊將奏王與建州三衛頭目交通，朝鮮遣勅諭王，今得王回奏，似以爲當然，不以爲己過，故特再勅諭王，王其有聽朕言毋忽，王以爲欲遵勅旨事理許其往來，宣德、正統年間，以王國與彼互相侵犯，勅令釋怨息兵，各保境土，未嘗許其往來交通，除授官職，且

彼既受朝廷官職，王又加之，是與朝廷抗衡矣，王以爲除
官給賞，依本國故事。此事有無，朕不得知，縱使有之，
亦爲非義，王因仍不改，是不能蓋前人之怨也，且董山等，
王以爲有獸心者，今彼自知其非，俱未服罪，而王素秉禮
義，何爲文過飾非，如此事在已往，朕不深咎，自今以後，
王宜謹守法度，以絕私交，恪秉忠誠，以全令譽，庶副朕
訓告之意，欽哉㉞。

天順三年五月，建州左衛右都督董山、建州衛都督同知李古納哈、
建州右衛都督同知納郎哈三人赴明廷貢馬及方物，並奏乞遷職。
兵部尙書馬昂等以董山、李古納哈世受明廷厚恩，不思圖報，乘
間潛受朝鮮官職賞賜，今又思無厭之求，希意外之恩，不宜允其
請求。納郎哈不受朝鮮賞賚，忠誠可嘉，應量加一職，經議准陞
納郎哈爲右都督。

　　建州衛及建州左衛既受明廷勅書印信，於明廷有君臣名分，
不宜首鼠兩端。由於董山等游離於明廷與朝鮮之間，事大與交鄰，
不知善處，明廷頗不以爲然。明憲宗成化初年，海西女眞與建州
三衛結連擾邊，進犯遼東，以致邊報日聞。至於董山等俱「陽爲
助順，陰從抄掠」，邊患日亟，建州三衛對明朝已構成了威脅。
成化三年（1467）二月，據總督遼東軍務左都御史李秉奏報海
西、建州等女眞進入鴉鶻關抄掠佛僧洞等處，副總兵施英等分兵
抵禦，遣都指揮鄧佐率軍五百爲前哨，至雙嶺遇伏戰死，陣亡者
百餘名㉟。同年三月，海西、野人女眞及建州等衛前往連山關、
通遠堡、開原、撫順、鐵嶺、寧遠、廣寧等處搶掠人畜。

　　遼東邊釁已開，明廷一面籌備進勦，命左都御史李秉提督軍
務，武靖伯趙輔佩靖虜將軍印充總兵官，往遼東調兵，一面遣人
至建州三衛招撫女眞頭目，以期勦撫並行，恩威並施。成化三年

四月，建州左衛都督董山等聽從招撫入京朝貢馬匹及貂皮。明憲宗以董山曾縱部族犯邊，於是召集各女眞人於闕下降敕諭之曰：

> 爾等俱係朝廷屬衛，世受爵賞，容爾在邊住牧，朝廷何負於爾，今卻縱容下人糾合毛憐等處夷人侵犯邊境，虜掠人畜，忘恩負義。論祖宗之法，本難容恕，但爾等既服罪而來，朕體天地好生之德，姑且寬宥。今爾回還，務各改過自新，戒飭部落敬順天道，尊事朝廷，不許仍前爲非，所掠人口，搜訪送還，不許藏匿。若再不悛，必動調大軍問罪，悔將何及，其省之，戒之㊱。

是時，與董山同入貢的女眞頭目尙有建州衛都督同知李古納哈、建州右衛都督納郎哈等人，明廷均賜宴領賞。當明廷遣大臣押宴時，董山部下指揮有出嫚罵語者，有褫廚役銅牌者，舉止狂傲，明廷雖頒詔切責，仍賜給馬値、襲衣、綵幣。董山與李古納哈又奏索蟒衣、玉帶、金頂帽及銀酒器等，明廷僅賜衣帽各一具。董山又奏言指揮可昆等五人有勞效，請賜衣服，明廷賜給襲衣、靴襪各一具。成化三年五月，董山等辭歸。鴻臚寺通事署丞王忠奏陳董山等入貢，乃敢罵坐不敬，貪求無厭，且又揚言此還即糾合海西、野人搶掠邊境，語無忌憚，恐前路難於約束，請遣官防送至遼東都司發還，以免貽患。

是時，邊患未已，軍報絡繹。成化三年六月，總兵官趙輔奏報「虜酋毛里孩擁衆數萬向東而行，建州女眞數寇遼東，事情危急，萬一此虜結搆朵顏諸夷，自東而來，侵犯京師，誠可慮。」鎭守遼東太監李良奏報「遼陽以東一帶地方，屢被建州糾合毛憐等衛賊徒搶掠，臣偕總兵官衛穎、副總兵裴顯率奉集堡等處按伏指揮王昇等遇於西湖屯，伏兵四起，與賊對敵，顯父子身先士卒，奮勇大戰。」邊吏文書紛紛而至，明廷文武大臣皆主張征勦。同

年七月，禮部主事高岡奏陳「備邊討賊事宜」二策：

> 一曰攻取，女真世受朝廷爵賞，乃背恩義恃強為患，自開
> 原以及遼陽六百餘里，數萬餘家，率被殘破。近遣都督武
> 忠前往招撫，而其來朝者，略無忌憚，在邊者寇無虛日，
> 若待其既去復叛而後征之，則失機會。董山既來朝貢，宜
> 命總兵官趙輔等拘留於遼東，遣譯者詣其營，省令還我所
> 掠以贖之，因以觀其勢之虛實，察地形之險易，而又遣使
> 朝鮮以伐其交，計劃既定，即將董山等明正典刑，使大義
> 昭明，人心奮發，然後舉全勝之策而征勦之。
>
> 二曰戰守，遼東兵馬困弱，不足應用，河東有警，不免動
> 調河西，儻朵顏三衛勾引北虜，乘虛而入，則東西受敵，
> 為患尤其，是以河西官軍不可輕動，宜選京營兵二萬，一
> 萬赴河東，聽都御史李秉等調用，一萬分守河西要衝，俟
> 草木零落，河西既定，仍令參將韓斌等量率原選精兵速赴
> 河東策應，合力征勦，則戰守兩得，兵威大振，而修攘之
> 功可成㉗。

提督軍務左都御史李秉遵旨議奏，提出二議：一議將董山等厚加
款待，宣布恩威，遣還其境；一議董山在京日久，知朝廷出師，
若縱使還境，又啓「外夷之侮」，宜即擒治，速兵征勦。明憲宗
命廷臣酌議，太保會昌侯孫繼宗、禮部尚書陳文等指出：

> 王者之於夷狄，雖以不治治之，然亦未嘗縱其為惡，今董
> 山等雖稱謝罪來朝，尚爾桀驁無禮，且有各持佩刀，一齊
> 殺出，還匿妻子，據險拒戰之言，是其稔惡不悛之情，昭
> 然可見矣，若遽縱遣，益無忌憚，揆之事勢，實有未宜，
> 秉等前不可用，宜用其後議㉘。

明廷決定拘禁董山等，總兵官趙輔等於廣寧奉命拘留董山一行，

諭令其先遣家屬數人還告部落，歸還所掠人口，毋再犯邊。成化三年七月二十七日，令董山等一百一十五人至帥府，宣敕旨，戒諭未畢，董山等即逞兇肆詈，袖出小刀，刺傷通事人等。趙輔見其勢惡，即令甲士擒捕，在驛站的女眞頭目哈塔哈等一百零一人聞知後，亦各持刀亂刺館伴兵卒，趙輔即令擒捕，除當時被格殺二十六人外，其餘皆被囚禁。是時，征勦之勢已不容緩，明廷即命都督僉事王瑛充副總兵，都督僉事王銓充遊擊將軍，都指揮使黃欽協同遊擊統兵赴遼東會同總兵官趙輔等進勦。遼東總兵官衛穎於廣寧、寧遠、義州、錦州等處官內選調二萬九千餘名征勦建州。同時爲防毛里孩人馬乘虛入寇，又撥揚威營官兵七千名，令原坐營內外官譚平等統領應援保障。

　　爲配合明兵進勦建州等衛，明廷又以建州後路與朝鮮相連，恐建州女眞殘敗後，遁入朝鮮，逃命投生，故敕諭朝鮮截其後路。成化三年九月十四日，遼東百戶白顒齎敕書及遼東都司咨文一通至朝鮮王京，其敕諭云：

> 建州三衛童山等，本以藩臣，世受朝恩，近者陽爲朝貢之名，陰行盜邊之計，朕宥之而愈肆，不得已用兵致討，惟爾朝鮮國王，世守禮儀，忠於我國家，有加無替，朕甚嘉焉。若我兵加于彼逆虜，王宜閉絕關隘，使彼奔迸無所入，以就擒殄。若王能遣偏師，與我軍遙相應伺，便而蹙之，則彼之授首尤易，而王之功愈茂，忠愈昌矣，朕豈無以報王哉！勉樹勳名，時不可失㊴。

童山，在遼東都司咨文內作董山。百戶自白顒告以明軍擬於九月二十二起程，二十五日到建州衛留屯，朝鮮軍馬渡鴨綠江上流，入建州衛東邊，二十五日抵達。建州衛西至婆豬江路遠，約定於二十九日進攻。

　　提督遼東軍務左都御史李秉奉命同總兵官趙輔等征勦建州三衛，其所統明軍分爲左右哨掖，於九月二十四日從撫順關出境，經過張打必納等寨，各寨已逃避一空，二十九日，李秉等瞭見女眞百餘衆在薄刀山屯聚，即麾兵進擊。女眞據險迎敵，爲官軍擊退。是日傍晚，女眞乘機來襲，爲官軍神鎗打退，次日，李秉督兵追襲，女眞俱在五嶺及迤東密林隘口阻截官軍。李秉即調都指揮柯忠等選精騎三千名，徑趨女眞屯駐處所。十月初四、五等日，抵達李滿住屯駐地方，但李滿住已先將妻子藏匿他處，而以精壯二百餘人據險迎敵，柯忠等隨即督兵進攻，連戰數十餘合，生擒女眞二十七名，斬首五十六級，俘獲男婦二十四名，奪回被擄男婦二百五十二人，又獲牛馬器械甚夥，然後將其廬舍燒燬。明軍右哨於九月二十九日經宋產八、李款赤、馬木冬、李古納等寨，交戰三十餘合，斬首九十七級，奪回被擄男婦一百三十七名。九月三十日至十月初七日，明軍連日四處搜捕，直至摩天嶺、松林子等處，燒燬各寨房屋千餘間，擒斬女眞甚衆。

　　朝鮮國王李瑈遵奉敕諭出兵助勦，遣其中樞府知事康純等統兵萬餘名，九月二十五日，渡鴨綠江，分道而進，二十九日，進攻建州東北，渡婆豬江至李滿住所居諸寨。三十日，進攻兀彌府各寨，彼此廝殺，斬李滿住及其子古納哈、打剌肥等二百八十六級，生擒李滿住、古納哈妻等男婦二十三名口，獲馬十七匹、牛十頭，殺牛馬二百二十九頭匹，焚燒廬舍一百九十五座，及其倉儲二百一十七所⑩。成化四年（1468）正月，李瑈遣陪臣高台弼赴北平獻俘。明憲宗命禮部從厚賞賚，又詔加賜錦四段、西洋布十匹，並賜領兵有功官員白金、綵緞等物。

六、結　論

永樂初年，明廷設置建州衛，以阿哈出爲指揮使，其後又增設建州左衛，以猛哥帖木兒爲指揮使，猛哥帖木兒被殺後，凡察與董山互爭雄長，叔姪之間展開了衛印的爭奪，一衛二印，因二印而分化左衛，增置右衛，建州左衛的分化與建州右衛的設置，就是衛印之爭的產物，也是明廷牽制及削弱建州左衛力量的措施，此後在建州女眞地區，三衛並立。自阿哈出起至清太祖努爾哈齊，建州三衛中經多次擾攘，其間宗系，猶有爭論，然而清人先世自建州女眞，則屬事實。

建州女眞與朝鮮的關係，源遠流長。在明廷設置建州三衛以前，建州女眞與朝鮮交換生活物質，如鹽、米、布、醬、鐵之類，也與朝鮮人並耕而食，互通婚姻，其所耕田稅，與朝鮮人一體收納。建州女眞同時接受朝鮮王廷的印信官職，亦有充當王廷侍衛者。建州女眞對朝鮮「納賦服役，無異於編戶。」因此，明廷設置建州三衛以前，建州女眞與朝鮮的關係比明廷更加密切，建州三衛設置以後，明廷「授與官職，以榮其身，撥與土地，以安其居。」建州三衛對明廷「有所征調，聞命即從，無敢違期。」建州三衛設立後，由朝鮮東北綏芬河、琿春江向朝鮮北境遷徙，逐漸進入鴨綠江上游、婆豬江一帶，進入遼東境內，獲得更多的可耕地，可以安生樂業，憑著其敕書與明朝維持朝貢貿易的關係，在邊境互市，獲得生活物質，取得農耕器具，發展事業，較前更易接受漢族文化，建州女眞與明廷的關係遂日趨密切。但朝鮮仍沿襲祖宗故事，容納建州女眞的逃人，授與建州女眞頭目各種官職，建州三衛都督甚至「首鼠兩端」，同時受職於明廷與朝鮮，其因素很多，固然由於建州女眞的貪圖利益，但地理與歷史背景，實不容忽視。由於朝鮮與建州三衛私通，頗引起明廷的不滿，常受明廷切責。而且由於建州三衛進入遼東境內後，一方面仍然出

沒於朝鮮北境，搶掠人畜，邊境衝突，層見疊出，朝鮮邊將屢欲統兵征討建州三衛。至於明朝方面，鑑於建州三衛勢力的興起，開始注意遼東邊患。建州三衛屢次結連海西、毛憐女眞及蒙古犯邊，搶掠人畜，對明朝構成了威脅，明廷遂決心征勦建州三衛。成化三年，明廷遂乘董山入京朝貢，擒殺於廣寧，並敕諭朝鮮出兵，建州三衛終於在明軍與朝鮮的夾攻之下被勦平，建州女眞也遭到一次嚴重的打擊。

【注釋】

① 李東陽等奉敕撰《大明會典》（臺北，新文豐出版主，民國六十五年七月），頁7。

② 楊一葵著《裔乘》，卷六，頁6。《中國邊疆史地叢書》，初編。

③ 《新唐書》（臺北，臺灣商務印書館，民國五十六年七月），列傳一四四，頁10。

④ 清史館《建州表》謂明廷授阿哈出爲指揮使在永樂元年十月辛丑，《清史稿》列傳九阿哈出傳沿之誤。又《滿洲源流考》卷七謂永樂二年置建州衛亦誤。

⑤ 《朝鮮太宗實錄》，卷九，頁16。太宗五年四月庚寅，敕諭。

⑥ 《朝鮮太宗實錄》，卷九，頁80，太宗五年三月丙午，敕諭。

⑦ 《朝鮮太宗實錄》，卷一八五，頁2，永樂十五年二月己巳，記事。

⑧ 《清史稿校註》，第十冊（臺北，國史館，民國七十七年八月），列傳九，頁7867；阿哈出傳作都督僉事誤。

⑨ 《朝鮮世宗實錄》，卷八二，頁12。世宗二十年八月辛亥，據金宗瑞啓。

⑩ 《明英宗實錄》，卷八，頁8。正統三年正月癸丑，敕諭。

⑪ 《明英宗實錄》，卷七三，頁8。正統五年十一月乙丑，敕諭。

⑫ 《明英宗實錄》，卷八十，頁3。正統六年六月癸酉，敕諭。

⑬ 孟林撰〈清史稿中建州衛考辨〉，《明清史論著集刊》（臺北，世界書局，民國五十四年三月），頁363。

⑭ 《明英宗實錄》，卷八九，頁60。正統七年二月癸甲辰，敕諭。

⑮ 徐中舒撰〈明初建州女眞居地遷徙考——兼論元代開元路治之所在〉，《國立中央研究院歷史語言研究所集刊》，第六本，第二分（南京，中央研究院，民國二十五年），頁170。

⑯ 李學智撰〈朝鮮史籍中之移闌豆漫與明代三萬衛考〉，《大陸雜誌》，第十二卷，第八期（臺北，大陸雜誌社，民國四十八年四月），頁22。

⑰ 《朝鮮太宗實錄》，卷二十一，頁17。太宗十一年五月丙辰，記事。

⑱ 孟森撰〈建州衛地址變遷考〉，《北京大學國學季刊》，第三卷，第四號（北平，北京大學，民國二十一年十二月），頁560。

⑲ 《國立中央研究院歷史語言研究所集刊》，第六本，第二分，頁170。

⑳ 李學智撰〈明代初置建州衛衛址考〉，《大陸雜誌》，第十三卷，第一期（民國四十五年七月），頁14。

㉑ 《朝鮮太宗實錄》，卷一〇，頁14。太宗五年九月庚戌，記事。

㉒ 《朝鮮世宗實錄》，卷七七，頁18。世宗十九年五月辛丑，敕諭。

㉓ 《朝鮮世宗實錄》，卷八一，頁11。世宗二十年五月丙申，敕諭。

㉔ 《朝鮮世宗實錄》，卷八六，頁26。世宗二十一年九月辛亥，敕諭。

㉕ 《朝鮮太祖實錄》，卷八，頁16。太祖二十八年十二月癸卯，記事。

㉖ 《朝鮮世宗實錄》，卷二〇，頁11。世宗五年四月乙亥，記事。

㉗ 《朝鮮世宗實錄》，卷二二，頁20。世宗五年十二月戊午，傳諭。

㉘ 《朝鮮世宗實錄》，卷二三，頁3。世宗六年正月乙酉，據崔雲啓。

㉙ 陳文石撰〈清人入關前的農業生活——太祖時代〉，《大陸雜誌》，第二十二卷，第九期，頁9。

㉚ 《朝鮮太宗實錄》，卷一九，頁47。太宗十年五月丁卯，記事。

㉛ 《朝鮮世宗實錄》，卷七三，頁6。

㉜ 《明英宗實錄》，卷三一四，頁6。天順四年四月甲戌，敕諭。

㉝ 《明英宗實錄》，卷三〇〇，頁7。天順三年二月乙亥，敕諭。

㉞ 《明英宗實錄》，卷三〇三，頁7。天順三年四月庚辰，敕諭。

㉟ 《朝鮮世祖實錄》，卷四〇，頁19。世祖十二年十一月庚寅，據平安道節度使金謙光馳啓，成化二年十月二十五日，野人入通遠堡，殺擄人畜，指揮劉英出戰死之。

㊱ 《明憲宗實錄》，卷四一，頁12。成化三年四月癸亥，敕諭。

㊲ 《明憲宗實錄》，卷四四，頁1。成化三年七月甲子朔，高岡：〈備邊討賊策〉。

㊳ 《明憲宗實錄》，卷四四，頁7。成化三年七月庚辰，記事。

㊴ 《朝鮮世宗實錄》，卷四三，頁56。世祖十三年九月丙子，敕諭。

㊵ 《朝鮮世宗實錄》，卷四四，頁17。世祖十三年十月癸丑，據議政府狀啓。

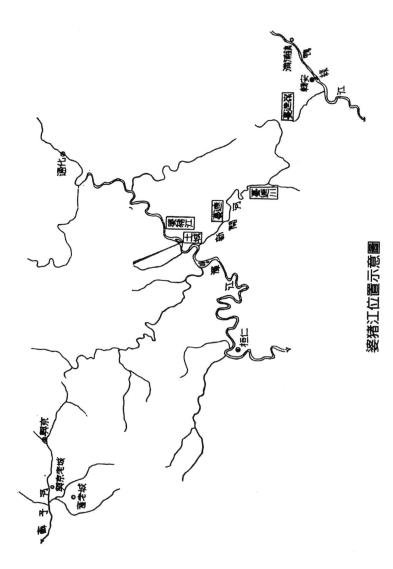

婆豬江位置示意圖

清世宗與奏摺制度的發展

一、前 言

清初本章制度，沿襲前明舊例，公題私奏。直省督撫於例行公事使用題本，鈐印具題，臣工本身私事則用奏本，概不用印，俱經通政司轉呈御覽。清聖祖關心民瘼，孜孜圖治，親政以後，爲欲周知中外，洞悉天下利弊，於是令臣工於露章題達之外，復倣奏本形式，繕摺具奏。臣工於大小事務，無論公私，凡有聞見，必須據實奏陳，密封進呈，逕達御前。世宗御極之初，亟於整飭政風，強化君權，除令滿漢大臣及督撫提鎮照舊用摺奏事外，復放寬臣工摺奏權，於藩臬兩司以下微員亦准其專摺具奏，君主耳目遍及於京外各處，形成嚴密的通訊網，所有地方利弊，施政得失，皆瞭如指掌，其所頒諭旨，訓示方略，亦能措置咸宜，終於奠定清初盛世的基礎。本文撰寫之目的即在就國立故宮博物院現藏清代宮中檔硃批奏摺以探討清初奏摺制度的發展及其與傳統本章制度的關係。

二、清初奏摺制度的起源

明太祖一面廢宰相，用重刑，一面厲行察舉制度，獎勵臣民上書言事，故自洪武以降吏治澄清達百有餘年。明初定制，凡臣民上書於御前者稱爲奏本，上於東宮者稱爲啓本，俱用細字體書寫。其後在京諸司以奏本不便，凡一應公事改用題本，其格式較奏本略小，而字稍大。至於各官循例奏報或奏賀如乞恩、認罪、

繳勅、謝恩以及在外軍民陳情建言、伸訴等事，則仍用奏本①。

　　清初沿襲前明舊制，公題私奏，相輔而行。惟明代獎勵臣民上書言事，封章絡繹，漫無限制，迨其末造，弊端叢生，臣工交章參劾，以致廷議誤國。清世祖等深悉其弊，順治二年四月，嚴飭撫按除緊急重大文移外，不得擅動承差，擾累驛站。是年閏六月初三日，通政使李天經以諸司章奏太繁，奏請嚴賜申飭，旋奉旨凡撫鎮按臣奏報及賀捷章奏，准其封進，謝恩者概免。監司等官一切事件，悉聽撫按代題，總鎮諸臣除事關軍機及兵馬錢糧外，其餘俱歸督撫具題。是月十二日，世祖又諭六部都察院，略謂「在內六部文武衙門，在外督撫鎮按道府州縣營衛等官，均屬政事之司，果能矢忠矢公清廉勤愼，各盡職業，天下自致太平。若乃舍己職掌，越俎出位，妄言條奏，徒博虛名，貽誤政事，實心爲國之人，斷不如是。明季諸臣竊名譽，貪貨利，樹黨與，肆排擠，以欺罔爲固然，以姦佞爲得計，任意交章，煩瀆主聽，使其主心志胘惑，用人行政，顚倒混淆，以致寇起民離，禍亂莫救，覆轍在前，後人炯鑑，亟宜痛加悛改，豈容仍襲故套，以蹈顚蹶。」②是年十月，又禁止投誠官員自敍章奏。嗣後臣工題奏權已受嚴格限制，其無言責者固不准動輒具本陳奏，至於監司等員亦無題奏權。

　　清初定制，京內各部院衙門題本逐送內閣，稱爲部本，各省督撫將軍題本於封固以後，加以夾板，或用木匣盛儲，內用棉花填緊，外加封鎖，周圍縫口又以油灰抹黏。外用黃布包固，督撫捧拜既畢，即塡用火牌交付驛夫飛遞到京，由駐京提塘官接捧投送通政司開取③，轉遞內閣，稱爲通本。部本與通本皆先經閣臣票擬呈覽，奉旨後照旨批寫朱字，故又稱紅本③，由內閣存儲。內外臣工題奏本章，俱不過三百字，並以半幅黃紙摘錄本中大意，

附於疏中，稱爲貼黃⑤，其字數不許過一百字，如字數溢額，許
通政司駁回⑥。直省督撫封進本章，例有揭帖，分遞部院科道，
惟各省具揭多未隨本章同發，而先期另封投遞，通政司按期收本，
不查揭帖先後，輒先發提搪分送，以致拜疏未上，具揭先行。通
政司每因副本緘封不固，書辦得以抄出傳送，致使本章未呈覽，
京中已喧傳某省題請某事，某官題參某人，各處爭先抄送，名爲
「小抄」。各省題達案件，督撫等輒將審查口供看語加以刪改，
以求畫一，或刪改原揭虛空數目，或將審擬各案改擬輕重，或司
府尚未揭報，而督撫於本內代敘，俱於出本後始將原詳粘籤發換，
仍批此籤並繳，屬員不便抗衡，只得照籤改詳，徇私曲法，通同
欺罔。

　　直省題奏本章，既經通政司掛號，輾轉遞進，臣工上言，非
壅則洩⑦。具題時既有副本，又有貼黃，繁複遲緩⑧。清聖祖親
政後，勵精圖治，關心民瘼，鑑於傳統本章制度積習相沿，弊端
叢生，爲欲周知施政得失，地方利弊及民情風俗等，於是令臣工
於露章題奏外，另准用摺密奏，倣照部頒奏本款式書寫，因革損
益，不經通政司轉呈，逕達御前。爲求簡便及保持機密，命臣工
具摺時必須親手繕寫，字畫隨意，不必按奏本用細字體書寫。並
令臣工於具奏時將摺子即清單附呈御覽，臣工遵旨將晴雨錄或清
單乘奏事之便，繕寫附入本內以聞，簡便易行，不必另繕黃冊，
特本具奏，通行日久以後，雖未附清單或摺子，仍習稱之爲「奏
摺」，或簡稱爲「摺子」⑨。聖祖在位期間，屢諭內外諸臣繕摺
具奏，凡有見聞，必須據實奏聞，或於請安摺內附陳密奏，或兼
報雨水糧價，故中外之事，不能欺隱，諸王文武大臣等知有密奏，
莫測其所言何事，各知警懼修省，奏摺制度有裨於國計民生甚鉅。

三、摺奏權的放寬

　　清聖祖在位期間，內而滿漢大臣，外而督撫提鎮，皆准其用摺密奏。世宗亟於整飭政風，鞏固君權，以求言為急，故於御極之初，即令臣工照舊摺奏。例如康熙六十一年十二月二十日，京口將軍何天培具摺請旨稱「奴才荷蒙老主天恩，畀以京口將軍之任，每年進有請安摺子，並隨時奏明本地雨水情形、米價數目在案。茲恭遇主子纘登寶位，凡天時民事，無不上關睿慮，但奴才至愚極昧，嗣後每年請安摺子應否照常具奏，伏祈主子洪恩示下。」原摺奉世宗硃批云「仍許奏摺」。雍正元年二月，復令科道等官每日一人上一密摺，輪流具奏，一摺祇言一事，事無鉅細，皆許其據實敷陳，即或無事可言，摺內亦須聲明無可陳言的緣故⑩。

　　世宗擴大採行奏摺制度，為欲充分發揮其功能，於是放寬臣工專摺具奏的特權，准許藩臬兩司亦用摺奏事，國立故宮博物院現藏康熙朝宮中檔奏摺，就其具奏人官職而言，最多者為總兵官，巡撫居次，提督又次之。而雍正朝則以藩臬兩司為最多，巡撫居次，總兵官又次之。世宗雖准藩臬兩司奏摺，但因人而異，各省辦理並未一致，故藩臬兩司於抵任之初，每有奏請恩賜摺奏者。例如雍正五年九月，浙江布政使孔毓璞奏稱「布政司一官有旬宣責任，凡地方行止事宜，均須籌畫，而錢糧出入尤當慎重。臣於本年七月十九日抵任，隨准陞任布政使容將一切正雜支放起存數目移送前來，現在逐一清查核算，循例具詳，聽候撫臣盤察具題外，但臣稟質愚蒙，見事遲鈍，非仰藉聖明指示，竊恐措置失宜，況浙藩錢糧，頭緒甚多，政務紛繁，責任慕重。緣曾蒙聖訓，藩臬皆賜摺奏，用敢瀆仰懇聖恩賜臣一例用摺，則十一府屬中凡於緩急重輕之事，皆可仰賴機先，行止悉當，臣亦得叨荷生成無既

矣。」惟藩臬兩司中仍有因未曾奏請賜准摺奏而不敢用摺奏事者，雍正六年八月初三日，世宗令怡親王等傳諭直省藩臬一體用摺具奏。是年九月初三日，廣西布政使張元懷接到寄信上諭一紙，略謂「各省藩臬有准其具摺奏事者，亦有本人未曾奏請具摺，朕遂未曾降旨者，今思藩臬乃地方大員，應准其各就所見所聞，具摺陳奏，且即此可以觀其人之居心辦事，爾等可寄信與廣西布政使張元懷，伊若有陳奏事件，初次具摺，差人交門上奏事人轉奏，嗣後從何處轉奏，朕再降諭旨可也。」⑪藩臬兩司具摺陳奏從何處轉奏，必須遵奉密諭而行，就一般情形而言，藩臬兩司初次具摺，可逕齎至宮門交奏事人員轉奏，下次奏摺則應遵奉御批交大學士張廷玉、蔣廷錫或怡親王等轉奏。間亦有例外，例如雍正十二年九月初旬，福州將軍阿爾賽因署理閩浙總事務督至福建省城，向福建布政使張廷枚傳降上諭，略云「福建藩臬兩司，如有未經准其奏摺者，爾即傳諭，藩司有事具摺交大學士張廷玉轉奏，臬司有事具摺交大學士蔣廷錫轉奏。」張廷枚隨遵奉上諭令家人齎摺至張廷玉處，並具稟懇請代奏，惟張廷玉卻令其家人自行齎至宮門交奏事官員張文彬轉奏。嗣後奏摺應齎至何處進呈，張廷枚因無所適從，復具摺請旨，奉硃批「到宮門傳奏」。

　　世宗亟於求言，於藩臬兩司以下人員亦准其用摺奏事，雍正二年十一月初八日，廣西提督韓良輔具摺謝恩，奉硃批「知道了，府道副參中如有借奏摺威嚇挾制上司者密以據實奏聞。」由此可知在雍正初年知府、道員、副將、參將等人員已准其用摺奏事。雍正八年二月初八日，江南驛鹽道陳弘謀具摺請旨稱「臣於雍正七年十月內蒙恩授臣揚州府知府特恩令臣仍帶御史銜，復命臣具摺陳奏。茲蒙恩陞授今職，應否仍帶御史銜並具摺陳奏之處，臣未敢擅便，謹繕摺請旨。」奉硃批「今不必仍帶御史職銜，奏摺

自應如舊，但須倍加愼密。」知府陳弘謀係帶御史銜以言官名義具摺奏事，陞授道員後已不必仍帶御史職銜。世宗放寬臣工專摺具奏權，內而六部九卿翰詹科道及八旗等官，外而督撫將軍提鎭及司道知府副參等俱准其用摺奏事。此外休致人員，亦令其照舊用摺奏事。例如雍正九年十二月十七日，太子太保原任貴州提督楊天縱歸田閑住，所有欽賜摺匣應繳進或帶回鄉里，楊天縱具摺請旨，奉世宗硃批云「你帶歸里爲請安用，汝雖休致，因汝年紀太過，不得已成全你起見，朕實深惜之。今雖閑居，可凡有所聞所見與用人行政國計民生有裨益之陳奏，何妨照舊奏聞，以盡汝之心，特諭。」至於同知、知縣間亦奉諭具摺陳奏，惟其文書形式與一般通行奏摺略異，尾幅文末雖書明「謹奏」字樣，惟封面不書「奏摺」字樣，而於封面居中下方書明職銜姓名，並於居中上方鈐印，其首幅起須繕明履歷，並敍明具奏緣由，然後書寫應奏事件，例如雍正初年，知縣張淑郿引見後遵旨具奏釐剔州縣書役及錢糧積弊時，於封面居中下方書「浙江寧波府慈谿縣知縣臣張淑郿」字樣，首幅繕明履歷及具奏緣由云「臣張淑郿係直隸正定府正定縣人，年四十歲，由康熙四十八年進士，於康熙五十七年二月內除授浙江杭州府臨安縣知縣，雍正三年三月內爲海疆務在得人等事奉旨調任寧波府慈谿縣知縣。今奉硃筆旨意著入於六十五員內輪流調來引見，遵將任內一切正雜錢糧銀米交代清楚，蒙浙江巡撫李衛給咨赴部引見。」原奏奉世宗硃批「九卿議奏」，並自第三幅末行起裁下交九卿議奏，封面右上角以硃筆書明「已行」字樣。世宗在位期間每將密奏裁去職銜姓名交廷臣或地方大員議奏，前引知縣張淑郿所呈奏書即屬此類密奏。

　　世宗在位期間，爲廣耳目，頗借重於地方微員。世宗放寬臣工摺奏權的原因，據世宗於諭旨內所稱乃欲收明目達聰公聽並觀

之意。雍正八年七月初七日，內閣奉上諭云「虞書曰明四目達四聰，先儒註曰，廣四方之視聽，以決天下之壅蔽也。蓋天下之患，莫大於耳目錮蔽，民情物理不能上聞，則雖有勵精圖治之心，而措置未必合宜，究難成一道同風之盛，是以各省督撫大臣於本章之外，有具摺之例。蓋國家之事，有不便宣露於本章者，亦有本章所不能備悉者，亦有應用密奏請旨者，是奏摺之用，乃愼密周詳之意。朕又以督撫一人之耳目有限，各省之事，豈無督撫所不及知，或督撫所不肯言者，於是又有准提鎭藩臬具摺奏事之旨，即道員武弁等亦間有之，此無非公聽並觀之意，欲周知外間之情形耳。」⑫惟世宗擴大採行奏摺制度，放寬臣工專摺具奏權的眞正動機，一方面固然鑑於傳統本章制度礙於體制，非壅即洩，另一方面則欲於直省督撫與藩臬或將軍提督與總兵副參上下之間以及地方與中央之間維持一種制衡作用，並以私奏輔助公題的不足而採取的權宜措施。世宗曾鑑於巡按每與督撫爭權，反滋地方煩擾，於雍正元年正月查嗣庭覲見時諭以每省各設一御史，以便與督撫彼此相制，令查嗣庭妥議陳奏。是年十月十四日，查嗣庭遵旨密奏，略謂「臣以爲欲令督撫少知顧忌，莫若令各省藩司亦得用密摺啓奏。夫今之藩司，即古之方伯，職在承宣，其任最重，凡民生利弊，屬員賢否，以及地方公事，本不宜袖手旁觀，今既得便宜上聞，則與督撫雖無相制之形，實有相制之勢，官既不煩添設，權亦不患獨操矣。」⑬質言之，督撫爲封疆大員，向來獨操地方大權，藩司等使用密摺奏事，凡有聞見，俱應據實奏陳。因此，藩司等雖非御史，惟因其享有摺奏權，其實已與御史無異。御史原爲「天子耳目官」⑭，奏摺制度雖然破壞傳統的御史制度⑮，但因世宗放寬臣工摺奏權的結果，使君主的耳目遍佈於全國各地，臣工繕摺具奏時有揭參及建白的特權，其作用實與御史無

異。任蘭枝提督四川學政時，世宗曾諭以「凡事不必迎合督撫，督撫若有無端搜尋難爲你處，使人來密奏朕聞。」世宗本意亦欲以學政與督撫相制，不令督撫獨操大樁。雍正二年十一月，福州將軍宜兆熊具摺奏請限制臣工摺奏權，略謂「欽惟我皇上御極以來，厲精圖治，博採群言，每多下問。竊臣愚見，以爲在京六部九卿科道諸大臣，在外督撫將軍提督各臣，凡有事件，准其密奏。至於在京武職副都統等，在外總兵管等，似不宜准其密奏，恐言路煩雜，不肖者藉此反生多事，以致妄瀆宸聰。」奉硃批云「知道了，不妨，只遵朕旨而行，君臣之間，一點不必存形跡。」⑯世宗一方面利用奏摺，使臣工之間彼此相制，另一方面以君臣爲一體，不可存任何形跡，充分發揮奏摺制度的功能，靈活運用，頗有助於君權的鞏固與強化。

四、奏摺的類別

　　清初奏摺，依其書寫文字的不同，可分爲漢字摺、清字即滿字摺與滿漢字合璧摺等。漢滿臣工因文字表達能力的不同，准其使用漢字或滿字繕摺具奏。康熙六十一年十一月二十九日，世宗即位後曾諭大學士等具摺密奏保舉人材云「爾等具摺或滿字或漢字，各須親寫，不可假手於子弟，詞但達意，不在文理之工拙，其有不能書寫者，即行面奏。」⑰漢字摺以漢文御批爲原則，間亦以滿文御批，例如雍正元年二月二十七日川陝總督年羹堯於「奏請川省應行事宜」一摺，原摺封面奉世宗滿文硃批云「uheri baita icihiyara wang ambasa harangga jurgan acafi gisurefi wesimbu」，意即「總理事務王大臣該部議奏。」⑱滿字摺亦有以漢文批諭者，例如雍正元年十一月初七日年羹堯以滿文繕摺具奏，世宗卻以漢文批諭云「覽此奏朕纔放了心了，好一大險，眞

正佛天之大慈恩也，向後之舉一切斟著萬全而爲之，阿彌陀佛！」間亦於同一摺中以滿漢文硃批者，硃筆諭旨有時亦批於其他臣工摺上。雍正五年四月初四日，福建總督高其倬具摺奏聞拏獲奸民，奉硃批云「批諭在毛文銓摺上。」雍正七年九月初八日，暫署湖北巡撫印務布政使徐鼎具摺奏聞商民承領兵丁生息銀兩事，奉硃批云「邁柱奏摺有批諭，可問之。」至於滿漢字合璧摺，多係各部院滿漢大臣公同會議的奏摺。在現藏康熙朝宮中檔內未見此類奏摺，在雍正年間則屢見不鮮。滿漢字合璧摺以滿文硃批爲主，間亦以滿漢字分別批諭，以致文意不同。例如雍正元年七月初二日，經筵講官協理內閣大學士事務尚書署都察院左都御史教習庶吉士徐元夢、禮部尚書張廷玉、左副都御史協理工部侍郎薩爾納、左副都御史江球、金應璧於「奏爲題參原任河南道監察御史賀有章事」一摺，係滿漢字合璧摺，世宗分別以滿漢文硃批，其滿文硃批云「 ho io jang ni hacilame wesimbuhe jedz be bi tuwafi jai hese wasimbumbi.」意即「賀有章條奏摺子，朕覽後再降諭旨。」惟其漢文硃批則云「此參奏不是了，賀有章奉皇考旨招募番民探聽地方情形，並未命限有無部文，又不曾交與地方官，原因其奏之當，故命其從容私自察訪，或有益於事之聖意也。今賀有章驚聞龍馭上殯，匍匐回京，情在可嘉，何罪之有。況覽其前奏，一片忠君愛國之誠，觀之令人凜然，朕一二日內見此人，如未老朽，朕還要用此人，此本發回勿庸議。」⑲

　　清初奏摺，依其使用紙張的不同，可分爲黃綾摺、黃紙摺與素紙摺等⑳。若依奏摺性質的差異，則可分爲請安摺、謝恩摺、奏事摺與密摺等類。君臣名分既嚴，臣工必須定期具摺請安。世宗勤於批諭，臣工具摺請安，有時批諭訓示亦甚詳，例如雍正元年四月初六日，河南巡撫石文焯具摺請安，奉硃批云「朕安，所

奏何天培之事，爾心朕甚嘉之，但何天培作人老成清政，任他如何不諳練，較之吳存禮貪庸之流，必勝數倍，汝但放心，保管是個好巡撫，向後如有所聞，仍當密奏無隱，朕再作道理，不可以未做文官，恐不諳而廢之不用也。所奏參題之事，查盤倉糧之事，知道了，截漕一事，已發部議。」請安摺內容簡單，僅書「跪請皇上聖安」或「主字萬安」字樣，惟就雍正朝而言，請安摺因硃批文字較多，其史料價值較他朝爲高。世宗爲表示關懷臣工健康，亦常於請安摺批諭時乘便垂詢，例如雍正四年七月十八日，高其倬調任閩浙總督後具摺請安，奉硃批云「朕躬甚安，你好麼，身子可好否，較在京時如何？」是年十月十三日，世宗於高其倬請安摺內批諭云「朕躬甚安，朕即位尚未到湯山，偶因冬暇，閑來行幸，非有爲也，恐你繫懷，特諭爾知，你好麼？」福建陸路提督總兵官吳陞具摺請安，奉硃批「朕安，你好麼？你向來居官聲名好到極頂，朕甚嘉之，好生愛惜你的老身子，多多給朕出些年力。」臣工具摺請安時爲表示鄭重，多用黃綾摺。聖祖在位期間，總兵官杜呈泗所進黃綾請安摺，其原摺封面有套印雙龍圖案者。雍正元年三月初九日，湖廣總督楊宗仁所進黃綾請安摺，其封面上亦繪有龍形圖案。世宗勤儉持身，於臣工繕摺具奏時，屢諭其不可浪費綾絹。雍正三年五月二十八日，浙江巡撫署理將軍印務法海進呈黃綾請安摺，奉硃批云「朕躬甚安，你好麼？可惜綾子，向後除面套，摺身用黃色紙好。」定例請安摺封套應使用黃綾，其摺面可使用黃綾或黃紙，其摺身則應使用黃紙，摺面及摺身俱用黃紙者稱爲黃紙摺。臣工具摺奏事時應使用素紙摺，不宜用黃面黃封，以節省綾絹。雍正三年六月初三日，福建巡撫黃國材具摺奏聞查拏奸民，奉硃批云「請安摺用綾爲面，表汝鄭重之意猶可，至奏事摺而概用綾絹，物力維艱，殊爲可惜，以後改用素紙

可也,將此諭亦傳知滿保遵奉。」綾絹可惜,餘幅綾紙俱不可太多,摺頁若薄,可以兩三摺合併於一封套內,不必一摺用一封套,但為便於留中或發交議奏,可以多用封套。

聖祖在位期間曾令臣工於請安摺內附陳密奏,康熙五十一年正月,復諭領侍衛內大臣、大學士、都統、尚書、副都統、侍郎、學士、副都御史等與各省將軍督撫提鎮一體於請安摺內將應奏之事,開列陳奏。聖祖南巡時亦諭經延講官王鴻緒,京中如有可聞之事,密書奏摺,與請安摺合封奏聞。臣工遵旨於請安摺封內附呈密奏,或乘請安之便於摺內兼報雨水糧價及密陳聞見。惟就一般情形而言,請安摺與奏事摺不應合封一處。康熙五十三年九月二十九日,兩廣總督趙弘燦具摺請安兼陳江南巡撫張伯行疏參其弟原任揚州知府趙弘煜等事,聖祖批諭云「知道了,請安摺子當另摺繕是,不合。」②康熙五十四年二月初十日,廣西巡撫陳元龍具摺請安,奉硃批云「皇太后萬安,朕安,奏摺土司一事,封在請安摺封內不合。」臣工於奏事摺內可以兼請聖安,但報災、參官、人命等事,不宜兼書,病故人寫在請安摺內尤屬不敬。世宗亦屢諭臣工不可將奏事摺與請安摺合封一處,雍正十年三月十七日,福建巡撫趙國麟具摺奏聞臺灣大甲社番殺傷兵役,奉硃批云「此摺入與請安摺套內,復書奏摺二件,亦可謂不達理體,不敬之至也。」山東布政使張保具摺請安時,世宗斥其為「小器粗鄙之至」,並諭以「再來奏事摺另用封套。」臣工奏謝恩賞御書、珍品及調補陞轉寬免降罰等,則可遇便具摺謝恩,此即謝恩摺。臣工密奏時,間亦於奏摺封面書明「密摺」,或「密奏」字樣。凡有密奏,必須極端慎密,世宗屢以「不密則失身」,「少不密,後悔莫及」,「稍露則禍隨之」等語告誡臣工。雍正七年閏七月二十日,李建功具摺謝恩,奉硃批云「凡密奏之摺,少若不密,

或以此為榮，而誇張炫耀於人，則取禍之道也，慎之，戒之。」
雍正八年三月十七日，因廣東習氣不堪，盜賊甚多，世宗極感憂
慮，故令廣東右翼副都統安華傳諭總督郝玉麟、巡撫傅泰、布政
使王士俊。是年四月十一日，王士俊具摺覆奏後奉硃批云「凡如
此等之奏，少不甚密，為害噬臍不及時，莫忘今日之恩諭也。有
人論汝曾有三寸封奏可打發吳如繹離粵之語，況吳如繹之離粵乃
自取，今又離鎮江，乃伊自作，豈王士俊復能令吳如繹離鎮江也，
況汝上司豈有聽汝屬員之言而為去就之理。倘若暗合情事，未免
招庸愚之物論，上關朕用人理體，下關汝身家之利害，不思慎密，
乃無忌憚，但知目前假榮而不計異日之實禍之小人也，誌之，慎
密之。」⑳

　　聖祖採行奏摺制度後，屢諭諸臣必須親自繕摺具奏，不能假
手於任何人。康熙四十三年七月二十九日，江寧郎中曹寅具摺奏
謝欽點巡鹽並請恩准陛見，奉硃批云「朕體安善，爾不必來，明
春朕欲南方走走未定，倘有疑難之事，可以密摺請旨。凡奏摺不
可令人寫，但有風聲，關係匪淺，小心，小心，小心，小心！」
硃批旨意，亦一字不假手於人。聖祖曾因右手病，不能寫字，而
用左手執筆批諭。世宗在位期間，除密摺必須由具奏人親手書寫
外，其餘摺件，已酌准令人代寫。雍正元年九月十六日，署甘肅
巡撫事務布政使傅德奏覆欽奉上諭日期，奉硃批云「摺內文與字
俱佳，係爾親筆自作自書耶？抑或他人代爾起草書寫耶？」世宗
雖垂詢書寫之人，但未加斥責。是年十一月十三日，傅德齎摺家
人恭捧硃批奏摺回署。十二月初六日，傅德據實覆奏，略謂「臣
於滿漢文義，素學粗淺，是以前曾摺請容臣量度事宜措詞所得，
無論滿漢書奏，昨所奏之摺，係臣說與主意，令教臣子讀書之方
正璐草創，臣又細加修飾添改，令其書寫。今蒙聖恩批問，臣謹

據實以對，嗣後臣所奏事件，無論滿漢有關要者，臣即手書，如尋常無庸秘密之事，仍令人書寫，實屬恩便。」奉硃批「知道了，好。」雍正二年三月二十六日，漕運總督張大有因盤糧催漕忙迫之時，寫字手顫，凡緊要密摺，仍親自書寫外，其餘公事奏摺，請准其令人代寫。奉硃批云「何必請旨，應當如是的。若密事還親寫，即字大些行草些不妨，辭達而已，敬不在此。」雍正三年九月初九日，雲貴總督高其倬遵旨奏聞事一摺，因患瘧疾，手顫不能成書，故令其姪高定勳代寫。現藏年羹堯滿文奏摺多於漢文摺，但似非其親寫，因年羹堯滿文欠佳。據年羹堯奏稱「臣於清字原未深曉，若緩緩看念，亦能解識，遇有不解之話，摘出一二句問人，若平常粗淺之事，臣妻即能看念，所以要緊旨意從無人見。」㉓雍正六年八月初十日，福建巡撫朱綱具摺奏謝恩賜磁器等物，奉硃批云「覽，再來奏摺應機密者親書，其餘可令人代寫者，不必逐件費力與無用之處，聞你瘡已全愈，深為慰悅。」監督淮安關稅務慶元具摺奏報實收稅銀數目，奉硃批云「原非機密事件，代寫何妨，如遇應密之奏，亦不必拘定楷書，筆畫隨意大小俱無關礙也。」臣工間亦令幕僚代寫，雍正八年九月初六日，福建巡撫趙國麟奏稱「蒙皇上天恩，賜臣本箱四個，凡地方機宜事務，臣自當詳悉密奏，恭請聖訓指示遵行，其摺稿皆臣親撰，不敢假手旁人。惟繕寫奏摺，臣因素不工小楷，又年近六旬，眼花手拙，字跡老草疎縱，恐涉不敬。臣有幕友劉光煜係浙江山陰縣生員，隨臣十年，為人誠實謹慎，臣處以密室，凡有奏摺令其代臣敬謹繕清，可無疎漏之虞。」㉔旋奉硃批云「此汝干係，何必奏聞朕也。」惟世宗屢飭臣工不可令幕賓門客綴輯浮泛文詞，混行瀆奏。

五、奏摺的齎遞

　　臣工繕摺既畢，即封入奏摺封套內，用摺匣盛儲，外用黃袱包裹。摺匣加鎖後即拜發交親信家丁齎遞。其摺匣、袱褥、鎖鑰俱由內廷頒賜，就一般而言，御賜摺匣為四個，以便輪流齎奏。雍正四年七月十八日，閩浙總督高其倬初蒙御賜摺匣四個，旋因浙省事務繁多，不敷使用，復奏請再賜摺匣四個。若程途遙遠，摺匣不敷接濟時亦可奏請添發。內廷頒賜摺匣，係由兵部以火牌馳遞發下，臣工奉到摺匣後須具摺謝恩。如摺匣不敷使用內廷尚未添發時，臣工只得以夾板固封進呈，但因長途往返，夾板繩索易於鬆散，粘貼謹封易於脫落。奏摺奉有硃批，關係重大，臣工為求慎密起見，故屢請賜匣，以免損壞或洩露。

　　奏摺齎遞過程與題本不同，督撫等題奏本章定例由驛馳遞，督撫奏摺如有應速遞者，准其由驛馳遞。奏摺驛遞時，應於摺匣外復用木匣裝盛，以棉花填緊，用油灰封口，然後拜發，以求慎密。至於尋常事件，雖係督撫亦僅能令齎摺千總或把總，或親信家人自備腳力齎進。雍正元年四月二十五日，兵部傳旨「無要緊摺子，不可擅騎驛馬。」雍正二年閏四月二十五日，漕運總督張大有具摺奏請准其進摺家人騎用驛馬，奉硃批云「若有要緊奏摺乘驛來，若尋常奏報某幫過某閘等奏，非難遲緩者，不但不當騎驛馬，可以不必頓奏，到天津通州光景，朕約略可知，不必徒勞驛站。」提鎮等員若擅動驛馬，必受嚴詞切責，雍正二年六月二十日，鎮守雲南永北等處地方副將管總兵事馬會伯「奏陳武闈解額等事」一摺，由驛馳遞，旋奉硃批云「已有旨之事，你所奏此三事，內兩件皆已奉諭者，況皆非緊要奏聞之事，勞驛而來，甚不是了。再如此等閑奏摺，或隨本來，或差人徐來，不可亂動驛

馬，特諭。」廣西巡撫郭鉷以所轄廣西一省去京甚遠，中又隔以
洞庭之險，往返需兩月有餘，且湖南一帶，從無驛馬可僱，必至
武昌方可僱覓，而自京回粵途中，武昌驛匹又從不肯僱至粵西，
沿途又無歇店，是以具摺奏請准其摺奏由驛站遞至武昌後，即令
齎摺人役僱騎至京，俟摺奏發下後齎摺人役仍僱騎兼程至武昌再
由驛站回粵西，並用廣西巡撫衙門關防印票到驛驗照給以馬匹。
奉世宗硃批云「所奏知道了，若用印票，無例不便，另有旨諭部，
賞你十張火牌，用完再領，若非急奏請旨要務，可以隨本之便發
來亦可也，酌量行之。」督撫摺奏雖事涉緊要，世宗間亦不准其
由驛馳遞。雍正五年十月初一日，四川巡撫憲德以川省距京遙遠，
應奏請聖訓之處甚多，每次差家人齎奏，即使包程往返，亦須兩
月有餘，如遇緊急事件，未免曠日持久。因此，憲德具摺奏請嗣
後奏摺，若非緊急者，仍照舊差家人包程齎奏，如遇有緊急事件，
即由驛遞咨兵部轉呈御覽，所奉硃批亦即發兵部限日遞回，世宗
批諭云「非軍機重務使不得。」

　　藩臬道府於地方事務，不過奉行承辦，並無專主之責，督撫
例應奏聞事件，必須詳明督撫辦理，不得擅自差人齎摺越例瀆奏。
雍正二年二月，雲南楚姚總兵南天培具摺奏明汛兵營伍事宜，奉
硃批云「知道了，雲南路途窵遠，爾等差人齎摺，自備腳力，所
費不少，若令乘驛，又未免勞擾郵傳，嗣後酌量必應奏者具奏，
不可無事頻來，至於尋常非甚機密事件，轉交督撫臣隨伊等奏摺
之便附來亦可。」世宗曾屢諭藩臬等員，倘該督撫上司有欺隱不
實，徇私不法及所見不同時，則應密摺奏聞，惟其齎摺家人必須
自僱腳驟，包程往返，以致每有摺匣墜落損壞之事。雍正二年六
月初一日，雲南布政使李衛接管藩庫交盤後繕摺具奏，因途間稽
遲至七月中始至京師，正值怡親王出口，不敢由宮門遞進，又復

帶回，不意行至河南亢村驛，黃水偶發，過岔河連人馬沖倒，將御賜黃匣漂流，雖經撈獲，但已濕透，齎捧回滇後，竟霉粘一處。摺匣甚至有被盜者，雍正五年十月十一日，怡親王等字寄廣東督撫稱「常賚署中被盜，將摺匣之鎖鑰俱皆失去，而借將軍鑰用，此等事該撫該將軍亦隱匿未奏。」湖南辰沅靖道王柔曾鑑於各省司道知府所進奏摺，其齎摺人役行至中途歇店，致有夜遭竊劫情事，摺奏機密，硃批緊要，宵小竟敢膽玩窺竊，有關朝廷體統，是以奏請降旨各省督撫轉飭各該屬員，凡差委齎摺人役，沿途不得住宿客店，應給護身印牌，仍自僱腳騾，令其於沿途俱赴驛站衙門歇宿，並飭各驛官查驗印票，登簿容留，以便往回查封，且撥該地方汛兵防護，世宗批諭云「此奏不通之極，況汝等微員未及奏對品級之大，朕密令奏摺者頗有，原為廣朕聞見，諄諄諭汝等不可聲張洩露作福作威，挾制上司，恐嚇同僚。今若奉明旨，令守備縣令等奏密摺成何理體。況督撫摺奏亦未有如是行事也，兩司奏摺，朕尚皆命不至宮門，令廷臣密達，況汝等微員也。觀汝逞一時高興，孟浪不通處甚多，朕實代汝憂之，當知己識見平庸，萬不可自恃任性，方保無虞，一切處愼密為之，不然莫謂朕恩庇不能久長也。」㉕甘肅布政使諾穆圖係原任山西巡撫諾岷之子，奉旨駐箚西寧辦理噶斯糧餉，雍正九年八月初八日，諾穆圖具摺奏稱「伏查西寧至京，計程四千餘里，即僱包程騾頭往返動須兩月。臣職任轉輸，身居邊地，凡所見所聞，有關封疆軍務之事，理應隨時入告，難容刻緩，臣請嗣後尋常陳奏事件，仍照舊僱覓騾頭，責差家奴馳進外，如遇緊要事件，以及應行密奏者，仰祈聖恩准臣由驛賫部轉進（旁硃：亂道），不唯緊急軍需不致遲誤，即臣一得之愚亦可隨時陳奏。」奉硃批云「奏匣帶用使得，何得有緊要軍需令汝屬員馳驛奏聞事，觀汝凡事多孟浪燥妄，若

不至愓改，則又必至如汝父爲負恩人矣，務平和詳愼安靜爲要，若少恃才陵傲，悔不及矣。」㉖

　　清初本章制度，定例官員奏事，一切錢穀刑名兵丁馬匹等地方公務，皆用題本，本身私事，俱用奏本。直省文武諸臣奏事有未便遞用題本而事關機要者，故繕摺齎奏請旨。雍正十一年八月二十日，署理湖廣提督杭州副都統張正興於「奏請立法稽查差齎摺奏以杜弊端事」一摺指出臣工所差齎摺人役自京回程時，恐不肖人役於途中私自繞道逗留以致耽延時日，故奏請嗣後各省文武諸臣差齎奏摺，俱用印信批文，給與齎摺員役投文奏事人員驗明批上印信職銜月日，然後將奏摺收進呈覽，俟奏摺發出奏事人員將文批登掛月日發給齎回，以便內外皆有稽查，則弊端可杜。世宗覽奏後，批諭云「據汝所奏固是，但失密摺之意也，況齎摺員役本地起身日期已載明，自其自京回程，傳奏人員亦自登記年月，差役亦未必敢逗留遲滯也，向後著傳奏者粘貼某日發回字樣即是矣。」㉗督撫題奏本章馳遞通政司後，除本章封固外，另有隨本批迴一張，將拜發日期及勒限於某日交投之處開寫明白，隨本投遞，通政司收到之日，即將收到日期註明於原批之上，鈐蓋印信發回查封。雍正十二年十一月初九日，巡視西城協理浙江道事監察御史恆文條陳時指出外省凡有奏摺之員，其差役齎交奏事官員之時，奏事官員不過取具自備騾頭，或乘騎騾馬以及差人姓名門單一紙，即行恭送大內，是否本人，以及沿途有無遲誤之處，終實無憑查核。是以恆文奏請照齎交通政司之例，凡有奏摺事件，俱令奏事官員亦具批迴一張，將差人年貌姓名拜發日期，及限於某日交投之處，一一明白開寫，隨摺投遞，奏事官員接收後，即將收到日期，並發出日期，一併註明於原批之上發回，令各處按期查對，如此不僅可以防錯誤假冒之端，亦可以杜逗留稽遲之弊。

恆文條奏，事涉更張，尤失密奏本意，世宗未允其請。

六、奏摺的性質

　　自秦漢以降的中國傳統政治始終保持王室與政府即內朝與外朝的劃分㉘。清初題本與奏本最大的區別，仍在題奏內容公私的差異，公題私奏，禮部屢飭各省遵行。至於奏摺則無論公私事件，皆准臣工具摺奏陳。清初諸帝以天下臣工爲其股肱耳目，君臣一體，臣工於循常例行公務之外，尙須私下替皇室或內朝効力，京中或直省若有偶發事件，臣工必須據實奏聞。對於行之已久的制度，欲有更張改革時，亦須先行具摺請旨。臣工各就所聞所見，具摺奏陳，以便皇帝集思廣益，奏摺遂成爲君臣於處理政務過程中私下協議的工具。山東巡撫陳世倌具摺請安時，世宗批諭云「朕安，你好麼？此本吳襄之奏，部中之議，據你意見孰是，明白寫來，和你商量。」易言之，題本與奏摺的區別，在公文性質上仍有公私之分。惟所謂公事與私事，卻不在其內容，而是因爲摺奏事件，並非臣工例行公務，原非正式的公文，而是臣工於公務之餘替內廷服務的私事，因此奏摺不能鈐蓋各衙門印信。任蘭枝提督四川學政時，曾具摺奏稱「臣係小臣，本不敢援大吏自行封進之例，因蒙聖恩念係內廷行走之員，許其差人摺奏。」任蘭枝係以內廷行走人員的身分而取得摺奏權。雍正元年六月，高斌由織造陞任浙江布政使後具摺奏明收兌錢糧事宜，奉硃批云「好，勉之，奏摺不必頻多，比不得織造之任，無可奏之事，不必奏摺，若有應奏聞事件，不妨。」高斌係滿洲鑲黃旗人，初隸內務府，雍正元年，授內務府主事，再遷郎中，管蘇州織造㉙。高斌在織造任內，隸屬內廷，爲皇帝耳目，凡有所聞，皆可用摺奏聞。題本定例由驛馳遞，奏摺則應差遣親信員役自僱腳騾齎呈，不能擾

累驛站，擅動驛馬，致妨公務。奏摺到京，須交內廷奏事官員轉呈御覽，或由皇帝親信大臣轉奏，或交其本門主轉呈，不能逕至公門或通政司轉遞。臣工具摺時應親手書寫，或在密室繕摺，皇帝亦應親手批諭，世宗批摺尤勤，每摺手批數十言，或數百言。雍正初年，滿保、黃國材二人奏摺，世宗批諭不下數十萬言，一字不假手於人。硃批奏摺發還原奏人後，臣工亦應在密室啓封捧讀，巡撫藩司恭逢鄉試入闈時，其硃批奏摺亦不得齎入闈中。世宗日理萬幾，日則召見臣工，夜則燈下批摺，有時竟「墮汨披覽」，御極十有三年，常如一日。此固然不令洩漏，亦因摺奏係私事，故於公務之餘，閱摺批諭。雍正三年，署直隸總督蔡珽具摺奏明鑲紅旗漢軍候選縣丞張鍾人品學問。世宗於硃批末尾附書云「白日未得一點之暇，將二鼓，燈下書字不成字，莫笑話。」㉚世宗批覽奏摺多在夜晚，不僅是「以示勤政」㉛，奏摺的性質與例行本章不同，亦為主要原因之一。清初奏摺制度係屬於密奏制度，但不在形式上是否書明「密摺」字樣，或內容上以重大機密事件為限，其所以稱為密奏者，在表面上固因奏摺係由特定人員直接上給君主本人的一種秘密報告，而不經內閣公開處理的文件㉜，其實亦由於奏摺係君臣私下秘密往來通訊或密商事務的信件，而非政府正式的公文。簡言之，題本係督撫以行省首長的地位，於處理公務時呈遞君主的公文，奏摺則係督撫等除正式公文之外，另以私人的身分呈遞給君主的文書㉝。

　　奏摺內容既無公私之分，故摺奏範圍極為廣泛，舉凡錢糧、雨雪、收成、糧價、吏治、營務、緝盜、剿匪、薦舉、參劾、民情風俗及臣工本身私事等，凡涉及機密事件，或多所顧忌，或有更張之請，或有不便具題之處，固在摺奏之列，即臣工生辰八字亦可具摺奏聞。雍正六年四月二十九日，陝西總督岳鍾琪具摺奏

稱「查提臣馮允中、鎮臣袁繼蔭、張元佐三人年甲，臣已查明具奏，其副將王剛年歲因未送到，亦經奏明在案。今據副將王剛開稱現年四十六歲，四月十六日子時生，係癸亥丁巳戊子壬子等因開送前來，理合具奏。」世宗批諭云「王剛八字想來是好的，馮允中看過，甚不相宜，運似已過，只可平守，袁繼蔭亦甚不宜，恐防壽云云，張元佐上好正旺之運，請凡協吉，參將王廷瑞、遊擊陳弼此二人命運甚旺好，若有行動，此二人可派入，今既數人不宜用，卿可再籌畫數人，即將八字一併問來密奏，所擬將官中要用人員不妨亦將八字送來看看，命運之理難徵，然亦不可全不信，即朕此謹慎求全一點誠敬之念，想上天自必洞鑑賜佑卿等所指協吉也，爲日上遠，如副參中有可用之人陞用他一般也。」㉞臣工固應定期具摺恭請聖安，亦可將其自身健康狀況繕摺奏聞。例如雍正元年四川巡撫蔡珽「奏請恩准解任回京」一摺稱「臣素稟陰虛，鬚早見白（墨批：不妨），常患怔忡，然頻頻服藥，尚可支持。昨四月間忽又患目疾（墨批：小病耳），視物皆兩，始則一日偶一二次，今乃一日之中竟居其半，心中愈急，疾愈甚（墨批：見性之人，急之一字如何說得出口，急什麼）。臣方欲竭力事主，稍申素抱而竟患此疾，有負聖恩，思之自恨，言之淚下。」㉟世宗據奏後特遣御醫前往調治其疾。雲貴總督鄂爾泰曾奏稱「臣之一身疾痛，疴癢呼吸之間，上關聖慮。」世宗在位期間，屢賜臣工平安丸藥，藥性平穩，卻可治時症。奏摺亦可談家常瑣事，例如雍正二年十一月二十八日山東巡撫黃炳具摺恭進荔枝酒，世宗批諭云「黃色者佳，照此則上好矣，紅色者不用，再不可多，若厭煩又不是了，從來不善飲酒，博爾多知道的，原爲賜人玩，非要用之物也。」雍正三年五月十八日，甘肅巡撫石文焯奏謝其子石禮哈委署貴州巡撫，奉硃批云「此子你一點不必關心，不要

你管，保在朕身上。」同年九月二十五日，湖廣湖南岳常道楊晏具摺奏明其父所得捐項陋規及家產房屋數目，奉硃批云「是何言歟，如何教朕料理起你家務來了，如此撒嬌兒使不得，你弟兄們共同商量速速完結好，可惜你們功名與朕恩典。」

摺奏固然不可據為定案，硃批亦非正式旨意。因此，君主批諭時可以怒斥臣工，或批示戲旨。雍正元年七月初四日，佟吉圖具摺奏陳忱悃時曾稱「奴才今絲毫不能出力，被人糾參。奴才有負恩之愆，致皇上失知人之鑑。」世宗批諭云「知人則哲，為帝其難之，朕這樣平常皇帝如何用得起你這樣人。」同年七月初六日，雲南驛鹽道李衛具摺奏聞雲貴總督高其倬人品居官，奉硃批云「羞不羞，這樣總督用不著你保留。」雍正三年七月初八日，西安右翼漢軍副都統金無極奏聞年羹堯在陝情形，奉硃批云「所奏知道了，從前諂諛年羹堯所以極力稱揚年羹堯之好處，今既更換一班新人，自當轉回復向新人諂諛稱揚矣，實代汝愧之。」同年十一月十六日，甘肅巡撫石文焯繕摺奏明帑項久懸未補緣由，世宗批諭云「無恥之極，難為你如何下筆書此一摺。」雍正六年十一月初六日，沈廷正奏陳欲效法鄂爾泰存心行事，奉硃批云「亦不過醜婦效顰耳，亦屬大言不慚。」世宗每以「笑話」、「可笑」、「厚顏」、「胡說」、「昏憒」、「瑣屑卑鄙」、「扁淺小器」、「滿紙乖謬」、「天誅地滅」、「混帳人」、「瘋顛」、「無恥」、「濫小人」、「庸愚下流」等詞斥責臣工。雍正七年六月二十九日，吏部尚書署陝西總督查郎阿於「奏明巡撫憲德咨商四川建昌涼山土司事宜」一摺，奉硃批云「甚是，憲德此事料理錯謬之極，當寄密札著實羞辱之。」臣工過失，理應訓誨之，世宗竟暗令大臣羞辱之，有失帝王體。世宗偶亦於奏摺批諭時作遊戲文章，雍正四年，署直隸總督蔡珽奏聞天津知州陳雅琛動用

驛馬等事，奉世宗旁硃「故人家在桃花岸，直到門前溪水流。」硃筆小字附註云「因遺落做字戲諭。」

　　世宗採行密奏制度，不僅欲周知內外情形，同時亦利用奏摺作為教誨臣工的工具。世宗於「硃批諭旨」御製序文中云「每摺或手批數十言，或數百言，且有多至千言者，皆出一己之見，未敢言其必當。然而教人為善，戒人為非，示以安民察吏之方，訓以正德厚生之要，曉以福善禍淫之理，勉以存誠去偽之功。」㊱世宗敕編刊印「硃批諭旨」的目的不僅在教誨其臣工，且欲藉以訓導全國社會，轉移風氣，打破舊傳統㊲。現藏宮中檔雍正朝奏摺硃批多係世宗訓誨臣工之詞，例如雍正元年三月初八日，十阿哥胤䄉屬下楊琳補授兩廣總督後曾具摺奏明收受節禮事宜，奉硃批云「今日之皇帝，乃當年之雍親王也，大家今日只要共勉一個眞字，一個好字，君臣之福不可量矣。」同年五月十四日，福建巡撫黃國材具摺呈繳御批，世宗批諭云「君臣中外原係一體，只要公正眞實，上下一德同心，彼此披誠即是，人非聖賢，孰能無過，錯誤二字何妨乎。」世宗不僅訓誨臣工做好官，亦教導臣工修身養性之道。雍正三年正月二十六日，雲南布政使兼管驛鹽道事李衛具摺謝恩，世宗批諭云「和平二字，朕生平之羨慕，高傲二字，朕生平之所戒，汝之氣秉亦當時存如此想。覽奏知道了，摺中有則改之，無則加勉，日久自明，百計掩飾，終於敗露之語盡之矣。只要你全朕用人體面就是了，只狂縱尙氣四字乃朕五衷教導爾者，豈〔其〕他風聞之言原不過既有此論入耳寫來教你知道而已，原未之信也，勉為之，不必畏懼，亦不可放膽，朕不得眞憑實據再無輕舉枉人之理也。信得自己放心又放心，少有自慊處小心又小心二語，汝當為終身誦。」㊳世宗常勗勉臣工振作精神為國家効力，雍正四年二月二十一日，鎮守山東登州總兵官黃

元驤奏聞海防事宜，世宗批諭云「知道了，你去年來少覺有點老景，打起精神來做官，若以年老廢弛，使不得。」廣東潮州總兵官尚瀠具摺祈請陛見時，奉硃批云「你陛見來，朕深許你，況你年紀正好與國家効力之時，書勉之又勉，慎之又慎，不可自恃放縱，竭力做一千萬年的人物方不負朕之任用也（下略）。」世宗對舊日藩邸之人諄諄教誨，提攜備至，遠勝他臣，雖家人父子亦無以逾之。雍正五年正月初七日，福建布政使沈廷正具摺謝恩，奉硃批云「朕用天下之人尚聽眾人之參劾舉薦，況朕藩邸之人向所知者，苟且一長可取，豈有不教導任用之理，其不堪之人，焉有不處治示眾之理，若少恃恩私有干法紀在爾等喪天良招惡報，再次天下後世將朕為何如主也，如傅鼐、博爾多，朕何嘗未望其成一人物也，奈小人福淺，朕有何法，此二人是你等榜樣，惟有自己信得及，方能保其終令，爾等誰人敢在朕前陷害你，既不能陷害汝，孰來照看救拔你，全在自為，朕之耳目心思不能惑憾也，勉力實行做一好人好官，報答國家，望成一偉器，垂之史冊，豈不美歟，盛（勝）眼前浮小之移多多，勉之勉之。」㊴世宗訓誨臣工為人之道云「為人只要清晨出門時抬頭望天，至晚歸寢時以手捫心，自得為人之道矣。」怡親王胤祥逝世時，世宗仍墮淚勗勉臣工，雍正八年四月十二日，署理江西巡撫印務謝旻奏覆欽奉硃批諭旨，世宗批諭云「怡親王已仙逝，汝更當黽勉終身，以成全朕賢弟薦舉之顏面也，墮淚書諭，汝倘犯有心之過，朕必加倍罪汝矣，勉之勉之。」臣工既為內廷効力，世宗亦以臣工為其耳目，故准以密摺奏事，凡國計民生興利除弊諸事，臣工若有私見，必須具摺據實奏明，不得欺隱迎合。世宗每謂君臣原係一體，中外本是一家，彼此必須互相推誠，莫使絲毫委曲於中間，如此則「何愁天下不太平，蒼生不蒙福。」世宗屢斥臣工「朕只喜凡事

據實，一切不要以慰朕懷爲辭，阿諛粉飾迎奉。」「汝等地方大臣凡事皆以實入奏，朕便酌量料理，若匿不奏聞，朕何由而知，從何辦理也。」臣工凡事必須據實陳奏，不可令幕賓敷陳閑話。雍正五年四月初一日，杭州織造孫文成具摺奏覆浙江人情風俗，世宗嚴詞批諭云「凡百少不據實，你領罪不起，朕不比皇考自幼做皇帝的，不可忘記四十年的雍親王。」

七、奏摺與題本的關係

就清初而言，奏摺制度仍未取得法理上的地位，奏摺係君主廣諮博採的主要工具，尚非政府處理公務的正式文書，奏摺不可據爲定案，硃批亦非經內閣公布的正式命令，臣工奉到批諭後，若欲付諸施行，自應另行具本謹題，俟君主向內閣或各部院正式頒旨後始能生效。因此，臣工摺奏或交廷臣議奏，或另行具本題請，始能付諸施行。康熙五十年九月，浙江巡撫王度昭奏請變通停徵之例，奉硃批云「還該具題，但上本時當改數句方好。」雍正元年正月十二日，世宗諭內閣云「現今封印，各部院應奏本章，不用印信，照常送入內閣，票簽進呈，其應用摺奏事件，著繕摺具奏，僅因封印之故，將應用本章具奏事件概用摺奏，日後恐無憑據，將此通行曉諭。」⑩是年四月二十四日，四川提督岳鍾琪具摺奏報料理兵馬起程日期及支用錢糧數目，旋奉硃批，略謂「此事原你在京密行的事，總未經部，又未動本，如今出二千兵，用錢糧，錢糧還可，出兵之事，不是暗事，爾可著量借何辭，指何名，或摺或本來奏，發於或議政或該部過一明路方法。」⑪世宗屢諭臣工應題者具題，不可因已摺奏而不具題，若密奏了結，則無憑查核。其應咨部者則須報部存案，摺奏不可爲憑。雍正二年四月初九日，副總河兵部左侍郎稽曾筠具摺謝恩，奉硃批云「

此亦當具本者，即明白回奏摺亦當從外達部，今爾身膺地方責任，應本奏者不可全用摺奏，比不得先欽差散員例也。」地方政務，或永遠遵行之事，督撫大員不可草率摺奏了事。題本到部議奏後，世宗即正式頒旨飭行。

　　禮親王昭槤曾謂「世宗慮本章或有漏洩，改命摺奏，皆可封達上前。」㊷惟就清初而言，摺奏實不能取代題本。凡有一定成例可查照辦理者必須具本題奏，藩臬等員於地方事務，理應詳明督撫，若意見相同，督撫即當具題，若意見不同，則須明白摺奏以聞，不可率爾具題，地方上若有更張振興事件，應先具摺奏聞，俟世宗酌定後再行具題，尤其關於軍國大計，更不可輕易動本題請。雍正四年四月初四日，戶部侍郎辦理江西巡撫事務裴徸度奏請嚴禁交盤捐勒積習，世宗批諭云「此事幸爾摺奏，若具體，朕大怪你矣，此事李紱亦大槩類同奏過，朕備悉，已訓諭矣，著李紱密書與你看。」臣工若率然具題，必受世宗嚴詞切責，或因此獲罪。臣工在具題之前，雖預先繕摺請旨，但司道不得藉摺奏挾制督撫，督撫亦不得挾制部臣，雍正元年八月初五日，福建等處承宣布政使黃叔琬具摺謝恩，世宗批諭云「雖許汝奏摺，不可因此挾制上司，無體使不得，若督撫有不合儀處，只可密密奏聞，向一人聲張亦使不得，一省沒有兩個巡撫之理，權不畫一，下重上輕，非善政也，爾可凡事與督撫開誠，就爾所見呈知上司，若有徇私不法之舉，有實憑據之處，方是爾當奏之時。至於尋常地方事宜，與督撫共見同行之事，非爾奏之任也。奏不可頻，恐爾上司疑忌，於爾無益，爾但實心勉力秉公効力，朕自知也，特諭。」㊸太僕寺少卿須洲奉旨差往山東辦理賑濟事宜並署理布政使事務後，以山左連歲荒旱，諸事待舉，因此奏請准其用摺奏事，原摺末幅奉硃批云「一省不便兩個巡撫，不可越分，可與巡撫黃炳一

體同心方可與地方有益，當奏者有何不可告巡撫者，如見得透必可行，而巡撫不依行處，或者間而一二密奏，以出不得已之舉還可，無益、越分、頻奏、煩瀆、相爭、奪權、使不得。」世宗不令藩臬兩司明奏摺子，實恐被人議論一省吏治不專，竟置兩三個巡撫，有違體制。藩臬等於分外一切地方事宜，凡有聞見，准其密摺奏陳，惟其職分內事務，則必須循規蹈矩，不得攙越督撫職責。

臣工固不可藉摺奏挾制上司，亦不得藉此嚇詐同官屬員，妄作威福。凡蒙批諭許具題事件，不得擅將密奏內容及硃批密諭引入本內。兩司道府與督撫商酌具體事件時，不可聲言曾經奏過。世宗屢飭臣工「不可借此引旨具本恐慌部院九卿，令人不敢開口。」臣工具題時，須將摺奏內不得體及不當入本辭句刪略。例如雍正二年五月初三日，兵部右侍郎兼都察院右副都御史巡撫直隸等處地方李維鈞曾具摺奏稱「為奏明事，切照長蘆各場，素多夥黨扒販，為鹽政之大害，屢經嚴飭地方官實力緝拏，並不時察查在案。近訪有馬文標、孫六等各夥聚多人，於橋空灘嚴鎮場先後盜扒興販。臣一面飛檄地方官查拏，又復差委保定營參將李逢春、河間府同知高銳馳往嚴查密拏要犯，勿許驚擾平民。今雖准鹽臣莽鵠立移會見獲數犯發審，據天津道年裕、河間府知府浦文焯亦訪報到臣，但首犯尚未弋獲，而地方官杳無詳報，俟查明到日將失察疏防各官另疏題參，再臣思私販匪類固在地方官平時稽察臨時嚴拏（下略）。」世宗於原摺批諭云「甚好，將前引事不必，從『臣思私販匪類』起具本來奏。」㊹世宗曾諭地方大員「若遇意外風雨小事，必安然鎮靜彈壓為要，若動止驚慌失措，不但自亂主見，而且搖惑兵民，所關甚拒〔鉅〕。」是以具題時應將危言聳聽搖惑人心之處刪略，不得寫入本章內。雍正十二年三月十二日，

署理湖南巡撫印務鍾保具摺奏稱「看得湖南各屬苗人既入版圖，均係赤子，其中強悍者十居一二，愚蠢者十居八九，地方有司自應安其良善，化其兇頑，此愚蠢者之所俯首痛心，而強悍者之所怒目不平者也（下略）。」世宗將前引原摺內「強悍者」以下文句用硃筆抹去，並批諭云「此論可嘉之至，將不便，刪去字句，另行妥擬具題請旨。」楊名時於雲南巡撫任內因誤將硃批密諭敘入題本內而獲譴㊺。凡交廷臣議奏事件，若不稱旨時，世宗即令地方官以其己意具本題達，俾轉移廷議。雍正五年五月十一日，浙江巡撫李衛摺奏稱「原奉諭旨督撫勅諭內有無兼理鹽務字樣，爾等查明應否頒給之處議奏。」世宗批諭云「此事朕著實與廷臣講論過，與朕意原不甚相合，但朕今特諭不便，你不妨再將此情由入本具題來得理之論也，朕準行就是了。」世宗竟援引地方大吏之力，而與廷臣相抗衡。凡奉有諭旨可行具題，或奉部文例行具體案件，又無請旨密奏預聞之處，概不得具摺奏陳，既經具題之後更不應重複瀆奏，否則必受嚴詞申斥。雍正三年四月初四日，福州將軍宜兆熊具摺奏請嚴處不法旗員以儆邊海，世宗批諭云「此等已動本之事，又摺奏他做什麼？」雍正五年九月十五日，宜兆熊署理直隸總督事務後，具摺奏明稅課銀兩事宜，奉硃批云「似此已經具題之事，何必又摺奏，如密請旨再題之事猶可，此等奏甚屬煩瀆。」雍正六年十一月初六日，雲南巡撫沈廷正具摺奏聞欽賜地理全圖，奉硃批云「似此具體之事，何必又此一番瀆奏，蠻不體朕，但知自己庸愚下流之至。」

　　世宗擴大採行奏摺制度，旨在督撫與藩臬上下之間維持制衡作用，但並非以奏摺代替本章，督撫權重，外重內輕，日久難制，固非長治久安之道，惟地方事權不專，動輒掣肘，亦於地方無益。雍正八年七月初七日，世宗諭內閣，略謂「凡摺中所奏之事，即

屬可行之事也，是以奏摺進呈時，朕見其確然可行者，即批發該部施行。若介在疑似之間，則交與廷臣查議。亦有督撫所奏而批令具本者，亦有藩臬等所奏而批令轉詳督撫者，亦有聽其言雖是，而不能必其奉行之無弊，則批令實心勉勵還朕一是字者，凡爲督撫者奉到硃批之後若欲見諸施行，自應另行具本，或咨部定奪，爲藩臬者，則應詳明督撫，俟督撫具題或咨部之後，而後見諸施行。若但以曾經摺奏，遂藉口已經得旨，而毅然行之，則如錢糧之開銷，官員之舉劾，以及苗疆之軍務，地方之工程，諸如此類，督撫皆得侵六部之權，藩臬皆得掣督撫之肘矣。行之日久，必滋弊端，爲害甚鉅，不可不防其漸也。且各省文武官員之奏摺，一日之間，嘗至二三十件，或多至五六十件不等，皆朕親自覽閱批發，從無留滯，無一人贊襄於左右，不但宮中無檔案可查，亦並無專司其事之人，如部中之有司員筆帖式書吏多人掌管冊籍，繙閱規條稽查原委也。朕不過據一時之見，隨到隨批，大抵其中教誨之旨居多。今於教誨之處則未見敬謹遵奉，而於未曾允行之事件，則以曾奏過三字，含糊藉口，以圖自便，有是理乎？況朕曾降旨，凡摺中批諭之處，不准引入章本，以開挾制部臣之漸，如此則奏摺之不可據爲定案，又何待言乎？著將此曉諭各省奏摺諸臣知之，若督撫提鎮等以此愚弄屬員，擅作威福，准屬員據實揭報，或該部或都察院即行奏聞。若屬員等以此挾制上司，肆志妄行，著該督撫提鎮等即據實參奏。特諭。」㊻質言之，世宗雖充分發揮奏摺制度的功能，放寬臣工專摺具奏的權力，但由於世宗的性格及奏摺的性質不同，世宗雖欲改革傳統的本章制度，然而尚無意廢止行之已久的題奏制度，是以奏摺不能取代題本。世宗倚信怡親王胤祥等心腹，不過並非完全信賴奏摺制度，是以無意漫無限度的擴張奏摺制度。題本與密奏必須並存而不廢，公題與

私奏相輔而行，世宗俱能加以靈活運用，而使雍正朝的政治益臻清明，君權更趨集中，終於奠定清初盛世的基礎。

八、結　論

　　自秦漢統一政府正式出現後，在政治組織方面，由於化家爲國的結果，世襲的皇帝成爲國家的元首，原來掌管祭祀的冢宰則成爲政府的宰相，此後內朝的皇室與外朝的政府即保持著職權的劃分。皇帝象徵國家的統一，宰相則負政治上一切實際的責任。漢代皇帝以尙衣、尙食、尙冠、尙席、尙浴與尙書六尙分別掌管皇帝私人的衣服飲食起居及文書。尙書雖係皇帝的秘書處。但其職權不大，至於宰相的秘書處則包括西曹、東曹、戶曹、奏曹、詞曹、法曹、尉曹、賊曹、決曹、兵曹、金曹、倉曹與黃閣十三曹，分掌全國政務，而直轄於宰相，其組織龐大，職權廣泛。唐代宰相採用委員制，其相權分配於中書、門下與尙書三省。三省長官原爲內廷的機構，因其地位的提高及職權的擴大，逐漸化私爲公，三省長官遂由內廷秘書演變爲外廷執政官。武則天臨朝稱制時，其詔令已有不經中書、門下兩省而直接發佈的慣例，唐中宗亦曾以斜封墨勅徑自封拜官職。宋代君權日重，相權益輕，皇帝詔書，不經中書擬定，宰相改用劄子條陳意見，而取進止。明太祖廢中書、門下兩省，不設尙書令，而設置六部尙書，並以內閣大學士爲內廷秘書，票擬章奏④。明初獎勵臣民上書言事，定例公事用題本，私事用奏本。惟宣宗以降，君主多昏惰，不親政務，太監預政，代批章奏，實際相權遂入於司禮監之手。清世祖定鼎中原後，沿襲前明本章制度，公題私奏，不遑更張。惟世祖鑑於明季諸臣樹黨排擠，任意交章，煩瀆主聽，故於臣工題奏權予以限制。清聖祖親政後，孜孜求治，關心民瘼，以本章制度積

弊叢生，非壅即蔽，爲欲周知中外，而令京內滿漢大臣及直省將軍督撫提鎭於露章題奏外，另准用摺子密奏，倣照部頒奏本款式書寫，因革損益，封固進呈，不經通政司轉遞，不由大學士票擬，逕呈御覽，由皇帝親手批諭，不假手於人。世宗嗣統後，亟於鞏固君權，積極整飭吏治，於是擴大採行奏摺制度，放寬臣工專摺具奏權，藩臬副參以下微員亦准摺奏。世宗以內外諸臣爲其耳目，事無鉅細，不論公私，凡有聞見，臣工必須據實奏聞，奏摺遂成爲世宗刺探一切事物的工具，透過奏摺往來通訊，內外之事，遂無從欺隱。就明目達聰廣諮博訪而言，世宗確已充分發揮奏摺制度的功能，惟摺奏之事，乃係臣工爲內廷効力的私事，而非外廷政府例行的公事，摺奏固不可據爲定案，皇帝批諭亦無法理上的地位，是以摺奏不能代替題本，臣工奉到批諭以後，若欲付諸施行，仍應另行具本謹題，經部院大臣公同會議具奏後，皇帝始能正式頒旨飭行。因此，就清初而言，本章係外朝處理全國政務時公開合法的制度，摺奏則係內朝皇帝預聞事務時秘密權宜的工具。世宗曾屢飭藩臬兩司不可挾制督撫，同樣督撫亦不得挾制部臣，硃批密諭不准敍入本章。世宗即將題本與奏摺並存不廢，相輔而行，靈活運用，對於奠定清初盛世的基礎，不無裨益。

【注釋】

① 李東陽等奉敕撰，申明行等奉敕重修《大明會典》（臺北，新文豐出版社，民國六十五年七月），卷二一二，頁4。

② 《清世祖章皇帝實錄》，卷一八，頁14。順治二年閏六月壬辰，上諭。

③ 《宮中檔雍正朝奏摺》，第九輯（臺北，國立故宮博物院，民國六十七年七月），頁747。雍正六年二月初三日，甘肅巡撫莽鵠立奏

摺。

④　單士魁撰〈清代題本制度考〉，見《文獻論叢》（臺北，台聯國風出版社，民國五十六年十月），論述二，頁178。

⑤　蕭奭著《永憲錄》，卷三，頁225。見《近代中國史料叢刊》（臺北，文海出版社），第七十一輯。

⑥　《欽定大清會典事例》（臺北，臺灣中文書局，據光緒二十五年刻本影印），卷一三，頁2。

⑦　汲修主人著《嘯亭雜錄》（臺北，文海出版社），卷二，頁10。

⑧　朱壽朋纂《東華錄》（臺北，大東書局），卷一六九，頁4725。光緒二十七年八月癸丑，據劉坤一等奏。

⑨　莊吉發撰〈清初奏摺制度起源考〉，《食貨月刊》，復刊，第四卷，第一、二期（臺北，食貨月刊社，民國六十三年五月），頁13～22。

⑩　《清世宗憲皇帝實錄》，卷四，頁17。雍正元年二月丙寅，上諭。

⑪　《宮中檔雍正朝奏摺》，第十一輯（臺北，國立故宮博物院，民國六十七年九月），頁451。雍正六年九月，廣西布政使張元懷奏摺。

⑫　《起居注冊》（臺北，國立故宮博物院），雍正八年七月初七日，內閣奉上諭。

⑬　《宮中檔雍正朝奏摺》，第一輯（民國六十六年十一月），頁842。雍正元年十月十四日，查嗣庭奏摺。

⑭　陶希聖等著《明清政治制度》（臺北，臺灣商務印書館，民國五十八年八月），下編，頁71。

⑮　Pei Huang, "Autocracy At Work: A Sturdy of the Yung-cheng Period, 1723-1735." P.130. Indiana University Press.

⑯　《宮中檔雍正朝奏摺》，第三輯（民國六十七年一月），頁519。雍正二年十一月二十四日，福州將軍宜兆熊奏摺。

⑰　《清世宗憲皇帝實錄》，卷一，頁31。康熙六十一年十一月庚戌，

上諭。

⑱　《年羹堯奏摺專輯》（臺北，國立故宮博物院，民國六十年十二月），上
　　冊，頁1。

⑲　《宮中檔雍正朝奏摺》，第一輯，頁424。雍正元年七月初二日，
　　協理內閣大學士徐元夢等奏摺。

⑳　清季另有白綾摺，於皇帝或皇太后駕崩，新君嗣統，文武大臣瀝陳
　　下悃，馳慰孝思時始可使用。

㉑　《故宮文獻季刊》，第二卷，第四期（臺北，國立故宮博物院，民
　　國六十年九月），頁158。

㉒　《宮中檔雍正朝奏摺》，第十六輯（民國六十八年二月），頁182。
　　雍正八年四月十一日，王士俊奏摺。

㉓　《年羹堯奏摺專輯》，上冊，頁56。

㉔　《宮中檔》（臺北，國立故宮博物院），第79箱，370包，9893號。
　　雍正八年九月初六日，福建巡撫趙國麟奏摺。

㉕　《宮中檔》（臺北，國立故宮博物院），第79箱，362包，9367號，
　　王柔奏摺。

㉖　《宮中檔雍正朝奏摺》，第十八輯（民國六十八年四月），頁636。
　　雍正九年八月初八日，甘肅布政使諾穆圖奏摺。

㉗　《宮中檔雍正朝奏摺》，第二十二輯（民國六十八年八月），頁21。
　　雍正十一年八月二十日，署理湖廣提督張正興奏摺。

㉘　錢穆著《國史新論》（臺北，三民書局，民國五十八年一月），頁
　　35。

㉙　《清史稿》（香港，文學研究社），下冊，列傳九十七，頁1162。

㉚　《故宮文獻季刊》，第三卷，第三期，頁214，蔡珽奏摺。

㉛　楊啓樵撰〈清世宗竄改硃批──雍正硃批諭旨原件研究之一〉，《
　　錢穆先生八十歲紀念論文集》（香港，新亞研究所，民國六十三年），頁

288。

㉜　黃培撰〈雍正時代的密奏制度——清世宗治術的一端〉，《清華學報》，新三卷，第一期（新竹，清華學報社，民國五十一年五月），頁26。

㉝　宮崎市定撰〈雍正硃批諭旨解題——其史料價值〉，《東洋史研究》，第十五卷，第四號（京都，昭和三十二年三月），頁11。

㉞　《宮中檔雍正朝奏摺》，第十輯，頁369。雍正六年四月二十九日，陝西總督岳鍾琪奏摺。

㉟　《故宮文獻季刊》，第三卷，第三期，頁137。

㊱　《雍正硃批諭旨》（臺北，文源書局，民國五十四年十一月），世宗御製序文，雍下十年三月初一日，上諭，頁3。

㊲　Silas H. L. Wu, 'Communication and Imperial Control In China: Evolution of The Palace Memorial System, 1693-1735." P.73. Harvard University press, Cambridge, Massachusette, 1970.

㊳　《宮中檔雍正朝奏摺》，第二輯（民國六十七年一月），頁760。雍正三年正月二十六日，李衛奏摺。

㊴　《故宮文獻季刊》，第三卷，第二期，頁107。雍正五年正月初七日，沈廷正奏摺。

㊵　《清世祖憲皇帝實錄》，卷三，頁32。雍正元年正月壬辰，上諭。

㊶　《宮中檔雍正朝奏摺》，第一輯，頁205。四川提督岳鍾琪奏摺。

㊷　《嘯亭雜錄》，卷一，頁11。

㊸　《宮中檔雍正朝奏摺》，第一輯，頁569。雍正元年八月初五日，福建布政使黃叔琬奏摺。

㊹　《宮中檔雍正朝奏摺》，第二輯（民國六十六年二月），頁634。雍正二年五月初三日，直隸巡撫李維鈞奏摺。

㊺　雲南巡撫楊名時將密諭誤入疏中，《清史稿》繫雍正四年，《碑傳

集》繫於雍正五年。

㊻　《起居注冊》，雍正八年七月初七日，內閣奉上諭。

㊼　錢穆著《中國歷代政治得失》（臺北，三民書局，民國六十一年十二月），頁5。

岳鍾琪奏摺

清代廷寄制度的沿革

　　清代君主所頒降的諭旨，有明發與寄信的分別。凡須宣示中外，曉諭臣民的事件，都頒降明發諭旨，初由內閣撰擬，辦理軍機處設立後，改由軍機大臣草擬進呈御覽，經過述旨後，交內閣傳鈔，以內閣的名義頒發，而冠以「內閣奉上諭」的字樣。至於奉旨密諭或速諭的事件，則頒降寄信諭旨，由親信廷臣或軍機大臣面承君主口諭撰擬呈覽，經過述旨後，以大學士或領班軍機大臣的名義頒發，交兵部加封，由驛馳遞，或隨臣工奏摺發還之便，附入摺匣內順寄。寄信諭旨既由廷臣或內廷出名寄發，地方大吏遂稱之爲廷寄。

　　清代廷寄制度究竟起源於何時？異說紛紜，莫衷一是。趙翼著《簷曝雜記》云：

>　　軍機處有廷寄諭旨，凡機事慮泄不便發抄者，則軍機大臣面承後撰擬進呈，發出即封入紙函，用辦理軍機處銀印鈐之，交兵部加封，發驛馳遞。其遲速皆由軍機司員判明於函外，曰馬上飛遞者不過日行三百里，有緊急則別判日行里數，或四五百里，或六百里，並有六百里加快者，即此一事，已爲前代所未有。機事必頒發而後由部行文，則已傳播人口，且驛遞遲緩，探事者可僱捷足，先驛遞而到，自有廷寄之例，始密且速矣。此例自雍正年間始，其格式乃張文和所奏定也①。

姑且不論辦理軍機處正式設立於雍正四年（1726），抑或八年

（1730），但在世宗即位以前，已有將諭旨以寄信方式頒發的
事實，且其制度亦非由一人所奏定。聖祖康熙末年，曾因二阿哥
福金病危，行在總管遵旨頒發寄信諭旨。其文如下：

> 行在處總管字寄王以誠等，今帶去上諭一事，倘二阿哥福
> 金病勢甚危，死在目前，爾等同總管商量，可以不必說知，
> 單給二阿哥看看，若比先好些，同二阿哥看了，該給看即
> 看，恐福金添病②。

前引寄信諭旨的格式與軍機處設立以後的廷寄，實已大同小異。
諭旨內所稱二阿哥，即聖祖第二子胤礽，康熙十四年（1675），
立為皇太子，四十七年（1708），以瘋疾被廢。不久，又立為
皇太子。五十一年（1712），復廢，圈禁於咸安宮。五十四年
（1715），二阿哥福金石氏患病，五十七年（1718），病發。
前引行在總管封寄的諭旨，應在康熙末年皇太子被廢，福金病危
期間。雍正元年（1723），川陝總督年羹堯進剿青海羅卜藏丹
津，世宗屢降諭旨，指授兵略，間以寄信方式馳遞軍前。例如：

> 字諭年羹堯，今有常壽奏摺二封，朕批上諭底字一張，再
> 諭富寧安上諭一張，發來你看，再席倫圖奏將纏多五百兵
> 移住添兵一摺，交與你。朕看他奏有理，纏多住兵原無益，
> 朕前你在京時，朕原要將此兵徹〔撤〕來，你可著實籌畫，
> 應如何處，速速知會傳旨於常壽、席倫圖奉行。朕已有旨
> 於席倫圖，爾所奏已批於年羹堯去了，他如何料理傳旨，
> 爾遵旨奉行，如此諭了。看此光景，似少有事，爾可著實
> 用心料理。凡外邊一切用調等事，如勿忙不及請旨事，爾
> 可一面料理，一面奏聞，特諭③。

前引特諭，是由世宗硃筆親書，而以寄信方式封發。所謂「字諭」，
即字寄上諭，此即辦理軍機處設立以前的廷寄之一。清初廷寄制

度的發展，雖與君主令內廷官員傳旨的事例不無關連，但內廷傳旨在性質或方式上都與寄信制度不同，不可相提並論，廷寄制度實由硃筆諭旨或特諭演進而來，與奏摺制度的關係甚為密切。君主因特頒諭旨，不便明發，以硃筆親手書寫，封入摺匣內順寄，由驛馳遞。但因君主日理萬幾，間令親信大臣擬寫。

　　單士元撰〈清代檔案釋名發凡〉一文指出「寄信檔為記載諭旨簿之一，因為是不由內閣明發，而由軍機處出名密寄，所以稱曰寄信，外間稱曰廷寄，言其寄自內廷之意。」④辦理軍機處設立於隆宗門內，故稱內廷，但在康熙雍正年間，寄信諭旨或寄自內閣，或寄自親信廷臣，不必一定寄自軍機大臣。雍正五年（1727）四月二十一日，漕運總督張大有於〈奏覆奉到諭旨日期事〉一摺，抄錄寄信諭旨如下：

　　　臣於雍正五年四月十四日在桃源地方接內閣行文，為密行
　　　知會事。雍正五年閏三月二十八日，內閣大學士富寧安、
　　　朱軾、張廷玉，署理大學士孫柱奉旨桃源縣監犯張二、金
　　　棍等劫獄脫逃一案，大干法紀，此風斷不可長，爾等可密
　　　寄信與張大有、陳時夏，務令設法擒獲，不得容其漏網，
　　　若不能緝獲，定將伊等議處，此信亦不可洩漏，欽此，欽
　　　遵寄信前去⑤。

清初奏摺制度，臣工接奉諭旨，必須抄錄全文專摺覆奏。前引寄信上諭，是由內閣密行知會，而非由軍機大臣出名密寄。雍正五年（1727）十一月，阿克敦奉旨署理廣西巡撫印務，於是月初四日自廣東省城起程，在途次接奉寄信諭旨，阿克敦具摺覆奏，其諭旨全文如下：

　　　臣到省之前，途次接准兵部咨內和碩怡親王、大學士張廷
　　　玉、戶部尚書蔣廷錫、工部尚書黃國材、左都御史查郎阿、

戶部侍郎西林字寄署廣西巡撫阿克敦，雍正五年十月十七日，面奉上諭，據韓良輔摺奏安南用兵一事，因接鄂爾泰咨文，廣西現在料理預備等語。朕覽鄂爾泰咨文內所稱三路進兵，乃就形勢而言，且有先將情節敘明，詰責該國王，並告以會討等語。無非欲其悔悟輸誠，並非目前即行征討之事也。韓良輔只應於邊界之處留心防汛，密爲籌畫，今遽請調撥通省營兵士兵，且移咨廣東、湖南兩省督撫提鎮撥兵協助，甚屬不合。又奏請嚴海洋之禁，不許交彝片板入洋，尤爲迂闊。朕念該國累世恭順，今該國王愚昧無知，不明大義。朕心但欲化以恩德，不忍加以兵威，前鄂爾泰以守關土目不移文移之事陳奏，比時朕即遣大臣杭宜祿、任蘭枝前往彼國，明白曉諭，候其回時，朕再降諭旨。今日廣西備兵及韓良輔所請備兵及鄰省撥兵與禁洋之事，俱不必行，爾等可閱看韓良輔奏摺，即寄信前去，欽此，遵旨寄信前來⑥。

阿克敦覆奏時抄錄廷寄的格式與後來辦理軍機處所寄的上諭，並無不同，首先書明出名寄信大臣的官銜姓名，次書寄信對象，奉上諭日期，上諭內容，文末書明「遵旨寄信前來」字樣。但就清初而言，出名寄信的大臣，實不限於軍機大臣。前引阿克敦覆奏一摺所開列的寄信大員內，如黃國材、查郎阿、西林等都不是密辦軍需事務大臣。高宗即位後寄信諭旨同樣有不由軍機大臣密寄的例子，乾隆十二年（1747）七月十一日，浙江巡撫常安接奉廷寄後具摺覆奏云：

本年七月初七日，承准內閣寄字，乾隆十二年六月十一日奉上諭，河南巡撫碩色奏，偃師縣棍徒借爲鬧署一案，因其有掩飾寬縱之意，降旨申飭，令其作速具題，此等棍徒

罷市抗官之案，自應速爲審結，明正典刑，使刁民有所畏懼，不敢輕犯科條。若稽遲時日，不但兇徒得以苟延，而百姓亦無以懲戒。封疆大吏，有整頓地方之責，懲惡所以勸善，鋤奸乃以安民。各省督撫奏事之便，傳諭知之等因，欽此，遵旨寄信前來⑦。

浙江巡撫常安所接到的諭旨，是「內閣寄字」，而不是寄自內廷。乾隆十五年（1750）七月初四日，高宗令大學士傅恆、來保寄信辦理永定河道工程工部侍郎三和回京，七月初七日，三和遵旨寄信直隸總督方觀承云：

工部侍郎三字寄直督方，昨於初六日晚間起程，於初七日黑早到京請安後召見時，將三工漫口水勢情形，加埽護堤，並二處行宮添蓋阿哥等住所房間之處，詳細奏聞，隨面奉諭旨，著寄信與直督方觀承（中略）欽此，爲此特寄⑧。

工部侍郎三和出名寄信，於七月初七日封寄，同日到，初八日，直隸總督方觀承遵旨奏覆，但三和並非軍機大臣。傅宗懋著《清代軍機處組織及職掌之研究》一書亦稱「廷寄雖係後世軍機大臣所專用以傳旨之文書，但起始並非密辦軍需或軍機事務王大臣所專用，且廷寄實已早有淵源，先於軍機處之設置而存在。」⑨不過就前引各道寄信諭旨而言，廷寄不僅先於辦理軍機處的設置而存在，就是在辦理軍機處正式設立以後，廷寄也不是軍機大臣所專用的文書。

　　清世宗在位期間，廷寄格式並未畫一，或書「寄字」，或書「字寄」字樣，而且出名寄信的王大臣，或詳列官銜姓名，或但書其姓，而不書其名。至於廷寄的封寄，也不是全由兵部火票馳遞，例如雍正六年（1728）九月二十五日，司業牧可登等奉命捧齎上諭及怡親王、大學士等所寄公字，自京起程，於十月十七

日抵達貴州八寨軍營交付貴州巡撫張廣泗。有時也由齎摺家人或千把捧回，以致發生寄信上諭失竊的事情。雍正七年（1729）七月二十六日，山西巡撫覺羅石麟的齎摺家人張音捧齎和碩怡親王發交諭帖一封，自京起程。次日，行至直隸清苑縣大吉店地方住店歇宿，其包袱等物竟爲賊竊去，所捧諭帖也一併遺失。張音即報明地方汛弁追獲賊犯三名，據供字寄諭帖已被扯碎丟棄。覺羅石麟旋差人啓請怡親王再行補發字寄上諭⑩。如須寄信各省督撫遵旨辦理的事件，則多隨各省督撫奏事之便，隨報便諭令知之，而封入摺匣內寄出。間有由軍機大臣封發，以邸報寄出。其交兵部加封以火票馳遞者，都註明限行里數，或四百里，或六百里，視事情緩急而定，諭旨寄到後，兵部火票及信匣，均須繳還。不過廷寄應否隨督撫奏事之便諭令知之，抑用幾百里火票飛遞，例應由軍機大臣奏請欽定。

　　清高宗即位以後，辦理軍機處的組織逐漸龐大，職權日重，廷寄制度的發展，益趨複雜，因寄信對象官職高低的不同，而有字寄與傳諭的分別。梁章鉅著《樞垣記略》一書云：

> 寄信，外間謂之廷寄。其式，行經略大將軍、欽差大臣、將軍、參贊大臣、都統、副都統、辦事大臣、領隊大臣、總督、巡撫、學政，曰軍機大臣字寄。其行鹽政、關差、藩臬，曰軍機大臣傳諭，亦皆載所奉之年月日，徑由軍機處封交兵部捷報處遞往，視事之緩急，或馬上飛遞，或四百里，或五百里，或六百里加緊，皆於封函上註明。其封函之式，字寄者右書辦理軍機處封寄，左書某處某官開拆。傳諭者居中大書辦理軍機處封，左邊下半書傳諭某處某官開斥，皆於封口及年月日處鈐用辦理軍機處印⑪。

梁章鉅所稱字寄與傳諭的分別，是指乾隆以來的制度而言，在雍

正年間，所有寄信上諭，俱稱字寄或寄字，尚無傳諭與字寄的畫
分。例如雍正七年（1729）二月十六日，四川按察使呂耀曾於
「遵旨摺奏事」一摺抄錄諭旨覆奏云：

> 臣蒙皇上洪恩給假回籍，雍正陸年玖月貳拾伍日在西安府
> 接京報一封，外寫雍正陸年捌月初柒日和碩怡親王等寄臣
> 開拆，見係上諭，隨即叩頭跪讀，內開和碩怡親王、大學
> 士張，雍正陸年捌月初叁日奉上諭，各省藩臬，有准其具
> 摺奏事者，亦有本人未曾奏請具摺，朕遂未曾降旨者。今
> 思藩臬乃地方大員，應准其各就所聞所見，具摺陳奏，且
> 即此可以觀其人之居心辦事。爾等可即寄信與四川按察使
> 呂耀曾，伊若有陳奏事件，初次具摺，差人交門上奏事人
> 轉奏，嗣後從何處轉奏，朕再降諭旨可也，欽此，遵旨寄
> 信前來⑫。

藩臬兩司不比督撫大員，初無專摺具奏權，所有陳奏事件，例應
轉詳督撫代奏。世宗即位後，為欲周知天下利弊，遂通令藩臬用
摺奏事，但寄信上諭例應由軍機大臣或大學士以傳諭的方式頒發。
不過在雍正年間，廷寄制度濫觴之初，例應傳諭的官員，也以字
寄方式封寄。自乾隆以降，始有字寄與傳諭的分別。傳諭格式，
首先書明奉上諭日期，次書上諭內容，文末書明「軍機大臣遵旨
傳諭某官某人」字樣，傳諭對象姓名例應全具。試舉一例如下：

> 乾隆十八年正月二十七日奉上諭，前經降旨，令錢度、周
> 承勃前往金華一帶，訪查傳稿蹤跡，務得根源。旋審盧魯
> 生、劉時達二犯，供出商同捏造情形確實，是以降旨令伊
> 二人即回原任。今據伊等奏到，查劉守樸幕賓孔則明等供
> 詞是劉時達偽稿，或另有來歷，一時混行誑服，亦未可定，
> 事關重大，不可不加意詳慎。著傳諭錢度、周承勃即日帶

同此案現人犯，驛驛飛速來京核訊，毋得刻遲，欽此，軍
機大臣遵旨傳諭江寧驛鹽道周承勃、江安糧道錢度⑬。

字寄與傳諭，都屬於寄信上諭，其區分端視寄信對象官職的高低
而定。但在乾隆年間，字寄與傳諭的界限仍不甚明確，地方微員
如織造、監督、稅務郎中、鹽政等例應傳諭者，間亦以字寄方式
頒發。乾隆以降，字寄對象，非常廣泛，實不限於《樞垣記略》
所列大員，舉凡總河、提督、御史、理藩院、駐藏大臣、巡視通
漕給事中、巡漕少卿、奉天府尹、倉場侍郎、步軍統領、東陵承
辦事務多羅貝勒、衍聖公、盛京各部侍郎、留京辦事大臣、總管
內務府大臣、頭等侍衛、親王、固倫額駙、郡王、四庫全書總裁、
內閣學士、通政使、各部尚書堂官、各寺卿等，都是寄信對象，
並不限於外任大員。

就乾隆年間而言，寄信上諭例應由軍機大臣擬寫諭稿，並由
軍機章京繕寫進呈御覽。乾隆四十七年（1782）十一月二十六
日，尚書額駙公福隆安、尚書和珅寄信閩浙總督富勒渾諭旨一
道，奉高宗硃批云「此旨即發往富勒渾，令其看軍機大臣所書之
佳諭。」但是軍機章京代擬的現象，似亦難免。軍機大臣等如何
擬寫諭旨，如何奏請欽定，其過程如何，可引寄信檔的記載爲例。
乾隆四十六年（1781）三月，原任大理寺卿尹嘉銓遣其子到行
在遞呈二摺，一摺爲其父請諡，一摺奏請將其父從祀文廟。三月
十八日，高宗閱尹嘉銓爲父請諡一摺，即硃批云「與諡乃國家定
典，豈可妄求，此奏本當交部治罪，念汝爲父私情，姑免之，若
再不安分家居，汝罪不可逭矣。」高宗次閱尹嘉銓爲父從祀孔廟
一摺，奉硃批云「竟大肆狂吠不可恕矣。」⑭同日，軍機大臣遵
旨將尹嘉銓所進二摺交行在大學士九卿閱看，同時查明尹嘉銓並
未親身前來行在，而是遣其第三子候選教諭尹紹淳由京師到保定

行在遞摺。軍機大臣隨即傳訊尹紹淳，據稱其父已回博野縣原籍，其母及寡嫂仍住京師。軍機大臣即令直隸總督袁守侗派員押帶尹紹淳前往博野，將尹嘉銓鎖拏解交刑部治罪，並查抄家產外，軍機大臣又擬寫寄信諭旨交大學士英廉就近在京查辦。軍機大臣將辦理經過及所擬寄信諭旨，奏呈御覽。其寄信諭旨如下：

> 尚書額駙公福字寄大學士英，乾隆四十六年三月十八日奉上諭，本日據尹嘉銓遣子齋奏，爲伊交尹會一請予謚法一摺，已屬干典妄求，然朕尚念其爲父私情，因批諭姑從寬宥。及閱其第二摺，竟爲伊父奏請從祀孔廟，則是大肆狂吠，不可不明正其罪。現已明降諭旨，將尹嘉銓革去頂帶，拏交刑部審訊，從重治罪，並將此二摺傳齊現在隨從行營之大學士九卿，令其閱看矣。尹嘉銓曾爲大員，乃如此喪心病狂，實屬大干法紀，所有伊博野原籍貲材，已令袁守侗專派大員前往查抄外，伊在京尚置有房屋貲產，且家屬現在京師，著傳諭英廉即速親往嚴密查抄，毋任絲毫隱匿寄頓，將此由六百里傳諭知之，欽此，遵旨寄信前來⑮。

軍機大臣將傳訊尹紹淳及擬寫寄信上諭進呈御覽後，於同日即三月十八日奉旨「知道了」，隨即交兵部限六百里封寄。臣工摺奏，除循常例行公事，批諭後發還外，凡奉硃批「即有旨」，或「另有旨」的奏摺，俱令軍機大臣閱看，遵旨撰擬寄信上諭。軍機章京繕寫寄信上諭，例用五行格子，每行二十字⑯。章京如繕寫錯誤，奉硃筆改正，則例應請旨交部議處，軍機大臣未能看出其錯誤，亦應請旨交部察議。如撰擬的諭旨太不成章，則硃筆改抹者必多。有時軍機大臣擬稿不能稱旨，君主只得親書頒發。乾隆五十一年（1786）三月初六日，協辦大學士尚書和珅遵旨擬寫寄信欽差尚書曹文埴諭旨一道，奉高宗硃批云「軍機大臣所書旨，

竟不能達朕意，可笑可愧，不辭多言，親書發往⑰。」

　　軍機大臣遵旨擬寫寄信諭旨，初以大學士或尚書等名義交兵部封寄，嘉慶以降，逕書軍機大臣字寄，而不書寄信大臣的姓氏。汲修主人禮親王昭槤著《嘯亭續錄》云：

> 列聖天縱聰明，凡詔諭外吏，剴切機宜，輒中竅要，恐傳鈔後有所洩漏，故機密事件皆命軍機大臣封緘嚴密，由驛傳遞，名曰廷寄。向例封面標軍機首揆名姓，自阿文成公歿後，純廟嫌涉專擅，命改爲軍機大臣等寄云。每月兵部將所寄封數及寄外任何人名目彙奏一次，亦杜大臣有徇私情託，實一代之良法也⑱。

阿文成即阿桂，卒於嘉慶二年（1797）八月。但在乾隆初年已有不書遵旨寄信大員姓氏而逕書「辦理軍機處字寄」的例子。乾隆六年（1741）十一月二十八日，因理藩院郎中阿拉布坦由哈密回京，清高宗召見時詢問準噶爾使臣貿易等事，軍機大臣遵旨寄信尹繼善，書明「辦理軍機處字寄川陝總督尹」字樣⑲。乾隆十五年（1750）六月，軍機大臣寄信方觀承云：

> 辦理軍機處字寄直隸總督方，本月十九日，總督覆奏永定河可否用南河木龍挑水之法一摺，第一行遺寫官銜，本處請旨申飭，奉旨此想因趕辦隄工忙迫所致，知道了，欽此，相應知會⑳。

前引字寄於乾隆十五年（1750）六月二十日封寄，同日戌刻到，方觀承於二十一日奏覆。乾隆十六年（1751）六月，軍機大臣寄信方觀承云：

> 辦理軍機處字寄直隸總督方，參革永定河道英廉，現經奉旨著在營田上効力行走，相應知會，貴督即令該員來京可也，爲此寄信前來㉑。

前引字寄於六月二十五日寄出，同日到。軍機大臣即以知會的方式寄信外任大員，故逕書「辦理軍機處字寄」字樣，實行日久，遂僅書「軍機大臣字寄」字樣。而刪略出名寄信的大學士等官銜及姓氏。清季咸同年間，因軍機大臣兼議政王大臣或贊襄政務王大臣等銜，因此，朝廷頒發寄信上諭時，或書「贊襄政務王大臣字寄」，或書「軍機處贊襄政務王大臣字寄」，亦有書「議政王軍機大臣字寄」者。就現存廷寄檔而言，自咸豐十一年七月至同治四年四月是以「議政王軍機大臣」的名義寄信，同治四年六月以後始恢復書明「軍機大臣字寄」字樣。

　　廷寄內容長短不一，或數十字，或數百字，甚至有長達二、三千字以上者。廷寄範圍也極廣泛，止限於機密事件。「凡寄信皆是密諭，所以接到寄信不許轉與旁人看」的說法㉒，仍有待商榷。凡誥誡臣工、指授方略、查核政事、官吏的黜陟調補、地方的收成雨雪、辦理河工事務，君主頒賞御物等都在寄信之列。例如乾隆二十二年三月大學士公傅恆字寄浙江巡撫云：

> 大學士公傅字寄浙江巡撫楊，乾隆二十二年三月二十六日，奉上諭，南方氣候較早，現在麥秀將熟，近日雨水連綿，有無減損分數，並蠶絲菜子有無妨礙，著該撫等查明據實覆奏，欽此，遵旨寄信前來㉓。

乾隆五十八年二月，大學士阿桂等寄信廣東巡撫郭世勳云：

> 大學士公阿、大學士伯和字寄廣東巡撫郭，乾隆五十八年一月三十日奉上諭，郭世勳奏委署鎮將印務一摺內稱總兵托爾歡奏請陛見，欽奉硃批來是呢，欽此等語。所奏竟不成話，已於摺內用硃筆抹出，前據托爾歡清字摺奏請陛見，硃批 "Jikini"。今郭世勳譯寫漢文敘入摺內，自應即寫准其來，或單寫來字樣方爲合體，乃竟翻爲來是呢，甚爲

可笑。郭世勳雖係漢軍，平日尚能通曉一二清語，今譯寫
漢文如此佳妙，眞成笑柄，不覺爲之大噱，特賜佩用小荷
包一個，以嘉其善於繙譯，伊當羞愧感激兩難爲情（下略）
㉔。

由前引寄信上諭可知廷寄制度普遍採行後，無論密諭或非密諭，
都頒發寄信上諭。明發上諭與寄信上諭的主要分別，已不在諭旨
的機密與否，其需交內閣發抄的諭旨，即頒降明發上諭，凡無需
發抄或僅諭令一二人知道的，即頒降寄信上諭，在寄信諭旨內常
附寄清單等，例如嘉慶十九年五月直隸大名等縣七十餘村莊，因
衛水倒漾，保定及省南一帶時疫盛行，總督那彥成奏請頒發避瘟
丹方。是月二十六日，仁宗據奏後即令軍機大臣寄信那彥成，附
寄丹方，其丹方清單如下：

> 清瘟解毒丸，牛蒡子二兩，馬勃二兩，薄荷五錢，連翹二
> 兩，黃連一兩，元參二兩，板藍根二兩，黃芩一兩，殭蠶
> 一兩，柴胡一兩，甘草五錢，黃研細末蜜丸重三錢，每服
> 一丸，白開水送下，此方治瘟疫時毒。

直隸總督那彥成奉到寄信諭旨後，即按丹方配製，廣爲散發。嘉
慶以降，廷寄又分成一般性的字寄與奉密諭的密寄二類，密寄是
極端機密的寄信上諭，頒發密寄時特別標明「軍機大臣密寄」字
樣。清季辦理中外交涉期間，朝廷指授方略，事涉機密，故密諭
督撫遵旨辦理。

康熙雍正年間，奏摺制度採行之初，臣工具摺時例應親手書
寫，密封進呈，一概不令人知道，不得假手於幕賓門客，奏摺上
的硃批密諭，也不許互相傳閱，或私相探問，若輕洩於人，一經
發覺，即照洩漏軍機律治罪。康熙五十四年八月初三日，聖祖諭
大學士云：

各處奏摺所批硃筆諭旨，皆出朕手，無代書之人。此番出巡，朕以右手病，不能寫字，用左手執筆批旨，斷不假手於人，故凡所奏事件，惟朕及原奏人知之，若有漏泄，亦係原奏者不密，朕聽政年久，未嘗輕以語人也㉕。

清世宗批諭尤勤，臣工奏摺無不躬自閱覽，親手批發，每摺或手批數十言，或數百言，甚至有長達千言者，燈下批閱奏摺，每至二鼓或三鼓，不覺稍倦，御極十有三年，常如一日。廷寄制度普遍採行後，奏摺上的硃批都很簡短，或批「知道了」，或批「該部知道」，「該部議奏」，「著照所請」等寥寥數言，若需另頒諭旨時，俱令軍機大臣撰擬寄信上諭，隨摺發下，而不親批於奏摺上。而且軍機大臣擬寫廷寄時，可以閱看臣工奏摺，獲知其內容，事權日隆。清季穆宗、德宗親政以前，臣工奏摺竟由軍機大臣代批，並書明「軍機大臣奉旨著照所請該部知道，欽此」字樣。奏摺既不能保持其機密性，密奏制度遂失去其功能，奏摺漸趨公開化與形式化，與明清通行已久的題本性質相近，臣工奏報多屬循常例行公事。軍機大臣既掌書諭旨，綜理軍國要政，職權日重，辦理軍機處遂取代了內閣的地位。

【注釋】

① 趙翼著《簷曝雜記》（臺北，中華書局，民國四十六年，壽春白鹿堂重刊本），卷一，頁3。

② 《掌故叢編》（臺北，國風出版社，民國五十三年五月），聖祖諭旨，頁10。

③ 《年羹堯奏摺專輯》（臺北，國立故宮博物院，民國六十年十一月），中冊，頁749。

④ 單士元撰〈清代檔案釋名發凡〉，見《文獻論叢》（臺北，臺聯國

風出版社，民國五十六年十月），論述二，頁149。

⑤　《宮中檔雍正朝奏摺》，第八輯（臺北，國立故宮博物院，民國六十七年六月），頁87。雍正五年四月二十一日，漕運總督張大有奏摺。

⑥　《史料旬刊》（臺北，國風出版社，民國五十二年六月），雍正安南勘界案，天70。

⑦　《軍機處檔・月摺包》（臺北，國立故宮博物院），2772箱，7包，1010號。乾隆十二年七月十一日，浙江巡撫常安奏摺錄副。

⑧　《乾隆廷寄》（臺北，廣文書局，民國六十三年六月），第二冊，頁477。

⑨　傅宗懋著《清代軍機處組織及職掌之研究》（臺北，嘉新水泥公司文化基金會，民國五十六年十月），頁347。

⑩　《宮中檔雍正朝奏摺》，第十四輯（民國六十八年二月），頁832。雍正七年十一月初七日，山西巡撫覺羅石麟奏摺。

⑪　梁章鉅纂聞《樞垣記略》（臺北，文海出版社，近代中國史料叢刊第十三輯），卷十三，頁13。

⑫　《宮中檔雍正朝奏摺》，第十二輯，頁466。雍正七年二月十六日，四川按察使呂耀曾奏摺。

⑬　《寄信檔》（臺北，國立故宮博物院），乾隆十八年正月二十七日，寄信上諭。

⑭　《清代文字獄檔》（臺北，華文書局），第二冊，尹嘉銓爲父請諡並從祀文廟案，頁1。

⑮　《清代文字獄檔》，第二冊，乾隆四十六年三月十八日，寄信上諭。

⑯　李宗侗主編《二十世紀之人文科學》，《史學》（臺北，正中書局，民國五十五年十月），頁348。

⑰　《寄信檔》，乾隆五十一年三月初六日，字寄。

⑱　汲修主人著《嘯亭續錄》（臺北，文海出版社），卷一，頁37。

⑲　《寄信檔》，乾隆六年十一月二十八日，寄信上諭。

⑳　《乾隆廷寄》，第二冊，頁437。

㉑　《乾隆廷寄》，第二冊，頁719。

㉒　李宗侗著《史學概要》（臺北，正中書局，民國五十七年十一月），
　　頁292。

㉓　《寄信檔》，乾隆二十二年三月二十六日，寄信上諭。

㉔　《寄信檔》，乾隆五十八年二月三十日，寄信上諭。

㉕　《清聖祖仁皇帝實錄》，卷二六五，頁14。

大學士公馬　大學士張　蔣　尹　內大

臣步軍統領阿　內大臣理藩院尚書特

字寄　大將軍岳　雍正九年正月二十四

日奉

上諭前查郎阿奏報大將軍岳鍾琪之家人烏魯

從軍營到肅稱賊勢甚猖獗將士古魯糧石

焚燬脊糧之筆帖式亦已過客關停賊兵內有

沿邊口內山西直隸之人甚多口語還帶土音

等語烏魯于夜間從大營逃回借報信之名將

傳聞不實之語流布妄報搖惑衆聽甚屬可惡

爾等可將查郎阿原奏抄錄寄與大將軍岳鍾

琪將烏魯嚴究逃出原由從重治罪欽此遵

旨寄信前來，

雍正九年正月二十五日

雍正年間寄信上諭

清世宗禁止偷渡臺灣的原因

一、閩粵民人偷渡臺灣的背景

所謂偷渡，是指無照移民，廣義的偷渡，包括國內的移殖與外洋的潛越，閩粵民人偷渡臺灣是屬於前者。臺灣與閩粵兩省，一衣帶水，宋元以來，內地民人已有入居臺灣者，明代嘉靖、萬曆年間，來者愈衆，以商販爲多。顏思齊、鄭芝龍入臺後，漳州、泉州民人移居臺地者，與日俱增。鄭芝龍獎勵拓殖，招徠閩南饑民渡臺開墾，受撫以後，稟請福建巡撫熊文燦招集饑民數萬人，每人給銀三兩，三人給牛一頭，用海舶載至臺地墾荒，這種大規模的移民，對於漢人在臺灣的基礎之奠定，裨益不小①。

荷蘭人進入臺灣之初，臺南一帶，漢人散居於各土著村落之間，從事米鹽的貿易。天啓四年（1624），荷蘭人由於勞力的需要，積極獎勵漢人的移居。崇禎九年（1636）以後，荷蘭人發展農業，增加蔗糖的生產，漢人的移殖，終繹不絕，據統計在荷蘭人統治末期，漢人男丁已有二萬五千人。鄭成功驅逐荷蘭人後，實施寓兵於農的政策，其意義更加重大，在鄭氏時代，過臺漢人，增至十二萬人以上②。

滿洲入關以後，實施海禁政策，順治十八年（1661），漳、泉二府，將沿海居民徙入內地，蕩析離居③。康熙二十二年（1683），清廷雖領有臺灣，但對臺民的反滿活動，仍存戒心，一方面開放海禁，一方面頒佈偷渡禁令，船隻過臺者必須領取原籍地方的照單，不准攜帶家眷，業經渡臺者，亦不得招致，潛渡

者嚴處④。康熙二十三年（1684），閩粵展界，沿海居民復歸故土，貿易捕魚，各安生業⑤，惟於無照渡臺一款，仍懸爲屬禁。

二、客頭短擺與偷渡臺灣

禁止內地漢人偷渡過臺，是清初的功令，地方官遵行已久，但因臺地肥饒，過臺可獲利益，所以內地漢人仍不惜離鄉背井，出售房產，冒著風波，干犯功令，千方百計的偷渡臺地。凡欲過臺者，多由不法船戶客頭招引包攬，每客一人索銀六兩至八兩不等。各客民分匿於荒僻鄉村，俟有一、二百人時，乃將大船停泊澳口之外，乘夜用小船將客民載出外海，再上大船東渡。自廈門至臺灣，必經澎湖，所以澎湖是臺廈的咽喉，凡一切往來人貨，自臺灣至澎湖，自廈門至大擔門外，可用杉板小船，但自大擔門外至澎湖，中間一段洋面，水寬浪大，杉板船不敢航行，必用大船方能渡過。漳、泉船戶駕駛趕罾大船，藉口前往澎湖貿易，這種大船稱爲短擺，既不到廈門掛號，也不到臺灣掛號，終年逗留澎湖，往來於大擔門外，廈門客頭所包攬的偷渡客民，即用杉板小船載出大擔門外，送上短擺大船，渡到澎湖，再用杉板小船載往臺地，不入鹿耳門，以避巡查，徑至臺灣北路的笨港、鹿仔港一帶的幽僻小港上岸，散入臺灣各地。船戶客頭中，往往有一種奸惡之徒，既取重利，又欲泯跡，遂用朽壞船隻，將客民不分男女共填艙內，以板蓋釘，航行至海中，鑿船沉入海底，船戶客頭則自駕小舟而回。有些船戶客頭將船隻駛至沙洲荒島，詭稱到臺，令客民上岸，客頭即揚帆而去，稱爲放生，當客民知覺受騙時，已是呼號莫救了，客民非沉溺於海中，即枯槁於荒島。

短擺是偷渡的主要津梁，覺羅滿保在閩浙總督任內業經嚴禁，雍正三年（1735），船戶林合興等十九船，乘福建巡撫毛文銓

初上任，情形未諳，藉稱澎湖人民需船裝運鹹魚糧米，呈請開禁。其後又有方永興等十三船亦由泉州海防同知詳請准行。短擺大船往來於澎湖與大擔門外，專為偷渡之人作接手。閩浙總督高其倬指出林合興等各船戶，內多有從前曾被查拏案件尚未審結的人犯。雍正八年（1730）八月十五日夜間五更，有福建澎仔船一隻因欲偷渡臺灣，遇風飄至廣東碣石鎮青山仔後江灣地方撞石擊碎，並無貨物，止有男婦一百二十九名，經督標中軍遊擊點驗，訊問口供，據偷渡民人葉豁等供稱，籍隸福建同安、詔安、龍溪各縣，由客頭王彩即船戶陳榮、算命的黃千、卜卦的黃喜等招引偷渡，其水腳銀每名二兩至三兩不等，約定於八月十二日在福建廈門裂嶼開船，眾人陸續乘坐小船，從大擔、帽仔口、白石頭、湖下等處出口上船。全船一百二十九名內，除船戶陳榮及水手羅從、楊三、廖祿、何賜五名外，其餘葉豁等一百二十四名，俱係無照偷渡人犯，八月十三日，駛至澎湖口遇風失去桅舵，旋漂流至廣東江灣地方⑥。

　　閩粵民人偷渡臺灣後，除開田耕食外，或從事貿易，或充當雇工，亦有飄蕩寄住全無行業者。其耕田之人可以分為二種：一種是自墾田土自身承種的自耕農；一種是承種他人田土的佃戶。各佃戶之中也不相同，有承種田數甚多且年久者，亦有承種甚少且年淺者，其田數多寡不等，年分久暫亦有別。開田耕食之人，起初俱於春時往耕，秋成回籍，隻身去來，習以為常。其後由於海禁漸嚴，一歸不能復往，其在臺立有產業者，既不願棄其田園，遂就地居住，漸成聚落。巡臺御史赫碩色曾指出渡臺民人，在城內者居少數，散處者居多數，成家者少，單丁獨漢者多。其有田地者稱為業主，召募流民種地研糖，稱為佃丁，又叫雇工，內地民人渡臺餬口者，大致不出此二途⑦。

　　雍正年間，臺灣一府四縣的田土情形並不一致，臺灣府人稱
地狹，無甚隱匿，臺灣縣的田土是按鄭成功所定舊額徵收，諸羅、
鳳山二縣田土頗多隱匿，彰化一縣新設立，荒地甚多，可以開墾。
有力之家赴縣呈明四至之地，請領墾單，召佃開墾。所開田園以
甲計算，每田一甲，大約相當內地的十一畝。分爲上中下三則取
租，上田每甲租穀八石八斗，中田每甲租穀七石四斗，下田每甲
租穀五石五斗。上園每甲租穀五石，中園每甲租穀四石，下園每
甲租穀二石四斗，清初領有臺灣後，地方有司即照此舊額徵糧。
但各田園往往以多報少，業主有以十甲田園只報四、五甲者，至
於佃丁，因自食代耕，且備牛種，如果照甲還租，便少餘利，所
以不得不從旁私墾，以欺瞞業主，其中有墾至二十甲而僅還十甲
租穀者，各佃丁輾轉相矇，甚至百甲田園，其完糧還租者不過二
三十甲而已。各佃丁主要是漳、泉、潮、惠客民，因貪臺郡地寬，
可以私墾，因此，冒險渡臺。

　　臺灣富豪之戶及各衙役多在所屬地方任意開墾，同時也任意
欺隱，不納錢糧。福建巡撫毛文銓曾指出閩省欺隱田糧，惟獨臺
灣爲甚，諸羅監生陳天松等首出園地數千餘甲。內地漢人渡臺後，
或向土番租地耕種，或爭墾番界，以致常有生番殺害漢人的案件。
例如彰化藍張興莊，舊名張鎮莊，逼近生番鹿場，生番不令漢人
開墾，自康熙四十九年（1710）臺灣副將張國報墾立戶陞科後，
生番擾害不已。康熙五十八年（1719），閩浙總督覺羅滿保檄
飭毀棄藍張興莊，逐散佃民，開除課額。該莊舊屬諸羅縣所管，
康熙六十一年（1722），諸羅縣知縣孫魯至任後，即立石爲界，
不許民人擅自進入。雍正二年（1724），該莊改屬彰化縣，提
督藍廷珍令管事蔡克俊前往招墾，自立莊戶，改名爲藍張興莊。
因地方官與民人爭相開墾番界，以致生番殺害漢人的案件，層見

疊出。福建巡撫毛文銓曾指出生番殺害人民，歷年不一而足，其被殺者悉由自取。生番向不出外，皆在番界內耕耘度活，內地人民不知利害，或因開墾而佔其空地開山，或因砍伐而攘其藤梢竹木，生番見之，無不即行殺害，因此，毛文銓奏請嚴禁諸色人等擅入生番界內，以求無事。然而由於番界廣大，私墾番界，可以隱匿不納租，雖遭生番殺傷，仍不惜冒死私墾。

　　清廷為防止內地民人潛渡臺郡，曾頒佈禁令，議定章程。康熙五十七年（1718）二月，閩浙總督覺羅滿保奏請限定商船水手人數，嚴禁接渡人口，凡往臺地船隻，必令至廈門盤驗，由澎而臺，其往來之人，俱由地方官給照，方許渡載，單身游民無照單者，概不許潛渡。雍正七年（1729）十月，福建觀風整俗使劉師恕奏請嚴法懲治，查獲偷渡人犯時，客頭應擬充軍，澳甲地保知而不舉者連坐，偷渡船隻經由各汛文武員弁，俱照失察例參處。惟偷渡民人多不由正口出入，各汛口無從查核，結果過臺禁令成為具文，禁者自禁，渡者自渡，始終未能禁絕，偷渡積弊，仍然釐剔需時，防範難周。

三、泉漳二府資藉臺灣米穀

　　清世宗禁止閩粵內地民人偷渡臺灣的原因很多，其中經濟因素是不可忽視的，禁止偷渡臺地就是解決閩粵民食的重要措施。臺灣為產米之鄉，米價低廉，變動也不大。雍正元年（1723）三月間，據地方督撫的奏報，臺灣府的米價，每石七、八錢不等，而泉州、漳州二府的米價，每石一兩一、二錢不等，相差四、五錢不等。雍正二年（1724）四月間，臺灣府的米價，每石八、九錢不等，泉州、漳州二府的米價，每石一兩一、二錢不等；雍正四年（1726）五月間，泉州、漳州二府的米價，每石價至三

兩以上，甚至有高達三兩九錢及四兩者，臺灣米仍然低廉。

　　臺灣米價低廉，變動不大，其原因很多。福建布政使潘體豐認爲臺灣田地廣闊，每年稻穀的生產量甚大，雖逢收成稍薄之歲，米價仍不至昂貴，例如雍正九年（1731），臺灣地方秋後缺雨，稻穀收成僅六、七分不等，然而米價仍然低廉，每石自六錢至八、九錢不等。雨水多寡，固然影響年歲豐歉，但是對臺灣米價的波動，影響不大。臺郡各縣的農作物，除稻穀外，舉凡番薯、黃豆、大小麥等產量亦大，此外果蔬、糖蔗、菁麻等作物亦相宜。因雜糧豐收，雖雨水不足，稻穀收成歉薄，惟米價仍不至昂貴。例如康熙四十六年（1707）夏秋，雨澤愆期，八、九月間，米價每石至一兩八、九錢至二兩不等，但因民間所種番薯豐收，十一月間，米價漸減，每石僅一兩一錢⑧。雍正元年（1723）十月，福建巡撫黃國材亦指出臺灣地方，年成甚好，稻穀、番薯俱有十分收成，米價每石七、八錢不等。臺灣一府四縣，耕地面積廣大，流民尚少，稻穀產量甚大，雜糧收成亦好，所以米價低廉，民食以外，餘米頗多。

　　福建地方，山海交錯，地狹人稠，食指浩繁，即使是豐年，米價亦較他省昂貴。福州、泉州、漳州等府，本地所產米穀，不敷本地民食，多貿米而食，其中福州民食向來資藉建寧、邵武、延平三府所產米穀，泉州、漳州二府則資藉臺灣所產米穀。雍正初年，福建水師提督藍廷珍具摺奏稱：

　　　臺灣雖屬懸海一區，見今地闢民聚，乃聖祖仁皇帝開拓疆
　　　土，與我皇上之收服西海，先後一轍，昭垂史冊，照耀萬
　　　古，必須規畫盡善，使有磐石之安。溯自歸入版圖以來，
　　　其地所出米穀豆麥，閩省數十年來，民食大有攸賴，即如
　　　浙江米價騰昂，督臣覺羅滿保亦係雇備商船買糴，源源運

赴接濟。再如江浙兩省民間所需糖貨，均爲仰賴臺地帆販貿易⑨。

定例臺灣府每年自正月起至五月止，每月碾米一萬石，以五千石運往漳州，以五千石運往泉州，交各道府平價糶賣接濟。閩浙總督高其倬指出漳州、泉州二府，若遇豐年，僅足六個月民食，尚有六個月分皆仰給於臺灣，年歲歉薄時，十分之六以上皆資於臺灣。漳州、泉州食指眾多，民食維艱。雍正四年（1726）五月，福建巡撫毛文銓奏稱「刻下泉州一府各處人民赴郡就食者日至一、二萬人，漳州府各處人民赴郡就食者日至三、四萬人。」因此，臺灣除照常運米五萬石之外，另添運十萬石。高其倬指出駐防臺地兵丁眷口米石，每年又需支米一萬六百五十石，各營歲支兵米三萬六千石，這些米石都由臺地撥運。閩省需米孔亟，爲解救民兵之食，高其倬奏請開放臺米之禁，令漳州、泉州商人販運接濟，其原摺略謂：

> 查福建福州、泉州、漳州三府，人多田少，每年所出之米，不敷本地民食，福州則資藉建寧、邵武、延平三府之米，泉、漳二府，則資藉臺灣之米，自臺灣朱一貴變後，前後巡臺御史等多有恐其運出接濟洋盜，遂禁止臺灣之米，不許過海，其大意蓋恐聽民搬運，萬一致臺灣米價騰貴，或生事端，此意甚是。其私意則以爲伊等所管係臺灣一府，此府無事，則本身乾淨，泉、漳之民，有米無米，有事無事，在所不顧，此意則不是。但不知臺灣地廣，民間所出之米，一年豐收，足供四、五年之用，民人用力耕田，固爲自身食用，亦圖賣出賺錢，一行禁止，則囤積之米，廢爲無用，既大不便於臺民，而泉、漳二府，仰待外米，乃絕其資藉之源，又大不便于泉、漳之民。究竟泉、漳之民，

勢不得不買，臺灣之民，亦勢不能不賣，遂生種種弊端，
偷買偷賣，奸巧百出，地方官遂于鹿耳門港口，令文武嚴
查出入之船，而民遂于各處小港用杉板小船載出澎湖，又
用短擺大船載到泉、漳。臺灣之地，處處小港極多，稽查
既難，而百姓乘夜黑難見，行不可行之港，冒險偷渡，覆
溺者頗有。各處汛口文武員弁以及兵丁地保索賄私放作弊
者頗多，禁之愈嚴，其弊愈巧。臣意此禁米一事，若果於
臺灣有益，泉、漳有益，雖極其難禁，極其費力，臣斷不
敢畏難，必盡力查拿，務使法在必行而後已。無如兩處皆
爲無益，不得不籌變通，況隔省過糶，我皇上俱嚴加申飭，
臺灣雖即隔海，乃係同省之府，豈有如此禁過之理⑩。

由於米禁甚嚴，商民遂偷渡販運，因其有利可圖，地方微員及兵
丁胥役等亦有私自販賣者。漳州府知府耿國祚竟挪動穀價，差人
赴臺買米回漳州私糶，以致米價騰貴。高其倬認爲開放臺灣米禁，
其益處有四端：㈠泉、漳二府之民有所資藉，不苦乏食；㈡臺灣
之民既不苦米積無用，又得賣售之益，則開田愈力；㈢可免泉、
漳、臺灣之民因米糧出入之故，受揤勒需索之累；㈣泉、漳之民
既有米食，自不搬買福州之米，福州之民亦可稍免乏少之虞。開
放遏米之禁，由商民自由販運，亦可減少偷渡。

四、浙江廣東民食的接濟

泉、漳二府固然仰給於臺灣米穀，浙江亦然，雍正元年（
1723）九月，浙江雨水不足，寧波等處民食艱難，閩浙總督覺
羅滿保與福建巡撫黃國材面商，由福州撥米五千石，臺灣亦撥米
五千石，共一萬石，由海運至寧波平糶。其後因象山、定海等處
亦需米接濟，福州撥米增爲七千石，臺灣撥米增爲一萬石。是年

十二月，臺灣續撥米二萬石運往寧波、臺州等府平糶。雍正九年
（1731）六月，管理福建海關事務郎中準泰亦稱因臺灣米船多
販往江浙地方，以致廈門米價較春間增長。雍正十年（1732），
浙江省溫、臺、衢、杭、寧等數府地方田禾，或受蟲害，或因亢
旱不收，或被冰雹打傷，多致成災，米價騰貴，市石市戥每石賣
至二兩及一兩八、九錢，百姓不能安貼，紛紛告災告饑。次年二、
三月間，離杭州城三十里的大荊地方饑民群起搶奪食穀，臺州府
仙居縣宜城地方有饑民數百人到處乞食。臺州府烏岩地方、寧波
府姜山地方饑民也聚眾搶奪民家倉穀，浙江總督程元章即咨會福
建督撫招商赴閩買米運赴臺州等地糶賣接濟。福建總督郝玉麟等
出示曉諭將臺灣府鳳山縣存貯倉粟撥運十萬石至廈門聽閩、浙兩
省商民販往臺州等地糶賣接濟。

　　廣東地方，民間米穀也常苦不足。廣東巡撫楊文乾曾指出廣
東米穀，即年歲豐收，亦僅足供半年之食。廣東民食不敷的原因，
清世宗特頒諭旨云：

> 朕思本省之米，不足供本省之食，在歉歲則有之，若云每
> 歲如此，即豐收亦然，恐無此理，或田疇荒廢，未盡地力，
> 或耕耘怠惰，未用人功，或奸民希圖重價私賣海洋，三者
> 均未可定，昨曾面諭九卿，今廣西巡撫韓良輔奏稱，廣東
> 地廣人稠，專仰給於廣西之米，在廣東本處之人，惟知貪
> 射重利，將地土多種龍眼、甘蔗、煙葉、青靛之屬，以致
> 民富而米少。廣西地瘠人稀，豈能以所產供鄰省多人之販
> 運等語。此奏與朕前旨相符，可知閩廣民食之不敷有由來
> 矣。著二省總督、巡撫等悉心勸導，俾人人知食乃民天，
> 各務本業，盡力南畝，不得貪利，而廢農功之大，不得逐
> 末而忘稼穡之艱。至于園圃果之類，當俟有餘地餘力而後

爲之，豈可圖目前一時之利益而不籌畫於養命之源，以致
緩急無所倚賴，而待濟於鄰省哉？假若鄰省或亦歉收，則
又將何如哉？該督撫等務須諒切曉諭，善爲化導，俾愚民
豁然醒悟，踴躍趨事，則地方不致虛耗而米穀不致匱乏矣
⑪。

未盡地利，未用人功，奸民私販，固然都是廣東民食不敷的原因，
但眞正的原因，是人口壓力，人多田少，以致民食維艱。廣東提
督學政楊爾德到任以後，細加訪查，並具摺指出廣東山澤多而可
耕之地少，每年兩種兩收，全憑雨澤均調，倘遇小小旱潦，俱難
以人功補救，名爲兩熟，而所收者不及江浙一熟之數。廣東地方
又是各省及外洋往來貿易之處，商賈之多甲天下，「所產之米有
限，而所食之人甚衆，所以米價不時昂貴，而民間常有乏食之虞
也。」米價騰貴，民間乏食的主要原因，就是食指衆多。

　　泉州、漳州民食，向來仰給於臺灣，但因浙江等省常需米穀
接濟，泉、漳二府不能得到臺灣全力的接濟，臺灣稻穀初熟之時，
因米穀有餘，多分賣各地，甚至在海上販運各洋，加上豔戶壟斷
米價，商賈販運成本亦昂，以致泉、漳二府窮簷仍食貴米。爲解
決生計問題，閩粵內地民人遂紛紛東渡，以就食於產米之鄉的臺
灣。

五、清廷禁止偷渡的原因

　　清代康熙中期以後，臺地流民，與日俱增，人口的增加，食
指衆多，不僅臺灣米價日昂，且將減少接濟內地的數量，爲解決
閩浙民食問題，遂嚴禁內地民人偷渡，以限制臺灣流民的增加。
康熙五十年（1711）三月，臺灣知府周元文於「申禁無照偷渡
客民詳稿」略謂：

爲再請申嚴偷渡之禁，以固海邦事。竊照臺郡乃海外荒區，
地瘠民貧，當初闢之始，人民稀少，地利有餘；又值雨水
充足，連年大有。故閩、廣沿海各郡之民，無產業家室者，
俱冒險而來，以致人民聚集日眾。經蒙上憲洞悉情形，設
法嚴緝，已不啻至再至三矣。詎意奸頑商艘並營哨船隻輒
將無照之人，每船百餘名或多至二百餘名，偷渡來臺。其
自廈門出港，俱用小船載至口外僻處登舟。其至臺，亦用
小船於鹿耳門外陸續運載至安平鎮登岸，以致臺廈兩同知
稽查莫及，即間有拿獲通報者，亦不過千百中之什一耳。
夫以此彈丸之地，所出地利有幾，豈能供此往來無盡之人？
匱乏之虞，將恐不免。且此輩偷渡者，俱係閩、廣遊手之
民，其性本非馴良，又無家室顧忌，無怪乎刁悍日甚，而
鼠竊之事，日見告聞。倘此輩再爲饑寒所驅，則地方隱害，
又不知將何底極？似當亟爲設法嚴禁者也⑫。

周元文認爲臺灣爲「彈丸之地」，偷渡流民聚集日眾，地利有限，
不免有匱乏之虞，因此，嚴禁無照客民偷渡臺灣，以免人滿之患。

　　福建總督郝玉麟亦指出臺灣地方，田土肥饒，居民富庶，冒
險偷渡者，例禁雖嚴，終難禁絕，客頭招攬，民人貪利，偷渡過
臺，涉歷險港，黑夜放洋，經拏獲者十之一，到臺者十之二三，
沒於孤島沙洲葬身魚腹者十之四五。據統計，雍正年間，閩粵流
寓臺灣的漢人已有數十萬眾，爲使流寓民人室家完聚，以繫其身
心，清世宗特准臺地客民搬眷。但郝玉麟認爲既許搬眷，則奸民
乘機攜帶親族人等過臺，日久生齒必繁，食指倍增，不可不虞。
郝玉麟具摺略謂：

　　　　向來臺粟價賤，除本地食用外，餘者悉係運至內地接濟，
　　　　亦緣粟米充足之故，漳、泉一帶沿海居民賴以資生，其來

已久。若臺粟三五日不至，而漳、泉米價即行騰貴。今臺
地人民既增，將來臺粟必難充足，價值必至高昂，運入內
地者勢必稀少，沿海一帶百姓，捕海為生，耕田者少，臺
粟之豐絀，實有關內地民食也⑬。

戶口日增，稻米生產，供不應求，以致米價騰貴。閩粵濱海，山
多田少，生產面積有限，兵民所食，望濟於臺粟者甚殷，臺民生
齒日繁，戶口眾多，則內地民食必日漸稀少。清世宗解決閩粵民
食的消極辦法就是禁止偷渡臺灣，以限制臺地人口的增加。鎮守
南澳總兵官張天駿拏獲偷渡人犯一百四十餘名，並繕摺奏稱「臺
灣地土雖廣，而出米是有定數，況漳、泉等郡，咸為取資，若查
拿稍懈，則偷渡愈眾，不但奸頑莫辦，有擾地方，且慮聚食人多，
臺地米貴，所係匪細，是以奉旨嚴禁。」⑭清廷慮臺地人多米貴，漳、
泉等郡，無從取資。臺郡生聚日眾，食指愈多，清廷恐有人滿之
患，不僅臺民生計日蹙，內地各郡更慮接濟無資，嚴禁偷渡，就
成為限制人口的必要措施。簡言之，清初內地人口的壓迫，就是
閩粵民人甘觸法網偷渡臺灣的主要原因，而限制臺郡人口的膨脹，
嚴禁偷渡，就是清廷解決漳、泉等郡民食的消極辦法。

閩粵地方因生齒日繁，游離分子與日俱增，游手好閒的羅漢
腳多偷渡臺灣，臺地遂成為無籍之徒的逋逃藪，良莠不齊。巡視
臺灣吏科掌印給事中赫碩色等具摺時指出「臺灣綿亙二千餘里，
數十年來土田日闢，人民愈繁，其間土番安分守業，猶為馴良，
唯各處流民湊集，奸匪易生，兼之舊習习頑，民情險健，知利而
不知害，喜動而不喜靜，視糾眾為兒戲，以作奸為泛常，防範少
疏，百弊叢出。」⑮署理福州將軍海關監督準泰亦稱「臺灣地方
孤懸海外，番民雜處，土著人少，近來閩地海口較前雖漸加嚴密，
而閩廣兩地游手之徒，從前偷渡過臺者甚多，成群結夥，多無妻

室，最易爲匪。」⑯巡視臺灣陝西道監察御史覺羅柏修等進一步指出「臺灣孤懸海外，五方雜處，土著之民少，而流寓之民多。蓋土著者知有室家，產業爲重，自不敢妄作匪爲，輕身試法，至流寓之人，非係迫於饑寒，即屬犯罪脫逃，單身獨旅，寄寓臺灣，居無定處，出無定方，往往不安本分，呼朋引類，嘯聚爲奸。歷考臺地變亂數次，皆係此等烏合之徒爲之倡首。」⑰流寓臺地的閩粵漢人既富於冒險犯難的精神，又多係單身獨旅的無籍之徒，恃強好鬥，結盟拜會，滋事案件，時有所聞，清初諸帝遂視臺地爲「反側不常之所」，爲杜亂源，以靖海疆，所以屢申禁令，嚴查偷渡。

　　清廷禁止內地民人偷渡臺灣，是執行海禁政策的重要措施。南洋呂宋、噶喇吧等處，自明代以來，閩、粵民人前往居住者與日俱增，其中婚娶成家，接受外國職官，領取外國貲本貿易者頗多。康熙年間，定例商民船隻，限令在沿海五省及東洋貿易，其呂宋、噶喇吧等處，不許商船前往貿易。但內地民人往來於臺灣與呂宋之間，清廷遂以爲隱憂。清聖祖頒諭時已指出「臺灣之人，時與呂宋地方人，互相往來，亦須豫爲措置。」⑱據被獲偷渡人犯沈德萬供稱船戶於雍正十年（1732）十二月在廈門攬貨掛號到呂宋，次年九月間，黃龍裝載貨物前往臺灣，並未返回廈門。至於福安縣民蔡祝則勾引呂宋「番人」，攜帶銀兩，潛至內地，欲在漳泉招人皈依天主教。福建水師提督王郡查出晉江縣商船戶柯得萬一船於雍正十二年（1734）正月二十二日在廈門出口，報往臺灣貿易，但柯得萬一船並未前往臺灣貿易，卻違禁透越呂宋。閩浙總督喀爾吉善具摺指出臺灣遠隔重洋，偷渡船隻於放洋以後，即可任意揚帆他往。易言之：「偷渡臺灣，實與私越外番之禁相爲表裡。」⑲福建總督郝玉麟具摺指出私渡之弊，其原摺

略謂：

> 閩省仰蒙聖恩，准令開洋貿易以來，通省人民藉貿易之利，
> 裕衣食之資，開洋之效，實有明驗，惟奸匪私渡之弊，若
> 不嚴行查拏，在外聚集日眾，為患日深，雖定例甚嚴，而
> 奸滑商民偷渡者，歷有犯案。若呂宋地方偷渡日多，聚集
> 益廣，將來難保不滋事端。又訪得向日臺灣匪類暨漳泉奸
> 民，亦有覬覦其地之謀，臣是以慇慇顧慮，惟在嚴禁私渡
> 為第一要著⑳。

禁止內地民人潛往呂宋，必須嚴查偷渡。郝玉麟原摺奉硃批云「
甚是，從前朕亦有風聞，二、三、四年屢次諭閩粵督撫留心此事，
各種設法密探奏聞，皆云無事，今卿此奏，深合朕意，當預為防
者，但具題時此等議論，不必盡露章奏，只言禁偷渡可也。」據
估計雍正年間逗留呂宋、噶喇吧的漢人已有數萬人，清世宗認為
這些人都是漢奸，奸懷叵測。閩粵民人既往來於臺灣及呂宋之間，
就清廷而言，臺灣與呂宋等處都是海外的逋逃藪，因此，內地民
人偷渡臺灣，與潛往南洋並無不同，俱應嚴禁。質言之，清初禁
止偷渡臺灣，除經濟背景外，其政治因素，亦不宜忽視。

六、結　語

　　清代雍正年間，臺灣一府四縣，土沃人稀，尚可容納內地過
剩的人口。閩粵兩省與臺灣一衣帶水，因生計艱難，泉、漳、潮、
惠各府民人逐相繼東渡，或倚親友而居，或藉傭工為活，或墾種
土地，或從事貿易，篳路藍縷，以啓山林，一方面奠定臺郡的開
發基礎，一方面在無形中解決內地部分人口壓迫的問題，頗具時
代意義。然而由於閩浙等省民兵所食，多仰賴臺地米穀的接濟，
限制臺郡人口的增加，將米穀運至內地，以接濟民食，嚴禁偷渡，

就成為清廷解決泉、漳等郡民食的消極措施。同時由於清廷對漢人的防範，限制臺郡漢人的增加，嚴禁偷渡亦成為清廷防範漢人以靖海疆的必要措施。閩粵民人偷渡臺灣，人口壓迫就是最主要的推動力。清廷議定章程，頒佈禁令，盡法懲治，其主要目的就是想藉朝廷法令的力量，以限制臺郡人口的膨脹。惟因閩粵人口壓迫問題日趨嚴重，遂紛紛冒險東渡，清廷禁止偷渡的消極措施，終歸失敗。

【注釋】

① 郭廷以著《臺灣史事概說》（臺北，正中書局，民國七十年七月），頁16。

② 陳奇祿〈中華民族在臺灣的拓展〉，《臺灣文獻》，第二七卷，第二期（臺灣，臺灣文獻委員會，民國六十五年六月），頁1。

③ 薛紹元纂輯《臺灣通志》，《臺灣叢書》，第一輯（臺北，國防研究院，民國五十七年十月），頁511。

④ 林衡道編《臺灣史》（臺北，衆文圖書公司，民國六十八年二月），頁290。

⑤ 《清聖祖仁皇帝實錄》，卷一一六，頁3。康熙二十三年七月乙亥，據席柱奏。

⑥ 《宮中檔雍正朝奏摺》，第十七輯，（臺北，國立故宮博物院，民國六十八年三月），頁39。雍正八年九月二十八日，郝玉麟奏摺。

⑦ 《宮中檔》，第77箱，381包，11244號。雍正六年八月十八日，赫碩色奏摺。

⑧ 《宮中檔康熙朝奏摺》，第一輯，頁535。康熙四十六年十一月二十一日，梁鼐奏摺。

⑨ 《宮中檔》，第79箱，350包，8495號。雍正二年九月初三日，藍

廷珍奏摺。

⑩　《宮中檔雍正朝奏摺》，第六輯，頁355。雍正四年七月二十六日，高其倬奏摺。

⑪　《宮中檔雍正朝奏摺》，第八輯，頁25。雍正五年四月十二日，常賚奏摺。

⑫　周元文修《臺灣府志》，《臺灣叢書》，第一輯，〈藝文志〉，頁1240。

⑬　《宮中檔雍正朝奏摺》，第二十一輯，頁158。雍正十一年二月二十日，郝玉麟奏摺。

⑭　《宮中檔雍正朝奏摺》，第二十四輯，頁141。雍正十三年五月二十八日，張天駿奏摺。

⑮　《宮中檔雍正朝奏摺》，第十一輯，頁122。雍正六年八月十八日，赫碩色奏摺。

⑯　《宮中檔雍正朝奏摺》，第十九輯，頁825。雍正十年閏五月初六日，準泰奏摺。

⑰　《宮中檔雍正朝奏摺》，第二十一輯，頁158。雍正十一年二月二十日，覺羅柏修等奏摺。

⑱　《清聖祖仁皇帝實錄》，卷二七〇，頁16。康熙五十五年十月壬子，上諭。

⑲　《軍機處檔‧月摺包》，第2772箱，23包，3481號。乾隆十三年十月初二日，喀爾吉善奏摺。

⑰　《宮中檔雍正朝奏摺》，第二十一輯，頁353。雍正十一年四月初五日，郝玉麟奏摺。

從故宮檔案看清代的淡水

一、前　言

　　史料與史學，關係密切，沒有史料，便沒有史學。大致而言，史料可以分爲直接史料與間接史料，以檔案資料與官書典籍爲例，檔案資料是屬於直接史料，而官書典籍則爲間接史料。間接史料的價值，雖然遠不及直接史料，但是，掌握間接史料，發掘直接史料，使記載的歷史儘可能接近眞實的歷史，符合歷史事實，就是史學工作者的基本要求。以論代史，不是史學研究的客觀態度。檔案資料的發掘與整理，可以帶動歷史的研究。有清一代，檔案資料，浩如煙海，近數十年來，由於檔案資料的不斷發現與積極整理，使清代史的研究，逐漸走上新的途徑。清代臺灣史，是清代史的一部分，所佔比重雖然很小，但是探討臺灣史，仍然必須熟悉清代史，具備清代史的研究條件，尤其是熟悉清代檔案資料，就是培養臺灣史研究人才的主要途徑。

　　清宮文物，主要是我國歷代宮廷的舊藏。民國十四年（1925），北平故宮博物院的成立，對於清宮文物的保全，功不可沒。北平故宮博物院正式成立以後，在圖書館下設文獻部，開始整理清宮各處檔案。民國十六年（1927）十一月，改文獻部爲掌故部。民國十八年（1929）三月，改掌故部爲文獻館。九一八事變後，華北局勢，動盪不安，北平故宮博物院爲謀文物的安全，決定將文物分批南遷，其中文獻館南遷的各類檔案，共計3773箱。七七事變發生後，故宮文物，疏散後方，分存川黔等

地。

　　對日抗戰勝利後，故宮文物，由後方運回南京。民國三十七年（1948）十二月，徐蚌戰事吃緊，南京岌岌可危，北平故宮博物院決定甄選文物精品，分批遷運臺灣。民國三十八年（1949），遷臺文物，暫存於臺中北溝。民國五十年（1961），行政院在臺北市郊士林外雙溪爲故宮博物院建築新廈。民國十四年八月，新廈落成，行政院公佈國立故宮博物院管理委員會臨時組織規程，明定設立國立故宮博物院。新址爲紀念　國父孫中山先生百歲誕辰，又稱中山博物院。同年十一月十二日，正式開幕，對外開放展覽。

　　國立故宮博物院現藏清代檔案，共204箱，約四十萬件。按照清宮原先存放的地點，大致可以分爲《宮中檔》、《軍機處檔》、《內閣部院檔》、《史館檔》等四大類。《宮中檔》的內容，主要是康熙年間以來各朝皇帝親手御批和軍機大臣奉旨代批的滿漢文奏摺及其附件，是屬於上行文書。《軍機處檔》主要分爲月摺包和檔冊兩大類。月摺包的內容，主要是直省外任官員奏摺錄副存查的抄件及部院大臣未奉硃批的原摺。此外，還有咨文、揭帖、照會、知會、稟文、國書、供詞、清單及地圖等，文書種類較多，有上行文書，也有平行文書，或下行文書。除月摺包外，各種檔冊的數量，亦極爲可觀。依其性質，大致可分爲目錄、諭旨、專案、奏事、電報等類的檔冊。《內閣部院檔》主要包括：盛京移至北京的舊檔；內閣承宣的文書；皇帝起居注冊；內閣例行公事檔冊；官修典籍等類。《史館檔》包括清代國史館及民國初年清史館的檔案，除紀、志、表、傳稿本外，還含有爲纂修紀、志、表、傳所搜集的各種相關資料。現存《宮中檔》及《軍機處檔·月摺包》的來源，主要是來自各省外任官員的奏摺原件及其抄件，

含有相當豐富的地方史料，對區域史或地方史的研究，都可提供較珍貴的直接史料。其中閩浙總督、福建巡撫、福州將軍、福建布政使、福建水師陸路提督、福建臺灣鎮總兵官、巡視臺灣監察御史給軍中、杭州織造及廣東督撫等人的奏摺原件及各類副本抄件，含有頗多涉及臺灣史研究的檔案資料，本文僅就清代滬尾地區的歷史變遷，滬尾在清代史上所扮演的角色，以及走過滬尾歷史舞臺的人物，進行浮光掠影的探討。

二、從臺灣地圖看滬尾

　　康熙年間領有臺灣後，即設府治，領臺灣、鳳山、諸羅三縣，諸羅縣以北，並未設官。其後，一方面由於移墾方向由南向北發展，一方面由於八里坌港口可以渡臺，使北淡水地區日漸開闢。雍正元年（1723），增設彰化一縣，並置淡水同知。雍正九年（1731），割大甲以北至三貂嶺遠望坑止的刑名錢穀諸務，歸淡水同知管轄，改治竹塹。嘉慶十五年（1810），復以遠望坑迤北而東至蘇澳止，設噶瑪蘭通判①。從現存清代乾隆年間彩繪臺灣地圖的標示，有助於了解清代前期八里坌、滬尾的地理形勢。據原圖的標示，秀郎溪西行，入雷裡前溪，兩溪會合後，稱為雷裡溪。雷裡溪北岸有雷裡社，雷裡溪似因雷裡社而得名。艋舺渡頭街位於雷裡社西南，介於雷裡社和下埤頭庄之間。艋舺渡頭街北為艋舺渡頭汛，置外委一員，兵二十名。由艋舺渡頭汛至雷裡社計程三里，西至港邊五里，北至拳頭母山十里。觀音山西北過西雲岩為八里坌仔社。觀音山之南為八里坌山，媽祖宮介於兩山之間。八里坌都司營盤位於八里坌山的山麓。營盤之南過煙墩塘即為長道坑庄。由八里坌過海口十五里可至圭柔山社，圭柔山社西南即滬尾庄，滬尾原圖作「扈尾」。滬尾庄東北為紅毛砲臺。

滬尾海口有圭心礁，因形似雞心而得名。將滬尾、八里坌位置圖影印於後。

　　從現存乾隆年間彩繪臺灣地圖，可以說明乾隆年間滬尾庄已經形成移民社會的聚落。滬尾在雷裡溪的下游入海口附近，清代文書已指出雷裡溪下游爲滬尾溪，滬尾溪或因滬尾庄而得名。滬尾庄與八里坌雖隔滬尾溪而相望，但清代文書上所見八里坌，不僅是指八里坌港口一處而已，事實上它還包括滬尾。咸豐年間（1851-1861），閩浙總督慶端等人具摺時已指出淡水廳屬之八里坌等處爲出入正口，其八里坌口內之滬尾一澳，亦爲商船寄椗之區②。滬尾口就是清代後期商船雲集的港口。

　　淡水廳因廳治設在竹塹城，所以淡水廳又習稱竹塹廳。同治年間（1862-1874），竹塹廳所轄地界，頗爲遼闊，除東界向山，西臨大海，漢人村庄聚落較爲稀少外，其所轄村庄包括竹塹城內東西南北四門，城外附城處所分爲東西南北廂及東北、西北廂各庄。在清初康熙、雍正年間（1662-1735），竹塹城郊以外地方，村落稀疏，田野未闢，漳、泉、廣東各籍移民，戶口稀少。其後，由於荒地漸闢，渡海至北淡水者，與日俱增，民戶日移。由竹塹城向北依次爲桃澗保、海山保、擺接保、大加蚋保、拳山保、石碇保，直至與噶瑪蘭廳交界的遠望坑庄。從大加蚋保的艋舺街斜向東上爲興直保、芝蘭保，直至西海岸止。《淡新檔案》中含有同治十三年（1874）分淡水廳所屬各庄人丁戶口清冊，有助於了解八里坌等庄地緣村落及閩粵各籍人丁戶口的分布情形。爲了要說明八里坌及滬尾的地理位置，僅就其中興直保、芝蘭保等境內各庄分佈情形，列出簡表如下：

同治十三年分淡水廳興直等保各庄人口統計表

座落	庄別	籍別	戶數	丁口數				合計		備註
				男丁	女口	幼孩	幼女	閩籍	粵籍	
拳山保六庄	大坪林庄	粵籍	36	36	43	17	12	131戶 409人	59戶 216人	
	秀朗社庄	閩籍	52	43	45	22	23			
	木柵庄	閩籍	27	32	25	12	13			
	頭重溪庄	粵籍	23	31	39	22	16			
	萬順寮庄	閩籍	25	32	31	17	19			
	楓林庄	閩籍	27	25	32	21	17			
石碇保六庄	水返腳庄	閩籍	31	22	37	21	17	169戶 534人		
	康誥坑庄	閩籍	33	37	32	22	14			
	五堵庄	閩籍	27	23	31	12	12			
	暖暖庄	閩籍	26	23	23	15	17			
	四腳亭庄	閩籍	21	31	21	12	12			
	望遠坑庄	閩籍	31	42	33	13	13			
興直保九庄	陂角店庄	閩籍	21	27	36	12	23	285戶 1019人		
	中塮庄	閩籍	23	32	35	19	22			
	和尚州庄	閩籍	42	63	56	32	27			
	武勝灣庄	閩籍	37	51		14				
	三重埔庄	閩籍	35	42	35	19	27			
	關渡庄	閩籍	37	52	23	11	12			
	八里坌庄	閩籍	41	57		22				
	烏嶼寮庄	閩籍	27	23	32	13	19			
	長道坑庄	閩籍	22	22	29	15	14			
	劍潭庄	閩籍	22	32	34	17	21			
	角溝庄	閩籍	27	32		12	12			
	芝蘭庄	閩籍	31	42	32	21	23			
	毛少翁社庄	粵籍	32	52	37	26	13			

	淇里岸庄	粵籍	21	22	23	22	12		
	北投庄	粵籍	21	22	33	31	12		
	嘎嘮別庄	粵籍	32	42	32	25	15		
芝蘭保十八庄	雞北屯社庄	閩籍	32	42	32	13	13	412戶 1555人	140戶 576人
		粵籍	14	19	21	9	13		
	大屯社庄	閩籍	22	32	32	12	21		
	石門汛庄	閩籍	32	43		22			
	金包裡庄	閩籍	37	52	42	22	17		
	野柳庄	閩籍	21	22	33	13	15		
	雞籠街庄	閩籍	27	33		21			
	三貂庄	閩籍	42	65	53	23	13		
	燦光寮庄	閩籍	31	42	32	22	16		
	丹裡庄	閩籍	27	32	26	17	21		
	獅毬嶺庄	閩籍	29	32	37	25	19		
	長潭堵庄	閩籍	32	45	37	23	29		
		粵籍	30	24	16	20	25		

資料來源：《淡新檔案》（臺北，國立臺灣大學，民國八十四年十月），頁328-350。

由前列簡表可知滬尾庄雖然鄰近淇里岸、北投等庄，但並不屬於芝蘭保，而是屬於興直保。興直保境有陂角店、中塩、和尚洲、武勝灣、三重埔、關渡、八里坌、烏嶼寮、長道坑等九庄，共285戶，計1019人，都是閩籍移民村庄，各庄人口稀少，其中八里坌共41戶，是戶數較多的一個閩籍移民聚落，滬尾庄並未單獨統計其丁口戶數，而是合併於八里坌庄計算，滬尾由於港口較優越而使其地位日趨重要。

三、從開港通商看滬尾

在清代前期，八里坌、滬尾已經是臺灣淡水廳境內出入頻繁的港口。八里坌、滬尾距離福建沿海五虎門水程較近，商船往來，

頗稱便利。但因清廷尚未開放口岸，所以八里坌、滬尾港口常常成爲避風或偷渡的口岸。乾隆年間，林爽文起事以後，八里坌、滬尾就成爲臺灣北路民人返回閩粵內地的重要出口。乾隆五十一年（1786）十一月二十八日夜間，天地會黨夥攻陷彰化縣城後，征北大元帥王作奉命進攻淡水，署淡水同知程峻遭遇伏擊，因寡不敵衆，自殺身故，竹塹城被會黨攻陷。程峻長子程必大恐關防被會黨奪去，即改裝易服，懷挾淡防同知關防，潛往八里坌，搭船內渡求援。據程必大供稱：「我父親程峻現署淡水同知駐箚竹塹，因彰化賊匪滋事，我父親會同董守備帶領兵役鄉勇前赴中港地方堵禦。賊匪衆多，抵敵不住，我父親存亡不知，賊匪於十二月初七日已至竹塹，肆行擄搶。我恐印信被他搶去，又因彰化地方已被賊踞，不能前往府城，我只得帶印信改裝，跑到八里坌，搭船內渡求救的③。」十二月十二日，程必大奔赴福建陸路提督衙門求見任承恩。北路竹塹營外委虞文光、兵丁王元浩亦由八里坌內渡，前往泉州求救。福建永春州人陳班，渡臺多年，在滬尾開張酒店。乾隆五十一年（1786）十二月十四日夜間，天地會黨夥到滬尾燒搶，陳班出門救護，被會黨擄去。會黨頭目何檜將陳班髮辮割去半截，派在會黨股首何馬寮內守更。陳班因貪睡失更，被何馬把耳朵割了一刀。後來由於滬尾兵民協力保護，未受會黨搶劫，其母亦寄信催促回籍，陳班即於十二月十七日夜間逃走，搭坐徐魁春船渡回福建內地，於仙遊縣境內被兵役拏獲④。福建巡撫徐嗣曾具摺奏請派兵救援臺灣時，亦由五虎門放洋直趨八里坌，內地運送淡水廳的糧餉鉛藥等補給俱由五虎門出口，到八里坌收口。

　　天地會起事後，聲勢浩大，滬尾地方，亦遭滋擾。現藏《宮中檔》含有閩浙總督、福建巡撫提督等人奏摺，對會黨滋擾滬尾

及義民堵禦會黨情形頗詳。乾隆五十一年（1786）十二月初，北路會黨相繼響應林爽文。十二月初十日，八芝蘭會黨頭目賴水等豎立大旗，招募千餘人起事。貢生吳志趙前往艋舺聯絡會黨。八里坌、滬尾、長道坑等處的會黨股首何馬、何記、吳三奇、莊漢等俱各招募會黨千餘人，豎立大旗，四處蜂起，分踞各地，搶佔店舖，焚掠民房。閩浙總督常青原摺，將「滬尾」寫作「戶尾」。十二月十三日，「戶尾庄」義民首蔡才、林球等率領義民三百名，和尚洲義民首鄭窗、黃天麟、趙暢等率領義民六百名，大坪頂庄義民首黃英、王倍等率領義民四百名，合計一千三百餘名進攻「戶尾」、八里坌、長坑道等處，殺斃會黨五十餘人，救出署淡水廳同知程峻及新庄司李國楷兩家官眷，守禦「戶尾」、八里坌等港口⑤。由於兵民協力守護滬尾、八里坌等港，使官兵補給可以從內地源源不絕地由滬尾、八里坌等處港口上岸，而加速了會黨的失敗。

　　林爽文之役結束後，地方大吏在籌議善後措施時，曾經多次議及八里坌、滬尾開港事宜。例如乾隆五十三年（1788）四月十八日，福康安具摺時已指出淡水八里坌海口，例不准船隻出入，惟多有私自收入港口者。因淡水產米甚多，商販圖利，順便販運出口。亦有陋規，但無定數，是由淡水同知與淡水都司管理，每年平均同知約得番銀六、七千圓，都司約得番銀四、五千圓，都司又於所得銀內分送總兵一千圓⑥。清廷雖然嚴禁偷渡，但因商船出入頻繁，內地偷渡來臺及由臺郡返回內地者，多經八里坌、滬尾出入。乾隆五十三年（1788）五月初九日，福康安等具摺奏請開放八里坌海口，似便商民。原摺有一段要點如下：

　　　　查淡水八里坌地方港口距五虎門水程約有六、七百里，逆匪滋事時，經臣徐嗣曾奏明派兵，自五虎門放洋，直趨淡

水。嗣後運往淡火之糧餉鉛藥,亦多由八里坌收口,一載
以來,甚爲利涉,該處港道寬闊,可容大船出入,從前即
有商船收泊該處,載運米石,管口員弁藉端需索,得受陋
規之事,徒有封禁之名,毫無實際。且淡水爲產米之區,
八里坌一港,又非偏僻港口僅容小船者可比,雖臺灣遠在
海外,稽查奸匪,不可不嚴。而百餘年來,休養生息,販
運流通,實與內地無異,小民等趨利如驚,勢難禁過。與
其陽奉陰違,轉滋訛索,不若明設口岸,以便商民。查鹿
仔港對渡蚶江,本係封禁,經永德奏准開設,船隻往來,
極爲便利,應請將八里坌對渡五虎海口,一體准令開設⑦。

　　泉州府屬廈門與鹿耳門對渡,蚶江與鹿仔港對渡,福州府屬
五虎門南臺與淡水八里坌對渡,就是閩省內地與臺灣渡海的三處
正口,向來商船搭載民人,每名索取番銀四、五元不等,索價過
多。乾隆五十四年(1789)十二月,閩浙總督伍拉納、福建巡
撫徐嗣曾籌議設立官渡章程時奏請酌定:由廈門至鹿耳門更程較
遠,每名許收番銀三元;由南臺至八里坌,蚶江至鹿仔港,更程
較近,每名只許收番銀二元⑧。由於八里坌正式開設口岸,往返
商船更多,渡海來臺者,多由八里坌入口,對臺灣北路淡水等地
區的開發,產生了促進的作用。

　　後來由於八里坌淤塞,船隻多在北岸滬尾停泊。嘉慶十三年
(1808)六月二十三、四等日,海盜朱濆率領船隊由大雞籠竄
到滬尾口停泊。六月二十五日,海盜撲岸,經義勇屯番協同官兵
擊退。勒方錡在福建巡撫任內曾具摺指出,「基隆以南約七、八
十里至滬尾溪海口,其南岸名八里坌,從前舟行皆傍南岸,近因
沙壅,又皆依北岸行。」⑨李鶴年在閩浙總督任內亦具摺指出,
「今則八里坌淤塞,新添各港口,曰大安,曰後隴,曰香山,曰

滬尾，曰雞籠，而雞籠、滬尾，港口宏敞，舟楫尤多。」⑩由於
八里坌日漸淤塞，滬尾港因較宏敞，而逐漸取代了八里坌的地位。

　　十九世紀中葉，西方列強為了擴大商業權益，先後發動鴉片
戰爭、英法聯軍等戰爭，清廷在西方船堅砲利的威脅下，被迫簽
訂城下之盟。咸豐八年（1858）五月，天津條約規定，除中英
互派使節、內地遊歷外，並加開牛莊、登州、潮州、瓊州及臺灣
為商埠。臺灣開港是英人的宿願，惟因換約問題，英法再度啟釁，
臺灣開港亦暫時擱置。咸豐九年（1859），美使以最惠國待遇
條款，請求在臺灣開埠通商。國立故宮博物院典藏咸豐朝《宮中
檔》閩浙總督慶端等奏摺，對八里坌、滬尾開港過程，分析頗為
詳盡，節錄一段如下：

> 伏查閩省臺灣一郡，孤懸海外，所轄五廳四縣，島嶼紛歧，
> 向來官商各船，往來停泊，以臺灣縣屬之鹿耳門，彰化縣
> 屬之鹿仔港，淡水廳屬之八里岔〔坌〕等三處為出入正口，
> 其八里岔〔坌〕口內之滬尾一澳，亦為商船寄椗之區，附
> 近滬尾之艋舺地方，並為各商貿販之所。現在咪利堅一國，
> 既經准在臺灣開市通商，設關徵稅，自應照原奏，俟該國
> 領事到之後，再由地方官會同妥議交易合宜之處，先行開
> 市徵稅，以期無礙大局。惟查該夷原請自十月初九日起扣
> 至兩個月後赴臺開市，現已將及屆期，雖經飛札移行該管
> 鎮道府遵照妥議，分別辦理。第重洋遠隔，風信靡常，往
> 來文報，難以應期，若俟往返稟商，誠恐臨期貽誤，而該
> 郡地皆濱海，處處可通，似應先行酌定馬頭，庶免漫無限
> 制，即該道府亦可循照議行。該署福建藩司裕鐸前任臺灣
> 道時，曾以巡查親歷各口。據稱鹿耳門一處，迫近郡城，
> 鹿仔港口，檣帆薈萃，港道淺窄，均非商夷船隻輻輳所宜。

惟查有滬尾即入里岔〔坌〕一澳，地近大洋，貿販所集，
堪令開市通商，並於附近要隘設立海關，照章征稅，以示
懷柔⑪。

引文內有「八里坌口內之滬尾一澳」、「滬尾即八里坌一澳」
等語，可以了解清代文書所稱八里坌口，包含滬尾港，有時候，
滬尾就是指八里坌。咸豐末年，鹿仔港因港口淺窄，已經不是良
好的通商口岸。而滬尾則因地近大洋，是較優良的港口。

據福州關稅務司美里登向署通商大臣李鴻章申稱，臺灣關稅
事務由地方官辦理，一年收銀四、五萬兩，以洋藥而言，淡水、
雞籠、臺灣府、打狗港四處，每年進口至少有五、六千箱，即可
徵稅銀十五萬兩，或十八萬兩，倘若由外國人充當稅務司，辦理
臺灣新關，則每年足可收銀三十萬兩，實於中國大有利益。他建
議以雞籠口作淡水子口，打狗港作為臺灣府子口。因雞籠與淡水
相連，打狗與臺灣府相連，故只需稅務司一名，即可辦理四口稅
務，按月經費亦不必多，或一千兩，或一千二百兩，即可敷用。
李鴻章即請總理衙門移咨福州將軍等按照稅務司章程，轉飭副稅
務司速往臺灣遵照辦理。閩浙總督左宗棠、福建巡撫徐宗幹等飛
飭臺灣道府妥籌速辦，並扎派副稅務司渡臺會辦。據署臺灣道陳
懋烈、署臺灣府知府葉宗元、通商委員馬樞輝稟稱，臺灣本非對
外通商口岸，自咸豐九年（1859）美國使臣華若翰請照和議條
約在臺灣開市完稅，奏定以淡水滬尾口即八里坌為通商碼頭，閩
浙總督慶端飭委福建候補道區天民渡臺專駐，會同臺灣鎮道府勘
定於八里坌設關徵稅。咸豐十一年（1861）六月，英國領事官
郇和到臺灣，因鹿耳門外水淺潮大，不能停泊，改由打狗港上岸，
察明臺灣府城海口淤滯，洋船不能收泊，難作通商碼頭，亦定議
於淡水滬尾口作為通商碼頭，設關徵稅。區天民渡臺後，即會同

臺灣鎮道府各員妥為規畫。區天民又稟請福州將軍文清由閩省選
派諳練關書李彤恩等赴臺辦理設關稽徵事宜，籌議章程。經核定
於同治元年（1862）六月二十二日開關啟徵⑫。福建巡撫徐宗幹
認為臺灣一郡，自南至北，港口紛歧，僅滬尾一處設關開徵，稽
查難周。雞籠與打狗既有洋船停泊，應一律添設子口，均歸滬尾
正口管轄，並派稅務司麥士威等前往分駐。其中雞籠一口，同治
二年（1863）八月十九日開關啟徵，作為滬口尾外口，至於臺
灣府海口，既經查明淤淺，未便設立稅口。

　　臺灣對外開港通商，載在條約，經地方督撫議定實施，定期
奏報稅收數目。海關奏報稅銀，定例三個月為一結，一年四結，
每結收支數目，例應繕寫四柱清單進呈御覽，分為舊管、新收、
開除、實在四項。據福建巡撫徐宗幹奏報，滬尾口自開徵至第八
結止，徵收洋稅銀九千八百餘兩，徵收洋藥稅銀一千一百餘兩，
徵收洋船噸鈔銀四百餘兩，土貨復進口半稅銀三百餘兩。第九結
期內徵收洋稅銀九千二百餘兩，徵收洋藥稅銀二千五百餘兩，徵
收洋船噸鈔跟二百餘兩，土貨復進口半稅銀六百餘兩。

　　各海關徵收洋稅，經總理各國事務衙門會同戶部奏定章程，
令各海關將收支數目按結奏報一次，扣足四結，專摺奏銷。國立
故宮博物院典藏《軍機處檔·月摺包》含有頗多海關稅收四柱清
單。例如福州將軍兼管閩海關稅務文煜奏報滬尾、打狗二口同治
七年（1868）十一月十九日至八年（1869）一月十九日止第三
十四結期內洋稅收支數目清單列表如下。

滬尾、打狗二口第三十四結期關稅收支數目表

項目	口　別	稅　　　　　別	收入（兩）		支出（兩）		備　　註
舊管			48206	852			第三十三結流存稅銀
新收	滬尾口	洋稅銀	5241	259			
		洋藥稅銀	4099	050			
		洋船噸鈔銀	158	000			
		土貨復進口半稅銀	61	290			
	打狗口	洋稅銀	14584	036			
		洋藥稅銀	4400	400			
		洋船噸鈔銀	623	200			
		土貨復進口半稅銀	151	787			
	合　計	滬尾、打狗二口新收	29319	022			
	總　計	舊管新收	77525	872			
開除		提解總理衙門等			781	200	
		提存解京西成稅銀			11329	898	
		支給稅務司薪俸			9000	000	
	合　計	滬尾、打狗二口開除銀			21111	098	
實在		滬尾、打狗二口存稅銀			56414	774	

　　表中開除項下提解總理衙門及撥給稅務司噸鈔共銀七百八十一兩二錢，原奏聲明此項噸鈔內應提解總理衙門三成銀兩外，其餘七成噸鈔，經通商大臣曾國藩准總理衙門移咨，自三十一結起按月由各口稅務司收領，以爲建造塔表望樓之費。

　　滬尾、打狗二口開放通商後，其稅收總額，逐年增加，例如同治八年（1869）二月二十日起至同年五月二十一日止屆滿三十五結期內，滬尾、打狗二口舊管新收共銀九萬五千四百九兩二

錢二分五釐，開除各項支出外，實在節餘稅銀七萬五百三十兩五錢八釐。比較第三十四結盈餘共增加銀一萬四十一百一十餘兩。從滬尾、打狗二口全年貿易總額的逐年增加，可以反映滬尾等港口的日趨繁榮。

四、從硫磺開採看滬尾

臺灣資源豐富，亟待開發，除農作物或經濟作物外，其餘硫磺、磺油、煤炭等礦物的開採，亦引起中外的重視。其中硫磺、磺油的產地，主要在北淡水。臺灣誌書，記載北淡水地方有硫磺山，出產硫磺等語。林爽文起事以後，聲勢雖然浩大，但因軍火缺乏，或檢拾官兵遺留的彈片，或在北淡水硫磺山私換硫磺，配製火藥⑬，終因補給不足而加速失敗。

清代律例規定，產礦山場山主違禁勾引礦徒潛行偷挖者，照礦徒之例，以為首論；內地私販硫磺五十觔以上者杖一百，徒三年。北淡水硫磺山向來雖然禁止偷挖，但民間私挖硫磺案件，卻層見疊出。其查禁防範私挖事宜，向例是由駐箚滬尾的守備負責。乾隆五十二年（1787）七月，據駐箚滬尾守備羅禮璋稟報，七月初六日，外委陳皋望見大屯山頂有數人挑擔，不由正路，形跡可疑，即率兵丁前往盤查。挑擔者看見官兵上山，即棄擔而逃，遺下麻袋竹筐，俱是硫磺，共十五塊，重四百斤⑭。福建莆田縣民孫漢齊同堂姪孫有從於乾隆五十一年（1786）七月間販賣手巾布，帶往臺灣淡水生理。在淡水硫磺山偷挖硫磺一百八十觔，載回內地，將硫磺藏匿孫有從家。同年九月初，先取硫磺十觔，同至寧德，賣給花炮店林熙盛，得錢分用。乾隆五十二年（1787）七月，孫有從又邀孫漢齊將硫磺一百七十觔裝簍，雇搭翁鷥船隻，仍欲賣給林熙盛，但甫經開行，即被烽火營差弁巡哨

搜獲⑮。因私挖盛行，臺灣鎮道遵旨將礦山查勘封禁。

　　咸豐初年，閩浙總督裕泰具摺時指出，「臺灣淡水廳屬之金包里、大礦山、東瓜湖山、北投山、冷冰窟等處，向爲產礦之所，節經各前督臣奏明封禁，並責成艋舺縣丞會同艋舺營參將於每年春夏秋冬四仲月按季赴山查燒一次。」⑯閩浙總督兼署福建巡撫英桂具摺時，亦指出除金包里等處外，芝蘭堡礦山，向例也是奏明封禁。由於華商、英商等爭購硫磺、礦油，福建巡撫徐宗幹等於同治二年（1863）奏請暫行弛禁開採，以資軍火，並派員渡臺查勘，不久，其議又中止。同治八年（1869），三口通商大臣崇厚移咨閩浙總督，奉旨在天津設立機器總局，製造軍火，需用硫磺，故令商人盧璧山前赴臺灣採買。但因北淡水礦山迄未奉旨弛禁，亦未設廠開挖，以致商人盧璧山等無由購買礦斤。究竟各礦山是否有開採的價值，已引起地方大吏的重視。閩浙總督桂英爲深入了解實際情形，即令署臺灣鎮總兵官楊在元前往北淡水，率同署淡水同知陳培桂親往芝蘭二保的北投社、大黃港、紗帽山等處勘查礦窟。雖查有百數十處，但因礦氣不很旺盛，若將窟內沙土刨挖煎熬，工本甚鉅，其湧出之礦又無定處，各礦山地處屯社，「內則偪近生番巢穴，外則沿河口岸，處處可通。」⑰因此，並未弛禁開採。

　　光緒初年，福建巡撫丁日昌等爲充實福建軍需，並協濟鄰省，即令臺灣道夏獻綸將臺灣所產硫磺、礦油、樟腦、茶葉等項，設法擴充開辦，或由官方設廠，或向民間買收⑱。光緒三年（1877）四月間，丁日昌據督辦臺灣礦務局道員葉文瀾稟稱，冷冰窟靠近金包里，每月可產硫磺二百擔左右，洞旁有池一區，亦產硫磺。後因山崩，爲沙泥淤塞。若將池前石溝鑿深，放出池水，亦可出礦。此外，大黃山、始洪窟、北投社等處，都產硫磺，至於礦油，則

產於淡水之南牛頭巖罅中，與泉水並流而下，其產量每日不過湧出四、五十斤。當地人採取礦油的方法，是盛以木桶，由桶底開竅放水，水盡以後，留在桶底裡的物質，都是礦油，其色黃綠，氣味與洋油相近。丁日昌奏請使用機器開採，估計每日可得百擔左右⑲。

　　由於北淡水各礦山盛產硫磺，為便於出口，官府遂在滬尾開設礦廠，以生產硫磺。光緒中葉，由張偉堂督辦臺北硫磺局事務。張偉堂，原籍四川瀘州，由監生報捐府經歷，保舉知縣，補放貴州青谿縣知縣。因案被參革職，渡臺投效，奉委辦理臺北硫磺局事務。他在任內，曾因盜賣滬尾礦廠硫磺而受處分。光緒十七年（1891）九月十四、五等日，有商人高承泰，先後到臺北硫磺局購買硫磺一千石。張偉堂即飭滬尾礦廠就近秤付。九月十六日，高承泰將硫磺兌足，裝載駕時輪船，於次日開行。同年十一月初八日，張偉堂因滬尾礦廠陸續積存碎磺，內多渣石，商人均不願購買，於是剔出渣磺五百石，裝載駕時輪船，私自運至上海，賣給不識姓名的花炮鋪，得到洋銀六百五十圓，入己花用，並未填用護照。經福建臺灣巡撫邵友濂查出撤參，發交淡水縣，勒限於一年內將私磺價錢洋銀六百五十圓如數繳案，並按例問擬⑳。光緒年間，洋銀一圓，約為紋銀六錢，洋銀六百五十圓，相當為紋銀三百九十兩。通過此案，可以看出滬尾礦廠曾受地方大吏的重視。

五、從中法之役看淡水

　　光緒初年以來，八里坌、滬尾的重要性，更加受到地方大吏的重視。閩浙總督李鶴年具摺時已指出，「伏查艋舺當雞籠、龜崙兩大山前之間，沃壤平原，兩溪環抱，村落衢市，蔚成大觀，

西至海口三十里，直達八里坌、滬尾兩口，並有觀音山、大屯山，
以為屏障，且與省城五虎門遙對。」㉑八里坌、滬尾的營伍，屬
於艋舺營管轄，滬尾置水師守備。何璟在閩浙總督任內亦具摺指
出，「伏查臺灣孤懸海外，艋舺營所轄之滬尾地方，又已設口通
商，帆檣雲集，該營水師守備，駐紮砲臺，緝捕撫綏，最形喫重，
非曉暢營伍，熟悉情形之員，不足以資控扼。」㉒滬尾水師守備
員缺，是屬於外海水師題補之缺，必須是熟悉營伍，能約束兵丁
之員，始足以彈壓地方。國立故宮博物院典藏各類檔案中，含有
頗多歷任滬尾水師守備資料，對於撰寫淡水人物志，可以提供較
珍貴的傳記資料。節錄閩浙總督譚鍾麟奏補滬尾水師守備員缺附
片如下：

> 福建臺灣滬尾水師守備員缺，前以預保守備陳步雲掣補，
> 該員係由本營入伍，例應迴避，經臣咨准部覆，在於臺灣
> 水師守備內揀員對調等因。查有准補臺灣水師協標左營守
> 備李廷琛，年五十七歲，福建詔安縣人，由軍功遞保，留
> 閩儘先守備奏補臺協左營守備，已奉部咨議准。該員水務
> 熟悉，曾署滬尾水師守備，以之調補是缺，洵甚勝任，所
> 遺臺灣水師協標左營守備，即以掣補滬尾水師守備陳步雲
> 對調，與例亦符合，仰懇天恩俯准陳步雲與李廷琛互相調
> 補，俾人地各得其宜，營伍洋防，均有裨益㉓。

由前引奏片內容，可以了解李廷琛的傳記資料，包括年齡，
籍貫，出身及居官等情形，對纂修地方人物志，具有重要價值。

全臺雖然口岸林立，但是，最重要的港口，只有四處，南則
安平、旂後，北則滬尾、雞籠。為整頓海防，地方大吏奏請製造
師船、修築砲臺。劉明燈在福建臺灣鎮總兵官任內，已專摺奏請
製造龍艚師船，分防內港，繼添紅單廣艇，梭巡大洋。劉明燈指

出，臺灣大洋有三，即：安平、滬尾、澎湖。澎湖是海中孤島，四面汪洋，請購廣艇二艘駐守；安平購廣艇二艘，兼巡鹿仔港，滬尾亦購廣艇二艘，兼巡雞籠。艋舺生意繁盛，爲海盜所垂涎，奏請改造龍艚五號，以輔艇船所不及㉔。

　　中法之役前後，地方大吏的奏摺，多將「雞籠」改書「基隆」字樣。據署理福建巡撫張兆棟具摺指出，基隆水勢平穩，洋船可以隨時出入。滬尾一口，當大潮時，巨舟亦可逕達，必須加強防守。滬尾口外的油車口，舊有砲臺基址一所，其內爲八里坌及觀音山。岑毓英在福建巡撫任內，曾在觀音山修築砲臺、碉樓，是第二重門戶。張兆棟認爲防內不如防外，於是奏請將油車口舊有砲臺，興修完固後，再於八里坌附近的剒仔尾建築砲臺一座，勢成犄角，以資捍衛，並於扼要處所再築暗砲臺數座，並分段添種刺竹，以爲屏蔽㉕。修築砲臺是重要的海防措施，福建地方大吏都積極整修砲臺，以防法軍侵犯臺灣。

　　光緒初年，因越南交涉久無結果，法國海軍司令孤拔（A.A. P. Courbet）爲了佔地爲質，索賠兵費，於是企圖以其優勢海軍進犯清朝東南沿海，臺灣孤懸外海，遂首當其衝。朝廷下詔起用淮軍名將直隸提督劉銘傳督辦臺灣軍務。《清史稿・劉銘傳列傳》記載光緒年間中法之役一段事蹟如下：

> 十一年，法蘭西兵擾粵閩，詔起銘傳，加巡撫銜，督臺灣軍務，條上海防武備十事，多被採行。抵臺灣未一月，殲敵百餘人，斃其三酋，復基隆，而終不能守。扼滬尾，調江南兵艦，阻不得達。敵三犯滬尾，又犯月眉山，皆擊退，殲敵千餘，相持八閱月。十一年，和議成，法兵始退。初授福建巡撫，尋改臺灣爲行省，改臺灣巡撫。增改郡廳州縣，改澎湖協爲鎮，檄將吏入山勤撫南、中、北三路，前

後山生番，薙髮歸化。丈田清賦，溢舊額三十六萬兩有奇，增茶、鹽、金、煤、林木諸稅。始至，歲入九十餘萬，後增至三百萬。築砲臺，興造鐵路、電線，防務差具，加太子少保㉖。

前引《清史稿》記載，歷史事件，年月有誤，法兵犯海疆，非始於光緒十一年（1885），是年中法和議成，法兵已退，前後矛盾。劉銘傳加巡撫銜，督臺灣軍務，在光緒十年（1884）五月初四日。月眉山之役，殲敵千餘，誇大戰功。現刊《清史列傳》主要出自清代國史館大臣列傳稿本，其可信度較高。北京中央民族大學王鍾翰教授在《清史列傳》點校序文中已指出，「《清史稿》的列傳所收雖有少數不見於《清史列傳》，而絕大多數的傳，敘事簡略，多半有年無月，有的連年月全都省去，未免失之過簡，對於清史研究工作者的進一步深入鑽討，極為不便。」㉗據《清史列傳・劉銘傳列傳》關於中法之役一節的記載如下：

十年，法人擾海疆，銘傳奉旨賞給巡撫銜，督辦臺灣軍務，因條陳整頓海防，講求武備十條：一、海口設防，宜分輕重緩急，以期握要；一、各海口砲臺，亟宜改建，以重防守；一、洋面水師兵船，宜次第籌辦，以固海疆；一、長江、太湖水師，亟宜改制，以收實用；一、福建船政局、上海機器局，宜加意整頓；一、請籌購大批槍砲，以節經費而免欺矇；一、稽查軍械，整頓礦務，宜特設軍器局，切實講理，以專責成；一、新募勇隊，宜加裁併，參用練軍，以節餉需；一、嚴定賞罰，以求將才；一、請設局譯刻泰西各書，引拔後進，以造人材。凡數千言，切中時事，多見施行。五月，行抵臺北。六月，法人來犯，燬砲臺。銘傳以無兵艦，不能爭鋒海上，詐之登陸，與戰於基隆，

斬法酋三人，兵百餘，奪纛二，軍械數十件。奉旨嘉獎，並奉慈禧端佑康頤昭豫莊誠皇太后懿旨，發內帑銀三千兩賞給戰士。銘傳以滬尾距臺北僅三十里，形勢尤要於基隆，後路有失，則基隆亦不能守；乃令提督孫開華守之，而退軍後山。其後法人三犯滬，皆不能得志。銘傳既回淡水，策應滬尾愈靈，然砲臺已燬，全恃我軍肉搏相當。時馬江已挫，上海用三輪舟以濟師，皆不克達，銘傳獨力撐持八閱月，尋奉特旨補授福建巡撫。十二月，法人犯月眉山，我軍力薄，將士忍飢冒雪，誓死拒守，營官至跣足督戰，僅乃克濟。十一年，和議成㉘。

由前引內容可知法兵擾海疆是在光緒十年（1884）；法兵犯臺，在是年六月；犯月眉山在十二月，未載殲敵人數，滬尾戰役，語焉不詳。國立故宮博物院典藏清代國史館傳包內含有劉銘傳列傳稿本及《劉壯肅公事實》等資料，據稿本記載，賞給劉銘傳巡撫銜，是在光緒十年（1884）閏五月；詔授福建臺灣巡撫則在同年九月。《劉壯肅公事實》一冊，修於壬寅即光緒二十八年（1902）仲秋，其內容較《清史列傳》及劉銘傳列傳稿本更爲詳盡，節錄涉及中法之役內容一段如下：

十年，法人擾海疆，銘傳奉旨賞給巡撫銜，督辦臺灣軍務。閏五月初二日，陛見，條陳整頓海防，講求武備十條：一、各海口設防，宜分輕重緩急，以期握要；一、各海口砲臺，亟宜改建，以重防守；一、洋面水師兵船，宜次第籌辦，以固海疆；一、長江、太湖水師，亟宜改制，以收實用；一、福建船政局、上海機器局，宜加意整頓；一、請籌購大批槍砲，以節經費而免欺朦；一、稽查軍械，整頓礦務，宜特設軍器局，切實講理，以專責成；一、新募勇隊，宜

加裁併，參用練軍，以節餉需；一、嚴定賞罰，以求將才；一、請設局譯刻泰西各書，引掖後進，以造人材。二十四日，行抵基隆，登岸查看砲臺形勢，周歷數日。二十八日，行駐臺北。六月初，法人犯基隆，銘傳聞驚，飛速親往。法人於辰刻開砲，營官姜鴻勝還砲相擊。銘傳到臺後，即奏砲臺本不足恃。蓋我砲臺只有洋砲五尊，砲臺只守當門一面，敵人由旁攻擊，即不能旁應。時章高元、蘇得勝各伏砲臺牆外溝中，敵砲猛攻不息，自辰至午，砲臺前牆全行打碎，火藥房亦同時轟倒砲臺，我不能守，法人亦未佔踞。銘傳以法人一意逞強，有輕我之心，而臺灣又無兵艦，非誘之陸戰不足挫其凶燄，即將海防不能守禦各營餉移山後，以避敵砲。曹志忠正營，並中營，離海雖近，中隔小山，仍令照常設守，一面激勵士卒，豫備惡戰。十六日卯刻，果有法兵四、五人，以一半在曹軍北山頭跕隊築營，以二百餘人直薄曹志忠營，乃用輪船炸砲助攻，自卯至午不息，曹志忠督隊二百餘人迎勦。銘傳派章高元、蘇得勝率隊百餘人，由東路抄擊，復派鄧長安率親軍小隊六十人，由西路繞擊。曹軍見兩路兵至，士氣益壯，奮勇直前。敵見我軍齊進，連放大砲、排槍，鏖戰一時許，我軍所恃後膛槍，皆能命中，擊倒法軍山上持旗兵酋二名，山下法兵頭一名，敵潰敗。我軍乘勝追上山頭，將敵營踏毀，奪獲洋槍數十桿，帳房十餘架，並獲坐蠹二面，此外洋行軍最恥之事，斬首級一顆，法軍傷亡不下百餘人，追至船邊，始行收隊，我軍傷亡僅數人。奏入，奉上諭調度有方，深堪嘉尚，著交部從優議敘，奉皇太后慈旨發內帑銀三千兩賞給此次出力兵勇。七月初十、十一兩日，敵兵開砲，我

軍憑山爲障，開砲對擊，彼砲無所施，我砲屢中其船，彼族頗有傷亡，退泊口門。滬尾海口離基隆八十里，該處僅孫開華所部三營，與李彤恩添募土勇一營，兵力單薄，危急萬分，彼族不得志於基隆。十四、二十等日，復窺滬尾，孫開華等趕將堵口石船接連沈塞，敵見口門已塞，旋駛去。十九日，銘傳親至滬尾，添派砲勇百名，略爲布署，即日回基隆。敵逐日以一、二船攔泊滬尾，搜查商船，以阻我軍援應，商船多日不來，消息不通。八月初二日，大雨颶風之中，上海所催匯利、萬利兩船裝載江陰劉朝祜勇六百人駛到，趕用駁船接卸百餘人，風勢緊急，兩船皆避風入海，匯利仍將原勇裝回，萬利僅卸五十人。初九日，華安輪船裝勇三百餘人，甫抵滬口，即遇法船追回。初十日，法船三隻攻基隆，十二日，復來法船八隻。十三日黎明，敵兵千人於口門外之西山登岸，陳永隆、畢長和各帶勇百餘名接戰，相恃兩時之久。敵復從山頭抄擊，章高元、陳永隆等退出山口，拚命抵禦，直至酉刻，敵人猛撲，經我軍擊退，斬法酋一名，我勇傷亡百餘人，將士防守兩月之久，各軍日在炎瘴溽濕之中，人多疾病。八營之眾，能戰者僅千餘人，曹志忠、章高元、蘇得勝皆督率將士身自博戰，毫無退心。正在全力相持之際，忽報滬尾來敵船五隻，直犯口門，該處砲臺尚未完工，只安砲三尊，以保沈船塞口之處，敵砲如雨，孫開華等督隊還砲相擊，砲臺皆係新用泥土沙袋堆擁，不能堅固，中砲即毀，陣亡砲勇十餘名，張邦才受重傷，危急待援。銘傳度基隆前敵，正萬分危迫，絕無兵力可分，而滬尾爲基隆後路，離府城只三十里，僅恃一線之口，藉商船稍通聲問，軍裝糧餉，盡在府城。該

口除沈船外，臺脆兵單，萬不足恃，倘根本一失，前軍不
戰立潰，必至全局瓦解，不可收拾，不得已先其所急，移
師顧守後路，連夜率章、曹各營，由基隆拔營趕回淡水，
立派各軍救滬尾。十六日，敵船又添三艘，猛撲滬尾海口。
二十日卯刻，敵船倏忽分散，一面以排砲轟擊，炸子如雨，
一面以洋划小輪船裝兵千餘人，分三路上岸，直撲大小砲
臺，勢極凶猛。孫開華見敵兵逼近，立率營官李定明等分
頭攔擊，章高元等由北路迎擊。敵兵各執利槍，以全力相
犯，自辰至午，槍聲不息，挫而復進者數回。我勇短兵相
接，奮力擊殺，張李成領所募土勇一營旁抄，孫開華親率
衛隊，奮勇直前，陣斬執旗法酋一名，並奪其旗。我軍見
敵旗被獲，士氣益奮，各路齊進，斬馘首級二十五顆，內
有兵酋二名，槍斃三百餘名，敵勢不支，紛紛逃退，追至
海邊，敵兵爭渡，溺海死者七、八十名，敵船開砲亂擊，
自擊毀其小輪船一隻，其所遺格林砲一尊，亦為我軍所獲。
捷聞，將士賞賚有差。九月，銘傳拜特授福建巡撫之命。
十二月初九日，法人添兵犯月眉山一帶，我軍與敵相持五
日，惡戰三日，敵兵皆著雨衣，更番接戰，我軍力薄，無
可更換，將士忍飢冒雨，目不交睫，遍身霑濕。曹志忠、
林朝棟與各營官皆跣足督戰，月眉山賴以力保。自十年六
月至次年二月，先後共八箇月，孤島危懸，苦戰苦守。十
一年，和議成，自戰罷兵㉔。

　　由引文內容可知《清史列傳》所載劉銘傳事蹟的可信度，雖
然高於《清史稿》，但仍有疏漏。據《劉壯肅公事實》記載，劉
銘傳是於光緒十年（1884）閏五月初二日陛見，閏五月二十四
日行抵基隆，查看砲臺形勢，二十八日，行駐臺北。如前引內容，

對滬尾戰役，描述尤為詳盡。同年七月十四、二十等日，法兵窺伺滬尾。是月十九日，劉銘傳親至滬尾布署。八月十三日，法船八艘復至滬尾，劉銘傳連夜馳救滬尾。八月十六日，法船又添三艘，猛撲滬尾海口。八月二十日，法兵分三路上岸，為兵勇所擊退。劉銘傳外無軍艦，內乏槍砲，將士苦守鏖戰，力保全島，共支危局，勞苦足錄。

中法之役，臺灣將弁的功過，頗有爭議。據劉銘傳事後指出，法軍進犯臺灣前夕，基隆、滬尾防務仍極鬆懈，由署提督孫開華節制臺北軍務，所部三營，一紮基隆，一紮淡水，一紮滬尾，但兵勇都散住民房，營官揚龍標等出門乘輿張蓋，不能與士卒共甘苦，營務廢弛。光緒十年（1884）六月十五日，法軍進攻基隆，揚龍標尚未接仗，即退奔十餘里。劉銘傳將他摘去頂戴，令其至八斗燒煤自贖，並將孫開華所部三營併歸滬尾，派令修築砲臺。自六月十二日興工，至七月底尚無一分工程。為阻遏法艦進入滬尾港口，李彤恩下令填塞海口，安設水雷，孫開華對一切佈置，並不聞問。劉銘傳囑令李彤恩轉勸孫開華速修砲臺營壘，住營督防，但孫開華或住淡水，或住滬尾街，屢勸不聽。七月二十日，劉銘傳親赴滬尾面告敵情緊急，並指摘揚龍標怯懦，孫開華始將揚龍標、向興貴兩營撤換，以李定明、范惠意接帶三營，共領毛瑟槍五百桿。八月二十日，法軍由滬尾上岸，孫開華三營認守南路，章高元、劉朝祐四營認守中路，土勇張李成一營派守北路，法軍由南路上岸，孫開華所部，適當其鋒，李定明帶隊接戰，陣亡百餘人，前隊稍卻，正在危急之際，章高元等率領淮勇大隊直搗其中，張李成率土勇抄擊其後，孫開華堵住橋口，督隊甚嚴，法軍三面受敵，終於退卻㉚。劉銘傳原摺對滬尾之役奏報較詳，節錄一段如下：

自十六日法船又添三艘，連前共計八艘，日以大砲向滬尾
砲臺猛轟，不少閒斷，兵勇無駐足之地，孫開華與章高元、
劉朝祜等惟以勇隊畫夜分伏海岸林內，露宿以伺，不敢少
事休息。二十日卯刻，敵船倏忽分散，孫開華知其勢必登
岸，督令擢勝右營營官龔占鰲帶勇伏於假港；擢勝中營營
官李定明帶勇伏於油車口；以後營官范惠意為後應；章高
元、劉朝祜各帶武毅銘中兩營營官朱煥明等伏於大砲臺山
後為北路，防敵包抄；李彤恩所募土勇軍功張李成一營伏
於北路山澗。部署甫定，敵兵一面以排砲轟擊，不下數百
響，塵煙漲天，炸子如雨；一面以洋划小輪船多支裝兵約
近千餘人，分三路上岸，直撲大小砲臺，勢極兇猛。孫開
華見敵兵逼近，立率李定明、范惠意分路攔擊，章高元等
由北路迎擊，敵兵各執利槍，以全力相犯，自辰至午，槍
聲不息，挫而復進者數四。我勇短兵相接，奮力擊殺，張
李成領隊旁抄，孫開華親率衛隊奮勇直前，陣斬執旗法酋
一名，並奪其旗。我軍見敵旗被獲，士氣益奮，各路齊進，
馘首級二十五顆，內有兵酋一名，槍斃約三百名，敵勢不
支，紛紛逃退，直追到海邊，敵兵爭渡覆溺海中者，聞有
七、八十人。敵船因救護敗兵，開砲亂擊，自行擊傷小輪
船一隻，其所遺格林砲一號，亦為我軍所獲。孫開華部下
中後兩營首迎其沖，鏖戰最久，戰士多傷，陣亡哨官三員，
傷亡勇丁百人，其餘各營弁勇，俱有傷亡㉛。

　　中法之後，滬尾砲臺，油車口等地，都是飽經砲火攻擊的陣
地，法軍固然傷亡慘重，淮軍土勇亦頗有傷亡，劉銘傳固守滬尾
的貢獻，是可以肯定的。但卻遭左宗棠嚴厲譴責，左宗棠具摺指
出：

> 法夷犯臺，兵不過四、五千，船不及二十艘，我兵之駐基
> 隆、滬尾者，數且盈萬，雖水戰無具，而陸戰則倍之。撫
> 臣劉銘傳係老於軍旅之人，何以一失基隆，遂至困守臺北，
> 日久無所設施。臣接見閩中官紳，逐加詢訪，並據臺灣道
> 劉璈抄呈臺北府知府陳星聚所奉劉銘傳稟批，始知八月十
> 三日基隆之戰，官軍已獲勝仗，因劉銘傳營務處知府李彤
> 恩帶兵駐紮滬尾，平日以提督孫開華諸軍為不能戰。是夕
> 三次飛書告急，堅稱法人明日來攻滬尾，兵單將弱，萬不
> 可靠。劉銘傳為其所動，遽拔大隊往援，而基隆遂不可復
> 問。其實，二十日滬尾之捷，仍孫開華諸營之功，即無大
> 隊往援，亦未必失滬尾也㉜。

劉銘傳針對左宗棠所參各節專摺覆奏，其原摺指出，劉銘傳
渡臺時，隨帶親兵一百二十名，其次提督孫開華三營，曹志忠六
營，每營精壯祇三百餘人。劉銘傳又由臺南調來章高元准勇兩營。
但因當時臺南疫癘盛行，兵丁多病，所以謹調來五百人，後來又
添調巡緝營一營。合計劉朝祜百餘人，張李成土勇一營，可知基
隆、滬尾兩處，總共只有四千餘人。因此，左宗棠所參基隆、滬
尾各營數且盈萬，並非事實。自光緒十年（1884）七月底起，
基隆時疫大作，將士十病六七。八月十三日之戰，九營僅挑選一
千二百人，內中尚有抱病上陣者。滬尾方面，僅孫開華三營，劉
朝祜一百餘人及張李成新募土勇一營。甫經到防，砲臺尚未完工，
又無營壘，地勢平坦，無險可扼，情形危迫。劉銘傳即致函孫開
華、李彤恩堅守滬尾，劉銘傳將暫撤基隆守軍援救滬尾。十三日，
劉銘傳先後接獲孫開華、李彤思、劉朝祜來信，俱稱法船五隻，
直犯口門外，升旗開砲，飛書告急，並非李彤恩一人的書信。提
督孫開華雖然驍勇敢戰，但器械不精，眾寡懸殊，若劉銘傳不撤

基隆守軍，則滬尾必失㉝。劉銘傳援救滬尾，擊退法軍，確實有貢獻。

六、結　語

滬尾地名，屢見於清代官方文書，反映滬尾已經是清代歷史的一個重要舞臺。在地方大吏的奏摺中，滬尾出現了幾個同音異譯的字樣。例如乾隆年間閩浙總督常青具摺時，將滬尾寫作「戶尾」，原摺也指出乾隆末年戶尾庄的義民對民變的反制，產生了重大的作用。李侍堯在閩浙總督任內，繕摺奏聞地方事宜時，滬尾則書作「扈尾」，原奏對扈尾庄的商業活動及內地民人渡海入臺在扈尾謀生的情形，也有簡單的描述。國立故宮博物院典藏乾隆年間綵繪臺灣地圖，亦作「扈尾庄」。林爽文之役以後，八里坌正式開設口岸，對渡五虎門南臺，反映北淡水的開發，已具有重大的意義。咸豐年間，閩浙總督慶端具摺時，一面說「八里坌口內之滬尾一澳，亦為商船寄椗之區」，一面說「滬尾即八里坌一澳，地近大洋。」可以理解清代官方文書所稱八里坌往往同時指滬尾而言。同治末年，淡水廳統計各庄丁口戶數，也是將滬尾庄列入興直保的八里坌庄合併統計。光緒初年，福建巡撫勒方錡具摺時已指出「滬尾溪海口，其南岸名八里坌，從前舟行皆傍兩岸，近因沙壅，又皆依北岸行。」北岸就是滬尾澳，由於滬尾澳港口較宏敞，地近大洋，而逐漸取代了八里坌的歷史地位。同光年間，清廷履行條約義務，對外開放通商，定議於滬尾口作為通商碼頭，設關徵稅，滬尾庄、滬尾港的重要性，與日俱增，社區日益繁榮，扮演了更加重要的歷史舞臺。

滬尾、八里坌是艋舺、臺北府的門戶，形勢重要。而觀音山、大屯山又是八里坌、滬尾的屏障。滬尾設口通商以後，帆檣雲集，

商船往來頻繁，為鞏固海防，整飭水師營伍，興建砲臺，遂為當
務之急。滬尾口外的油車口，八里坌附近的剡仔尾，觀音山等處，
都建有砲臺和碉樓。滬尾庄塘汛附近的紅毛砲臺，更是重要的海
防要塞。光緒初年，法國與清廷因越南交涉久無結果，法軍為了
占地為質，索賠兵費，企圖以其優勢海軍侵略清朝東南沿海，基
隆、滬尾遂首當其衝，清廷起用淮軍名將劉銘傳督辦臺灣軍務。
光緒十年（1884）閏五月初二日，劉銘傳陛見，同年閏五月二
十四日抵達基隆，查勘砲臺。閏五月二十八日，劉銘傳駐臺北。
七月十四、二十等日，法軍窺伺滬尾，是月十九日，劉銘傳親赴
滬尾布署。八月二十日，法國海軍登陸，進犯滬尾，為兵勇所擊
退，是為滬尾大捷。劉銘傳雖遭左宗棠的嚴參，也遭劉璈的詆毀。
但是，滬尾地方得以保護無虞，劉銘傳及淮軍土勇的奮勇抵禦法
軍，確實功不可沒。滬尾戰役以後，滬尾的歷史地位，更加提高。
滬尾鎮正式改稱淡水鎮，雖然始自1920年，但在同治末年、光
緒初年，官方文書已有將滬尾改稱淡水口或淡水的例子。據《洋
務始末》記載，同治十年（1871）七月十八日，清廷與日本議
定通商章程，其第一款所列中國開放通商口岸中就含有淡水廳的
「淡水口」。劉銘傳具摺時，淡水與滬尾，已說清楚，例如光緒
十年（1884）九月十九日劉銘傳原奏指出，「曹志忠一軍，由
基隆退回淡水，該總兵自帶親隊二百人，於十五日趕至滬尾助防。」
㉞從淡水趕至滬尾，淡水與滬尾，不是同一地點。經延講官內閣
學士兼禮部侍郎周德潤具摺時則稱：「竊維朝廷用劉銘傳督辦臺
灣海防，原藉其威望，冀以破敵也。乃法逆屢犯基隆，始尚竭力
抵禦，忽於八月十四日聽信委員李彤恩捏稟，以淡水危急，竟棄
基隆不顧，致法人占據十餘里，部下章高元等皆不謂然，臺人閩
人尤以為憾，六州鐵能鑄此錯乎？查二十日淡水大捷，孫開華力

足殲敵，其不待劉銘傳之救明矣。」㉟周德潤原奏中所稱「淡水
大捷」，就是滬尾大捷，滬尾已經改稱淡水。同光年間，以淡水
口，或淡水稱滬尾，應該是司空見慣的現象。滬尾地名屢見於官
方文書，反映滬尾在清代歷史舞臺上確實扮演了重要的角色。從
臺北國立故宮博物院現藏檔案資料考察清代滬尾的地理沿革和歷
史變遷，雖然只是片羽鱗爪，缺乏系統，但在今日直接史料日就
湮沒之際，即此四十萬件冊之數，亦可提供治淡水學者考研之資。

【注釋】

① 《月摺包》（臺北，國立故宮博物院），光緒元年七月十四日，閩
　　浙總督李鶴年等奏摺抄件。

② 《宮中檔》（臺北，國立故宮博物院），第2714箱，68包，11469
　　號，咸豐九年十一月二十九日，閩浙總督慶端等奏摺。

③ 《宮中檔乾隆朝奏摺》，第六十二輯（臺北，國立故宮博物院，民
　　國七十六年六月），頁605。乾隆五十一年十二月十三日，福建陸
　　路提督任承恩奏摺。

④ 《宮中檔乾隆朝奏摺》，第六十五輯（民國七十六年九月），頁58。
　　乾隆五十二年七月十八日，附片。

⑤ 《宮中檔乾隆朝奏摺》，第六十二輯（民國七十六年六月），頁
　　721。乾隆五十一年十二月二十四日，閩浙總督常青奏摺。

⑥ 《宮中檔乾隆朝奏摺》，第六十七輯（民國七十六年十一月），頁
　　685。乾隆五十三年四月十八日，福康安等奏摺。

⑦ 《宮中檔乾隆朝奏摺》，第六十八輯（民國七十六年十二月），頁
　　218。乾隆五十三年五月初九日，福康安等奏摺。

⑧ 《宮中檔乾隆朝奏摺》，第七十四輯（民國七十七年六月），頁
　　309。乾隆五十四年二月初一日，閩浙總督伍拉納等奏摺。

⑨ 《清宮月摺檔臺灣史料》（臺北，國立故宮博物院，民國八十四年八月），㈠，頁3272。光緒六年十二月初七日，福建巡撫勒方錡奏摺抄件。

⑩ 《清宮月摺檔臺灣史料》㈢，頁2020，光緒元年七月十四日，閩浙總督李鶴年等奏摺抄件。

⑪ 《宮中檔》（臺北，國立故宮博物院），第2714箱，68包，11469號，咸豐九年十一月二十九日，閩浙總督慶端等奏摺。

⑫ 《月摺檔》，同治六年九月初六日，福建巡撫李福泰奏摺抄件。

⑬ 《軍機處檔·月摺包》（臺北，國立故宮博物院），第2778箱，161包，38807號，林爽文供單。

⑭ 《宮中檔乾隆朝奏摺》，第六十五輯（臺北，國立故宮博物院，民國七十六年九月），頁93。乾隆五十二年七月二十二日，閩浙總督李侍堯奏摺。

⑮ 《宮中檔乾隆朝奏摺》，第六十七輯（民國七十六年十一月），頁772。乾隆五十三年四月十一日，閩浙總督李侍堯奏摺。

⑯ 《宮中檔》，第2709箱，1包，221號，咸豐元年二月二十三日，閩浙總督裕泰奏摺。

⑰ 《月摺檔》，同治九年五月初一日，閩浙總督英桂奏摺抄件。

⑱ 《月摺檔》，光緒二年九月十九日，福建巡撫丁日昌奏摺抄件。

⑲ 《月摺檔》，光緒三年四月十四日，福建巡撫丁日昌奏摺抄件。

⑳ 《月摺檔》，光緒十八年十二月初七日，福建臺灣巡撫邵友濂奏摺抄件。

㉑ 《月摺檔》（臺北，國立故宮博物院），光緒元年七月十四日，閩浙總督李鶴年奏摺抄件。

㉒ 《月摺檔》，光緒三年十二月十九日，閩浙總督何璟奏摺抄件。

㉓ 《月摺檔》，光緒十九年九月十八日，閩浙總督譚鍾麟奏片。

㉔　《月摺檔》，同治六年六月十二日，福建臺灣鎮總兵官劉明燈奏摺抄件。

㉕　《月摺檔》，光緒九年二月十四日，署理福建巡撫張兆棟奏摺抄件。

㉖　《清史稿》，列傳203，劉銘傳列傳，頁4。

㉗　王鍾翰撰〈清史列傳點校序言〉，《清史列傳》（北京，中華書局，1987年11月），（十五），頁4681。

㉘　《清史列傳》（北京，中華書局，1987年11月），（十五），頁4681。

㉙　《劉壯肅公事實》（國立故宮博物院），壬寅仲秋修，傳包2821之3號。

㉚　《月摺檔》，光緒十一年十月十八日，劉銘傳奏片抄件。

㉛　《月摺檔》，光緒十年九月十九日，劉銘傳奏摺抄件。

㉜　《月摺檔》，光緒十年十一月十八日，左宗棠奏摺抄件。

㉝　《月摺檔》，光緒十一年二月初七日，劉銘傳奏摺抄件。

㉞　《月摺檔》，光緒十年九月十九日，劉銘傳奏片抄件。

㉟　《月摺檔》，光緒十年十月二十一日，周德潤奏摺抄件。

滬尾、八里坌位置示意圖

清代民間秘密宗教的源流
及其社會功能

一、前　言

　　《論語》〈述而〉篇有「子不語怪力亂神」等語，清錢塘人袁枚，倣魏晉志怪小說，撰《子不語》一書，正編二十四卷，續編十卷，專記神鬼怪異故事。孔夫子雖然不談怪力亂神，但是「子不語」這句話的背後正好反映當時的社會喜歡談怪力亂神，同時說明宗教信仰的問題，早已受到國人的重視。

　　宗教與巫術不同，宗教創造一套價值，直接的達到目的；巫術是一套動作，具有實用的價值，是達到目的之工具。構成宗教的基本條件，至少必須包括：教派名稱、經典教義、廟宇寺觀、教主信徒、宗教儀式、戒律規範等項要素，巫覡信仰並未具備完整的宗教要素，既無成文的經典寶卷，也缺乏固定的寺廟建築，更沒有共同的創始人。

　　我國傳統社會的宗教信仰，大致可以分爲二大類：一類是祖先崇拜；一類是多神崇拜，把祖先崇拜和泛神信仰結合起來，就是我國宗教信仰的一大特色。民間秘密宗教是起源於下層社會的原有信仰，並雜揉儒釋道的思想而產生的教派，雖然是建立在小傳統的一種社會制度，但它具備宗教的本質，有其超越的意義。民間秘密宗教也有教派名稱，多編有寶卷或宗教讀物，各教派有其共同的創始教主及信徒，師徒輾轉傳習，並建立縱的統屬關係，或以庵堂寺廟爲信徒做會地點，或以家庭爲信仰中心，而且各有

宗教儀式，具備完整的宗教要素。

　　儒釋道三家，都爲民間秘密宗教提供了思想信仰上的豐富營養，民間秘密宗教就是依附儒釋道而流佈於下層社會。然而儒釋道三家都指斥民間秘密宗者爲「邪教」，所謂「邪教」，是指民間秘密宗教思想上的異端邪說，聚會活動時的夜聚曉散及男女不分，教會組織及人際關係的違悖五倫，此外如聚衆斂錢、不求安靜等，都是民間秘密宗教被指爲「邪教」的項目。同時由於歷代以來，朝廷並未制訂宗教法，民間秘密宗教無從立法，各教派的創立俱未得到官方的認可，其組織是不合法的，只能暗中活動，對官方而言，各教派都是一種民間秘密宗教，所以遭到官方的取締。

　　在人類文化史上，宗教信仰佔了相當重要的地位。任何形式的宗教信仰，都是在適應個人及社會的需要。民間秘密宗教的共同宗旨，主要在勸人燒香誦經，導人行善，祈福消災，解脫沉淪，求生淨土，其思想觀念，與佛教的教義最相切近。各教派多傳授坐功運氣，學習靜養功夫，其修眞養性的方式，與道教頗相近似。各教派多具有宗教福利的性質，皈依民間秘密宗教可以享受多項好處。人類在求生存的過程中經常遭遇各種挫折和困難，例如天災、人禍、疾病、死亡等都是最具破壞性的挫折。在傳統下層社會裡，由於知識及經驗的缺乏，對環境的控制，尤感無奈，亟需救助。民間秘密宗教的教首，多具有民俗醫療的經驗，常爲村民療治時疾，下層社會養生送死各種儀式，多由各教派主持，民間秘密宗教在地方上扮演了重要的角色。當下層社會的民衆面臨生老病死的種種挫折時，民間秘密宗教多能適時地給予人們相當程度的助力。清代民間秘密宗教的盛行，充分反映下層社會貧苦大衆對宗教信仰的迫切需要。本文撰寫的旨趣，表要在利用清代檔案資料，排比民間教派的衍生轉化過程，並分析各教派的社會功

能，從各教派在地方上所扮演的角色來說明民間秘密宗教在下層社會盛行的內緣因素，或許可以揭開民間秘密宗教的神秘面紗。

二、清代民間教派的源流

明清時期，是民間秘密宗教最活躍的時期，教派林立，到處創生，正是所謂「經非一卷，教不一名」。我國北京中國學者劉子揚先生撰〈清代秘密宗教檔案史料概述〉一文，根據北京中國第一歷史檔案館保存的檔案史料及有關資料。將清代秘密宗教組織的名目列舉一百零七種之多，其具體名稱是；白蓮教、洪濛教、羅教、一字教、大乘教、無爲教、三乘教、收圓教、老官齋、龍門教、清茶門教、清淨門教、龍華會、青蓮教、悄悄會、混元教、榮華會、先天教、紅陽教、九蓮教、呂皇教、三陽教、天眞門教、五聖門、金丹教、齋教、白陽教、太陽經教、一字門教、元頓教、青陽教、黃陽教、牛八教、五盤教、一炷香教、好話教、添柱教、坎卦教、艮卦教、老理教、離卦教、老佛教、老天門教、明天教、八卦教、乾卦教、天龍八卦教、九宮八卦教、八卦紫金會、金丹八卦教、清水教、天理教、坤卦教、震卦教、佛門教、青龍會、北庵教、南庵教、天眞教、燈郎教、玉虛門教、天圓教、三元教、無生教、敬添教、邱莘教、新新教、如意教、儒門教、摸摸教、陸林會、九宮教、未後一柱香教、燈花教、彌陀教、鳴鐘教、明宗教、青主教、紅燈教、黃天教、央央教、花燈教、道心教、敬空老祖教、天順教、在理教、習文教、太子教、武聖教、文賢教、白陽九宮教、達摩教、矢公教、明靈教、鴻鈞教、白山教、天極門教、白衣教、虎尾教、八卦青龍教、皇門道教、清眞獨一教、天門教、橋梁會、五郎會、老母教等①，文中並注明各教派的異名別稱，例如大乘教有羅祖大乘教、西天大乘教、大乘清茶門等

名稱，無爲教又稱清靜無爲教、皈依無爲教，收圓教又稱收圓道，龍門教又稱龍天門教，清茶門教又稱清茶門紅陽教，清淨門教又稱清淨法門，悄悄會又稱白陽教，混元教又稱清淨佛門教或清圓道教，天眞門教又稱未來眞教、天眞門音樂會、老人會，五聖門又稱花燈會，金丹教又稱金丹道、學好教，元頓教又稱油蠟教，一炷香教又稱紅陽門、一炷香如意教、一炷香天爺、好話道摩摩教，好話教又稱義和門好話教、如意離卦教義和門，八卦教又稱後天道、聖賢教，北庵教又稱天眞門，燈郎教又稱燃燈教，三元教又稱未來教，如意教又稱如意門、老子教、一炷香，陸林會又稱陸林混元教，新新教又稱普渡教，習文教又稱白蓮池，各教派枝榦互生，滋蔓衍化，名目繁多，不勝枚舉。

　　清代盛行的民間秘密宗教，教派林立，有的源遠流長，有的倏忽起滅。排比歷代常見的教派名稱，有助於了解民間秘密宗教的衍生轉化現象。梁武帝時，東陽郡烏傷縣人傅大士創立彌勒教，自稱是「彌勒菩薩分身世界」，降生此世，濟度眾生②。南宋初年，吳郡沙門茅子元融合佛教天台宗的懺法和淨土宗的彌陀念佛等信仰而組成一種淨業團體③，稱爲白蓮菜，自稱白蓮導師，朝廷詔禁白蓮菜，茅子元被流放到江洲，白蓮菜遂轉入地下活動，逐漸與彌勒教、明教融合爲一體。到了元代，白蓮菜已演變爲白蓮會。河北灤城人韓山童將白蓮會混入彌勒教的教義，改稱白蓮教，倡言「彌勒降生，明王出世」，以招收徒眾④。明代查禁的教派頗多，例如白蓮教、明尊教、彌勒教、捏盤教、紅封教、老子教、聞香教、羅祖教、南無教、淨空教、悟明教、大成教、無爲教、紅陽教等，其教派名稱多不見於宋元時期的典籍記載。馬西沙先生撰〈八卦教世襲傳教家族的興衰──清前期八卦教初探〉一文指出明代中末葉是秘密宗教史上的一個重要時期，從明正德

年間到萬曆年間，羅教、聞香教、紅陽教相繼出現，構成了華北地區秘密宗教三大派系⑤。

　　有清一代，檔案浩瀚，除北京中國第一歷史檔案館所藏清代檔案外，臺北外雙溪國立故宮博物院現藏清代《宮中檔》、《軍機處檔》內奏摺原件、奏摺錄副及上諭檔冊等，其涉及民間宗教案件者，爲數仍相當可觀，就教派名稱而言，可補充劉子揚先生所列教派名稱者尙夥，例如康熙年間，河南查獲神捶教，雍正年間，直隸查獲儒理教，又名摸摸教，劉子揚先生撰文中所稱「咸豐元年，直隸東安縣有傳習摸摸教者，吃齋念佛，爲人治病」等語⑥，似乎說明從雍正年間摸摸教經查禁後，至咸豐初年仍有人傳習此教。直隸地區，在雍正年間查禁的教派尙有順天教、少無爲教、大成教、衣法教等，山東查獲空子教，山西查獲皇天教，山東、山西查獲收元教，江西查獲三皇聖祖教、圓敦大乘教，江浙查獲滋粑教。乾隆年間，直隸查獲無爲救苦教，山西查獲五葷道、源洞教、收源教，河南查獲三益教、圓明教，福建查獲觀音教、金童教，雲貴查獲西來正教。嘉慶年間，直隸查獲天香教。道光年間，河南查獲天竹教、毛里教，浙江查獲大被教⑦。由前面所列舉教派名稱，可知能作補充的資料仍然不少。據日人澤田瑞穗先生著《校注破邪詳辯》一書附錄明清時期的教派約有一百四十餘種，目前海峽兩岸所保存的檔案，都已開始整理，陸續出版，將來當可發現更多的教派名稱，清代地方大吏查禁民間秘密宗教所留下的檔案，有助於了解清代民間秘密宗教的立教源流及其相互間的宗派演變關係。

　　明神宗萬曆初年，薊州人王森，居住直隸灤州石佛口，傳習白蓮教，號稱聞香教主，又稱大乘教，因教中誦習《大乘經》而得名。雍正年間，因王敏迪犯案，自王懌起改名清淨無爲教，大

乘教的名稱仍然繼續沿用，同時清淨無爲教也逐漸衍化爲清淨法門及無爲教，因教中以清茶奉佛，所以又稱清茶會，或清茶門教。乾隆年間，王亨恭改立白陽教。因清茶門教的思想信仰，與當時盛行的紅陽教相近，所以又稱清茶門紅陽教。嘉慶年間，直隸藁城縣民婦劉冀氏等所復興的龍天門教，地方大吏把它牽入清茶門教案內，而有龍天門教即清茶門教的說法⑧。嘉慶二十年（1815）十月二十九日，寄信上諭內指出王姓後裔王秉衡即王景曾傳習大乘教清茶門，在江蘇傳徒柳有賢，轉傳金悰有，改立收圓教⑨。姑不論各教派的名稱如何輾轉牽引，但大乘教自萬曆年間以來由直隸傳播各省且屢易名稱，以致教案層出不窮則是事實。

羅祖教，簡稱羅教，創立於明武宗正德年間。喻松青教授撰〈明清時代民間的宗教信仰和秘密結社〉一文，指出羅教是從禪宗臨濟宗分化出來的一個教派，臨濟宗二十七代王源靜曾補注羅清的五部六冊，王源靜是臨濟宗二十六代蘭風老人的法嗣，他尊稱羅清爲祖師，可見羅清本人原爲臨濟宗人，羅教與禪宗臨濟宗有密切關係。羅清因創羅教，被尊稱爲羅祖，他在民間秘密宗教中享有很高的威信，不僅是羅教，即紅陽教、收圓教等其他教派，也都尊信他⑩。羅教創立後，發展迅速，由羅祖教轉化而來的教派，名目繁多。無爲教尊羅清爲祖師，雍正年間，羅教信徒張維英供稱，「我們是鄉間人，此教是羅明忠的祖上羅成就在正德年間傳下來的，封爲無爲教，誦的是一部《苦心悟道經》，吃齋點燭。」⑪乾隆年間，浙江巡撫覺羅雅爾哈善具摺稱，「羅教龍華會即老官齋之別名。」⑫據江西石城縣教犯姚文謨供稱，「小的祖上原奉羅教，雍正七年奉文查拏，就改爲一字教，又名老官齋。」⑬雍正七年（1729）十二月初六日，署理江西巡撫謝旻據南安府知府王耀聖稟稱，羅教又名大成教、三乘教⑭。三乘教又作三乘

會，據三乘會教首潘玉衡供稱，教中流傳的〈霧靈山碑文〉，確
實有「羅祖」字樣，又因用糍粑供佛，外人遂稱三乘會為糍粑教
⑮。乾隆三十三年（1768）十月初一日，江蘇巡撫彰寶查辦無為
教案件後具摺稱，「前明人羅孟洪以清淨無為創教，勸人修證來
世，稱為羅祖，羅孟洪之子名佛廣及伊婿王善人，別派流傳，又
謂之大乘教。」⑯福建長汀縣人沈本源拜江西人廖慧恩為師，稱
為羅祖大乘教。嘉慶十九年（1814），江西臨川縣王桂林教案
內指出吳子祥以《大乘大戒經》立大乘教，仍以羅祖教「普」字
派名⑰。乾隆初年，直隸總督那蘇圖具摺指出大乘教是大成教改
名，大成教又由空子教改名⑱。羅教創立後，輾轉易名，衍生轉
化，地方大吏妄加牽引，名目固然繁多，究竟那些教派是由羅教
轉化而來的餘裔別派，更有待考證。

　　青陽教、紅陽教、白陽教，合稱三陽教，是明清時期勢力頗
盛的民間宗教，萬曆二十二年（1594），山西洪縣人高揚，在
太虎山中聚眾講道，創立混元教，號稱混元老祖，又稱飄高祖，
因其編造《紅陽經》，所以混元教又叫紅陽教，其後又編造白陽、
青陽名目，而有白陽教、青陽教的名稱。乾隆年間，直隸良鄉縣
人張天佑父子曾將紅陽教改名龍天會，供奉至正菩薩。乾隆三十
六年（1771）十二月，直隸盧龍縣拏獲教犯王栗等人，據供直
隸石佛口人王忠順自稱是彌勒轉世，設立白陽教。因入教之人以
清茶奉佛，所以又稱為清茶會⑲。乾隆五十三年（1788），直隸
任邱縣人劉輝遠拜新城縣人蘇敬為師，學習邱祖龍門派下混元紅
陽教。乾隆五十五年（1790），直隸衡水縣人英凌霄之母拜胡
德明為師，胡德明即傳給大乘門教，據直隸總督方受疇具摺稱，
大乘門教即一柱香，又名紅陽教。但後來英凌霄又拜胡德明為師，
皈依離卦教⑳。紅陽教因燒一炷香，故稱一炷香紅陽教，或作紅

陽會一炷香㉑。直隸新城縣人賈敬是紅陽教信徒，賈敬被捕後供
稱紅陽會又名茶葉教㉒，紅陽教的教首常以茶葉爲人治病，所以
紅陽教又稱爲茶葉教，或清茶門教。山西巡撫衡齡具摺奏稱，「
鳳臺縣人陳潮玉之母韓氏嫁向從孟爾聰之父孟達學習清茶門紅陽
教。」㉓河南涉縣人申老敘，傳習白陽教，嘉慶十年（1805），
申老敘收王法中等人爲徒，並告以紅陽劫盡，白陽當興，白陽教
即圓頓教，入教可以避劫獲福。直隸獻縣人孫榮於嘉慶初年拜臧
紹爲師，傳習白陽教，嘉慶十八年（1813），因官方查禁甚嚴，
孫榮畏懼改悔。道光三年（1823）十月，獻縣水災，孫榮因貧
苦難度，起意傳教斂錢，將白陽教改爲未來教。山東樂陵縣人段
春和推車賣布，曾拜縣民于小平爲師，學習白陽教。同治六年（
1867），段春和編造寶卷，名爲《四象書》，取太極兩儀生四
象之意，並將白陽教改名三陽教㉔。由於查禁紅陽教，地方大吏
牽引出青陽教、白陽教、混元教、龍天會、清茶會、龍門教、大
乘教、一炷香教、茶葉教、圓頓教、未來教等教派。

　　收元教似因《皇極收元寶卷》而得名，又因教中不忌酒肉，
所以又稱爲五葷道。其組織分爲乾、坤、震、巽、坎、離、艮、
兌八卦，每卦各設一卦長，下分左支右干某卦名目，因其分設八
卦，又稱爲八卦教。馬西沙先生撰〈八卦教世襲傳教家族的興衰
──清前期八卦教初探〉一文中指出八卦教創教之始，其教名是
五葷道收元教，乾隆初中葉，五葷道收元教又改名爲清水教，此
清水教就是八卦教的前身。因爲八卦教曾經屬於白蓮教的一個支
派，所以某些史料中，八卦教又被稱爲白蓮教。八卦教雖然曾經
是白蓮教的一個支派，但後來卻發展成爲一個獨立的教派，到乾
隆中葉，八卦教已經成爲華北地區最大的秘密宗教之一㉕。由八
卦教衍生轉化而來的教派，名目繁多。乾隆四十八年（1783），

河南開州人郝成,素能發治心痛病症。據教犯樊永錫供稱郝成倡立東方震卦會,又名收元祖白羊會㉖。由此可知震卦教就是由收元教轉化而來的一個教派。直隸清豐縣人鄭才是震卦教信徒,據鄭才供稱,震卦教又名天一門教。乾隆三十年(1765)二月,河南泌陽縣人李文振拜徐國泰為師,皈依收元教。乾隆三十四年(1769)冬間,李文振與其表甥張成功起意復興收元教,騙錢分用,於是商同將收元教與榮華會合而為一,稱為收元教榮華會,次年三月十五日,正式開教。乾隆四十九年(1784)十二月,湖北棗陽縣人姚應彩拜同縣孫貴遠為師,皈依收元教,次年二月,孫貴遠被拏獲,照大逆律凌遲處死,姚應彩擬以枷杖發落,耕種度日,後因老病不能力作,而以製售膏藥為生,其招牌行號為三益堂,因貧苦難度,而起意傳教斂錢,但恐外人知其原係收元教的教犯,於是就其招牌名目將收元教改為三益教㉗。乾隆五十五年(1790),直隸鉅鹿縣人孟見順是離卦教信徒,據供稱離卦教又名無為救苦教。嘉慶十三年(1808),江南蕭縣人聶士貞聞知碭山縣山耿孜元傳習收元教,善能運氣卻病,即拜耿孜元為師,皈依收元教,耿孜元告以收元教是由離卦教脫化而來㉘,姑且不論收元教是否由離卦教脫化而來,八卦教與收元教的關係極密切則是事實。八卦中央為北辰所居,稱為北神,八卦與北神合稱九宮。河南滑縣人王進道先拜張幗賓為師,皈依八卦教,嘉慶十一年(1806),王進道又拜宋克俊為師,皈依九宮教,由此可知九宮教與八卦教有密切的關係。直隸宛平縣人林清原掌坎卦教,稱為榮華會,後來又改名為天理會,由此可知從收元教或八卦教脫化而來的教派,可謂不勝枚舉。

此外,勢力較小的教派,亦多由各大教派脫化而來,據教犯孫連科等供稱,教首劉恭傳習白陽教,至吳得榮時改為八卦教,

傳至馬進忠時改爲明天教㉙。嘉慶二十年（1815）七月，河南教
犯樊應城供稱，東方震卦又稱龍華會㉚，直隸束鹿縣教犯劉黑知
供認傳習離卦黃陽教㉛。各教派衍生轉化，枝榦互生，有的是白
蓮教的支派，有的是羅祖教的系統，有的是獨自創生的教派。

三、茶葉供佛與民俗醫療

人類在求生存的過程中，所遭遇的困難與挫折，不一而足，
例如天災、人禍、疾病、傷亡等等。不勝枚舉，其中疾病又是最
常見的一種挫折。在傳統下層社會裡，幾乎一切的疾病都倚靠民
俗醫療，民俗醫療應用最廣的地方，就是在人類憂樂所繫的健康
方面。民間秘密宗教的教首，幾乎被認爲就是民俗醫療的醫師，
兼具醫療知識與經驗。傳統下層社會的貧苦大衆，多因其本人或
親人染患疾病，甚至心理遭受挫折，亟待治療，民間秘密宗教的
教首多能爲村民消災除病，或將茶葉供佛禱祝後煎熬飲用，或教
以靜養功夫打坐運氣，或使用針灸按摩以療時疾，或教人念誦經
咒驅祟禳災。善男信女相信民間秘密宗教的神力具有治療的功效，
能夠無病不醫，藥到病除。

清代民間秘密宗教各教派多以茶葉爲人治病，各教派的教首
相信將茶葉供佛祝禱後，即可產生神力治療的功效。直隸涿州人
包文玉、包義宗父子向入紅陽教，乾隆十一年（1746），直隸
奉旨查禁「邪教」後，包文玉旋亦身故。乾隆十九年（1754），
包文玉之妻董氏患病，其子包義宗憶及紅陽教內有將茶葉供佛祝
禱治病的方法，於是將茶葉放在家中觀音菩薩前供奉禱祝，然後
煎熬給與母親董氏服用，其病即痊癒。包義宗以供茶治病頗具效
驗，乃將其父於禁教時送還村中大寺內的寶卷取回念誦，並替人
治病行善。其後有良鄉縣人霍振山之母董氏患病，包義宗給與茶

葉，其病亦痊癒，霍振山隨後拜包義宗爲師，入紅陽教。霍振山在每年五月十六日、十一月十六日上供誦經，希圖消災降福。直隸總督楊廷璋訊問包義宗以茶葉治病究竟是使用何種「邪術」？包義宗坦承將茶葉供奉於佛前，焚香叩頭祈禱，然後給與病人服食，並無別項「邪術」㉜。紅陽教的信徒，亦常授持茶葉，替人治病，乾隆二十九年（1764），有良鄉縣人李士勤等人，均因治病效驗，於病痊後相繼皈依紅陽教。

直隸深澤縣人陳洛飛是混元門教的教首，乾隆末年，同村人雷洛培因患病，經陳洛飛畫茶醫治，雷洛培病痊後，即拜陳洛飛爲師，皈依混元門教。嘉慶初年，祁州人李丙辰因患病，拜晉州人楊盛堂爲師，皈依混元門教，學習畫茶治病。

直隸大興縣人梅氏，是一炷香紅陽教的教首，家中供有林洞老祖神像。平日將茶葉供在佛前，給人治病，也有病人將茶葉求了去洗眼或飲用的，病人痊癒後即送給梅氏茶葉㉝。嘉慶七年（1802）正月二十五日，正藍旗慶齡佐領下宗室奉恩將軍慶遙因患頭疼症，延請梅氏醫治，梅氏給與茶葉服用。慶遙家中孩童患病，梅氏亦以茶葉醫治。慶遙病痊後即認梅氏做乾媽。據梅氏供稱，慶遙是害傷寒病，經梅氏治好後，即時常來往。

紅陽教的教首劉興禮，又名劉三道，平日以茶葉爲人治病。嘉慶六年（1801）夏間，直隸通州人李勇通之母患病，請求劉興禮醫治，劉興禮將茶葉熬水，給與病人飲服。候補謄錄官明保於十五、六歲時，因患熱病，請求紅陽教的頭目海康即杜九醫治，明保病痊後希冀將來可免疾病再發難治，即拜海康爲師，皈依紅陽教㉞。宗室奉恩將軍慶遙胞弟慶豐家人倪六，曾拜海康爲師，傳習紅陽教，授持茶葉爲人治病。嘉慶十年（1805），貝子府內護軍校建功胞弟建明患病，請求海康醫治，病痊後，建功、建

明兄弟均拜海康爲師入教。其後貝子奕純的臀腿生瘡，先由海康醫治未癒，海康告稱其師劉興禮治病甚好，囑令奕純請至家中瞧看，奕純同海康、建功等至劉興禮家求請，劉興禮不允前往奕純家治病，奕純拜劉興禮爲師後，劉興禮始至奕純府中西院書房內爲奕純治病，不久痊癒㉟。在裕親王府中當差的太監沈瘸子，曾因墜馬折腿，亦經劉興禮醫治痊癒。

直隸河間府獻縣人王仲來，種地度日，在縣境井家莊居住的張廷端，在王家莊居住的王寡婦，俱是紅陽教的頭目。嘉慶九年（1804），王仲來拜張廷端爲師，皈依紅陽教。王仲來之子王尙春在十五歲時患心疼病，延請王寡婦醫治。王寡婦聲稱病好後須拜師喫齋，可免發病，若不拜師，恐病發難痊。王寡婦燒香磕頭，將茶葉熬水給王尙春飲用。王尙春病好後，即拜王寡婦爲師，皈依紅陽教㊱。

嘉慶九年（1804），直隸宛平縣人孟六等，拜同村人谷老爲師，皈依紅陽教。後來，孟六在外爲人治病，祈求佛祖，看病下藥。其治病方法是用茶葉、花椒等物，給病人煎服。深州民婦李張氏、宛平縣民婦孟傅氏及王龐氏之姑等人，先後經孟六醫治痊癒㊲。

直隸通州人陳七是紅陽教的信徒，其族弟陳鐸，種地度日。嘉慶十四年（1809），陳鐸之子三車兒兩腿患病，請求陳七醫治。陳七將供過佛的茶葉給了陳鐸，教陳鐸熬水爲三車兒洗腿，三車兒病癒後即拜陳七爲師。直隸新城縣人張汶是紅陽教的頭目。嘉慶十四年（1809）四月，縣民賈敬母親染患癰症，請求張汶醫治。張汶令賈敬往北磕頭，燒一炷香，求了茶葉，給與賈敬母親熬水飲服，賈敬則拜張汶爲師，皈依紅陽教。嘉慶十五年（1810）五月，賈敬表嬸劉喬氏患心痛病，賈敬同表弟劉寬至張

汶家，求得茶葉給劉喬氏熬水飲服，劉寬即拜張汶爲師，皈依紅陽教㊳。嘉慶十六年（1811）四月間，滿洲鑲白旗保慶佐領下雲騎尉富林泰，因嘴上長一疙疸，求劉興禮醫治，劉興禮給與茶葉一包，教富林泰嚼爛敷上，富林泰病後即皈依紅陽教。

　　直隸景州人嬰添誠，莊農度日，曾因父病延請州人趙堂醫痊，趙堂勸令嬰誠添學習其祖傳混元紅陽教，拜趙堂爲師。趙堂教嬰添誠喫齋醫病，並送給《混元紅陽經》一部，共十套，以便時常念誦。其治病的方法，是令病人將茶葉放在碗內設供燒香磕頭後煎服，間有效驗㊴。

　　直隸玉田、薊州、寶坻等州縣，紅陽教信徒頗衆，其中董文魁就是玉田縣的紅陽教信徒，平日茹素誦經，以求消災邀福，並藉傳授看香占病，以收徒傳授。嘉慶年間，縣民劉起旺等人曾邀董文魁醫治，其授茶治病的方法，是用茶葉一撮，燒香供於桌上，跪誦眞言「虛空藥王到壇中，童子來下藥，急急落茶中」等句，誦畢，將茶葉在香上燻燒數轉，然後交由病人用薑煎服㊵。

　　道光年間（1821-1850），直隸各州縣，紅陽教仍極興盛。道光五年（1825），直隸霸州六安等州縣拏獲紅陽教信徒李可學等人，據供稱每年兩次在同村張成位家拜師誦經說好話，曾焚香供茶，爲劉喜祖母張氏醫治眼疾㊶。深澤縣人王得玉傳習混元門紅陽教，學習盤坐功夫，藉畫茶治病傳徒習教，王得玉病故後，由其子王洛增接管教務。教中治病的方法，是令病人跪在佛前，由王洛增向北燒香，將茶葉一撮供於桌上，用手招訣，代爲祈禱。口念「病人左首與中間如有涼氣，俱與醫治，右邊若有涼風，即不與治」等句，念畢，令病人將茶葉煎服。凡教中見面，詢問姓名時，即告以眞姓，復問究何姓？答以姓「無」，即知是同教無生老母的兒女。道光十三、四年間（1833-1834），深澤縣人張

洛正等人因身體染患疾病，拜祁州人張進忠爲師，請求治病，但張洛正等人因久病未痊，張進忠令其赴定州拜同教的邊洛勝爲師，請求醫治，邊洛勝爲張洛正畫茶治病，

　　民間秘密宗教的調治疾病，兼具世俗及神聖的醫療體系。茶葉的特質，具有清潔消毒的功用，益以民間秘密宗教的神聖力量，各教派的首領將茶葉供佛祈禱後，即產生超自然的神力治療的功效，能夠無病不醫。在民間教派中，紅陽教或混元門紅陽教，常以茶葉爲人治病，其治療的方法，主要是將茶葉供佛禱祝，然後給病人煎服，熬水飲用，或將茶葉嚼爛敷在傷口上，或畫茶醫治。用茶葉醫治的疾病，常見的有眼疾、頭疼、心疼、腿疾、熱病、癱症、疙疸等症狀。因紅陽教常以茶葉治病，民眾遂稱紅陽教爲茶葉教。

四、針灸按摩的治病功效

　　鍼灸，又作針灸，是傳統中醫的一種醫療方法，即以針刺或艾灼人體穴位的醫術，亦即針灸及灸法的總稱。人體經絡不通，則多用按摩推拿的方法治療，分爲按、摩、招、揉、推、運、搓、搖等方法，以代替醫療，每有奇效，也是民間秘密宗教常用的治病方法。例如直隸隆平縣人李思義，從小讀書，因不得上進，就學看醫書，學會二十四樣針法，還會揉招治病。雍正十年（1732），李思義以治病爲由，傳習儒理教，教人每日向太陽磕頭三次，早上朝東，晌午朝南，晚上朝西，虔心叩拜，家中要拜三代宗親，早晚燒香，以保佑闔家平安，免除災病。大教主李思義善用揉招方法治療疾病，所以外界又稱儒理教爲摸摸教㊷。

　　紅陽教除了使用茶葉治病外，也常利用針灸治病。山西平遙縣人王永福之子王增元等人傳習紅陽教，供奉飄高老祖，持誦《

觀音普門品經》。王永福之子王毓山亦學習念經。乾隆十一年（1746），因直隸紅陽教破案，取締嚴厲，王永福將寶卷、佛像交由王毓山、王增元分別收藏，不敢供奉念誦。乾隆十七年（1752），王永福病故，王毓山接管教務。乾隆四十四年（1779）冬間，王毓山因買賣折本，窮苦難以度日，王增元亦因年老，無力種田，兩人商同復興紅陽教，為人消災祈福，以便斂錢。王增元、王毓山素善針灸治病，近村民人患病者，多經王增元、王毓山治療痊癒，村鄰遂以紅陽教能消災除病，而先後拜師入教。乾隆四十六年（1781）七月初四日，王增元、王毓山等七人共同做會，供奉飄高老祖，念誦《觀音普門經》等寶卷，有村民段立基等六人，均因針灸病痊，到會拜佛佈施㊸，王增元等將段立基等六人及其妻姓氏開列會簿，保佑其平安。

直隸開州人郝成，是木匠，並能針治心痛的疾病。乾隆四十八年（1783），郝成倡立東方震卦會，藉治病招收張法仲為徒，張法仲轉收直隸清豐縣人樊永錫兄弟為徒，每年正月十五、三月十五等日，聚會燒香，祈求保佑來世。乾隆五十一年（1786）十二月，樊永錫在河南祥符縣被拏獲，據河南巡撫畢沅奏稱，樊永錫所習震卦教，就是八卦教的支派㊹，教中傳習針灸治心痛的方法。

離卦教也是八卦教的支派，教中也傳習針灸治病的方法。嘉慶八年（1803），山東城武縣人闕夢祥等人拜離卦教的教首張景文為師，皈依離卦教，張景文教以坐功運氣的方法。據闕夢祥供稱，同教中「有僅止念咒運氣學習拳棒者，有兼用陰陽針為人治病祛邪乘機誘人入教者。」㊺

紅陽教的教首李九，擅長以針灸為人治病。直隸通州人崔五，種地度日，嘉慶十四年（1809），崔五已六十七歲，是年六月，

崔五患肚痛病，請李九醫治。李九用針在崔五肚臍上扎了三下，崔五的病就好了。隨後崔五拜李九爲師，燒一炷香，皈依紅陽教⑯。直隸大興縣人李國梁也是紅陽教的頭目，素擅針灸，常爲人治病⑰。

民間秘密宗教的教首，多通曉按摩推拿治病的方法。直隸獻縣人沈吉祥，於十四歲時，父母爲其淨身，在裕親王府中充當太監。嘉慶十二、三年間（1807-1808），沈吉祥因跌傷左腿骨折，請求紅陽教的教首劉興禮醫治。劉興禮勸令沈吉祥應允拜師入教後，即在沈吉祥腿上按摩一會兒，然後令沈吉祥回家靜養，盤膝坐功。直隸青縣人葉富明，種地度日，其父葉長青在日，學習祖傳老君門離卦教，又名義和門。嘉慶二十年（1815）五月，葉富明被拏獲，據供稱，「每日在家三次朝太陽，燒香磕頭，誦念無字眞經歌訣，練習打坐運氣工夫，並與人按摩治病。」⑱針灸按摩治病的範圍很廣，病人以教首醫治見效，於是皈依各教派，儒理教、紅陽教、八卦教等教派，因擅針灸按摩法，其入教信徒尤夥。

五、坐功運氣與消災除病

打坐運氣，稱爲坐功，是民間秘密宗教常用的一種治病方法，各教派相信功夫成熟後，即可消災除病，坐功就是一種民俗精神醫術。雍正初年，山東魚台縣查禁空子教，拏獲信徒李萬祿等人，據供稱空子教內部有內承法及外求法之分，教中編有八卦歌持誦，傳授運脈口訣，閉目捲舌運氣，默念「眞空家鄉，無生父母」二句眞言，稱爲內承法，其不能閉目捲舌運氣者稱爲外求法。乾隆初年，河南衛輝府道人趙姓等至京師右安門傳習紅陽教，旗人趙宗普拜道人趙姓爲師，皈依紅陽教。趙宗普身故後，其妻趙王氏

接掌教務，招引孔芝華等人入教。趙王氏被步軍統領拏獲後稱教中靜養功夫是右手扣著左手，右腳扣著左腳，舌頭頂著上牙根，其功夫成熟後，可以療疾延年。

　　直隸大興縣人屈得興，素患怯症，後因得佛法護持，病即痊癒。乾隆三十四年（1769）正月，同縣人趙美公因不時患病，未得良醫調治。屈得興傳授白陽教「眞空家鄉，無生父母」八字眞言，教其每夜盤膝打坐，默念八字眞言，日久即可消災卻病。清河縣人尹資源曾拜南宮縣人田蓋忠爲師，皈依離卦教。教中傳習坐功，閉目運氣，從鼻孔收入，名爲採清，又從鼻內放出，名爲換濁，相信功夫成熟後，生前免受災病，死後不致轉生畜類。

　　徐卿雲是直隸地方八卦教的教首，乾隆四十五年（1780）十月，中衛縣人劉成林拜徐卿雲爲師。徐卿雲教劉成林於每月初一、十五日的早晨向東，傍晚向西，朝著太陽合掌焚香，兩目合閉，耳不聽外聲，心不可亂想，閉口把舌尖頂住上顎，叫做捲簾塞隊，緊閉四門，撥開天堂，塞住地獄門，清氣上昇，濁氣下降。並告以功夫成熟後，可以保佑身體平安⑭。

　　八卦教的離字教，傳習合閉口眼，從鼻中運氣功夫。乾隆五十五年（1790），直隸鉅鹿縣人孟見順拜蕭明遠爲師，皈依離卦教，學習坐功的方法。乾隆五十九年（1794），鉅鹿縣沙井村人侯岡玉因身上生瘡，請求孟見順醫治，即在孟見順家燒香供茶，學習坐功運氣的方法，據稱功成後就不生瘡患病，並可延年得道。侯岡玉被拏獲後亦供稱，坐功運氣，練習長久，即可免受三災八難，死後不入輪迴⑮。山東城武縣人張懷亮是離卦教的教首，時常爲人治病。嘉慶元年（1796）三月，縣民劉化安因染患時疾，邀請張懷亮到家中醫治。張懷亮勸令劉化安入教，以求消災除病，劉化安即拜張懷亮爲師，皈依離卦教。張懷亮教劉化

安面向太陽，兩手垂下，閉眼運氣的方法，聲稱功成後即能替人
治病㊿。嘉慶八年（1803），山東城武縣人沈相人拜張景文爲師，學
習離卦教，張景文教以每日早午晚三時朝太陽磕頭吸氣。嘉慶十
三年（1808），直隸井陘縣人杜玉拜元氏縣人張老沖爲師，學
習離卦教，張老沖即傳授採清換濁功夫。次年，山東滕縣人李平
收徒傳習離卦教，傳授坐功運氣的方法，即鼻內出氣，口內收氣，
早向東方，午向南方，晚向西方，一日三次朝太陽磕頭㊾。江蘇
銅山縣人耿孜元，自幼多病，家中存有祖遺地理書一本，書內有
坐功運氣消災除病的方法，耿孔元照書運氣，果然有效驗。後來
耿孜元拜張東瞻爲師，皈依離卦教。張東瞻傳授坐功運氣，舌抵
上顎，鼻採眞氣，閉目存神。後來有蕭縣人聶士貞拜耿孜元爲師，
耿孜元教聶士貞每日早、午、晚朝向太陽磕頭，盤坐運氣，呼吸
三次。震卦教也傳習坐功運氣的方法，據直隸長垣縣人崔士俊供
稱，震卦教每日早午晚三次朝拜太陽，兩手抱胸，合眼趺坐，口
念「眞空家鄉，無生父母」八字眞言十一遍，稱爲抱功，相信功
成可免災難。嘉慶十七年（1812）冬間，山東定陶縣人曹興泗
拜劉景興爲師，皈依八卦教，學習坐功，每日兩手抱胸做功夫，
早晨、晌午朝向太陽念咒㊾。山東鄆成縣人李芳春，拜直隸清河
縣離卦教總教首劉功爲師，學習坐功，每日向東南西三方朝太陽
磕頭，閉目運氣，舌抵上齒，一起一落，稱爲一起功夫㊿。此外，離
卦教也傳授每日朝太陽吸氣咽沫的方法㊿。

　　除八卦教以外，其他教派亦多傳習坐功。直隸灤州人裴景義，
平時行醫度日。嘉慶十三年（1808），裴景義的族叔裴元端引
領山東臨清州人陳玫玉爲裴雲布醫治眼疾，不久痊癒，陳玫玉即
勸裴景義等人共同學習三元教，聲稱日久功深，可以長生不老。
教中以每年正月十五日爲上元，七月十五日爲中元，十月十五日

爲下元，每逢三元會期，信徒們聚集上供燒香磕頭念咒，坐功運氣。陳玫玉傳授坐功運氣的方法，是以眼耳口鼻爲東西南北四大門，先用手向臉一摸，閉目捫口，氣從胸腹下運行，仍從鼻子放出。據稱上等人學成時，可以成仙得道，中等人學成時，可以卻病延年，下等人學成時，可以消災免難㊱。嘉慶十四年（1809）三月，直隸棗強縣人王大，拜冀州城南張各莊人郭洛秀爲師，皈依無爲教，郭洛秀教王大坐功運氣，並念誦「眞空家鄉，無生父母」八字眞言㊲。直隸添宜屯人程毓蕙是大乘教的教首，嘉慶十五年（1810），程毓蕙至新城縣，收監生李榮等人爲徒，傳授八字眞言。教中每月初一、十五日燒一炷香，坐功運氣時，將氣運到鼻子內，暗念八字眞言，運九口氣，念一遍，稱爲內轉圓爐一炷香㊳。江西清江縣人黃明萬是大乘教的信徒，法名普籌。高安縣人徐得賓，素患吐血病症，醫治無效。黃明萬告以大乘教傳有十二步功夫，若能入教學習，即可消災除病。徐得賓聽信其言，即拜黃明萬爲師，皈依大乘教。黃明萬傳授一步至三步功夫，取法名悟慈，給與經卷榜文、紙畫觀音像、鐵佛等，徐得賓攜回家中朝名供奉，喫齋誦經，不久以後，夙疾痊癒㊴。道光年間盛行的青蓮教，也傳習坐功運氣，例如四川新都縣人楊守一，傳習青蓮教，道光七年（1827），在華陽縣開設命館，縣民唐添受等人因染患疾病，請求算命，楊守一傳授坐功運氣，以求卻病延年。病人痊癒後，仍須練習坐功，例如嘉慶年間，候補謄錄官明保染患熱病後，經紅陽教內海康治好，明保拜海康爲師後，始傳習坐功㊵。

　　坐功運氣，有益健康，也可修眞養性。道光年間，山東惠民縣人王壽榮曾拜濱州城南人崔金伯爲師，皈依黃蓮教，學習坐功運氣斂神。崔金伯聲稱，坐功運氣，可以戒除酒色財氣，功夫練

成，神能出竅，隨意所至，即長生不老。王壽榮學習打坐運氣，數日以後，果然有效，「頗覺心中開豁」㊱。國立故宮博物院現藏《宮中檔》，含有康熙皇帝令人嘗試靜坐入定的摺件，足供參考。康熙皇帝於日理萬幾之餘，亦留心道術，久聞王眞人靜養功夫深透，於是令范弘偲率同太監李興泰、馮堯仁詣王眞人，學習靜坐。據范弘偲奏稱，王眞人靜養功夫，皆據先天貫通三教，純以自然無爲存神順化爲本。范弘偲親自如法靜坐，並將入定情形繕摺奏聞。其原摺中略謂：「初時，目前一片空明境界，片晌覺目前有大片黃黑相戰，腹中煖氣騰起，後但見純黃色，而煖氣竟不斷絕，覺一時辰後，便身心晦冥，似睡非睡，又明朗如初，此似道家入杳冥之說也。大約一時之頃，必杳冥一回，而杳冥之候，尚不滿杯茶之久。出定後，詢之王楨云，是將會合兆也。目下所得景象如此，太監李興泰、憑堯仁坐時，更比以前靜定，亦能耐久。」㊲每日早午晚虔敬面向太陽禮拜磕頭，口中念誦「眞空家鄉，無生父母」八字眞言，對病人的心理及生理便可產生神力治療的功效。道光年間，貴州貴筑縣訪獲清眞大道教犯多人，其中李元倸、李興潮等人均因身弱多病，向來茹素念誦佛經。道光二十五年（1845）正月，李元倸路遇雲南人史青等人，史青告以供奉無生老母，茹素念經，坐功運氣，修鍊清眞大道，可以卻病延年。李元倸即拜史青爲師，史青傳給《無生老母經》、《願懺》、《開示經》各一本，運氣歌訣一張，並傳授坐功運氣的方法。由此可見民間秘密宗教坐功運氣，兼具身心治療的功效。

六、念經誦咒與祈福治病

民間宗教常藉念誦經咒，爲病人療疾。民間教派念誦的寶卷，名目繁多，不勝枚舉，惟各教派念誦那些寶卷？能醫治那些疾病？

頗值得進一步討論。雍正年間，上江南陵縣人潘玉衡，傳習三乘會，教中喫齋念經為病人療疾。如遇病人向三乘會請求念經治病時，教首潘玉衡穿了隨身衣服，供奉笑羅漢，點起火燭，供上茶果、糍粑。念經治病，多在夜間舉行，常從黃昏起念到次日五更時分，整夜念誦⑥。

　　大乘教念誦的寶卷，除了五部六冊外，也傳誦《天緣經》、《十報經》等。嘉慶初年，江西餘干縣人盧晉士因染患足疾，拜劉鵬萬為師，皈依大乘教，劉鵬萬教盧晉士念誦《天緣經》、《十報經》等寶卷。山東荷澤縣人張東安，自幼茹素，乾隆四十年（1775），拜縣民王有先為師，皈依大乘教。王有先病故後，張東安又拜王有先之師曹縣人張魯彥為師。嘉慶十六年（1811），張魯彥身故，張東安為人念經治病。荷澤縣人孟光柱、季化民、李義、劉畛等，均因久瘧不痊，俱拜張東安為師，念誦大乘經卷療治瘧疾等病⑥。嘉慶年間，江蘇江陰縣人盛泳寧傳習大乘教，教中每逢朔望懸掛飄高老祖蓮花座像，念誦《明宗孝義經》、《去邪歸正經》等寶卷，喫齋念誦，相信可以消災獲福⑥。

　　紅陽教治療疾病，方法不限於一種，念誦經卷，就是常見的一種治病方法。嘉慶十七年（1812），徙居伯都訥的直隸人辛存仁，因其母牟氏患疾，由紅陽教道人王慶環醫治。王慶環教以供奉飄高老祖，學習紅陽教《九蓮經》，並用黃紙書寫無生老父無生老母牌位，信心供奉，日久能混元一氣，病即痊癒⑥。辛存仁聽信其言，隨拜王慶環為師，皈依紅陽教。山東陵縣人陳謹，莊農度日，其父陳學孟在日，因年老多病，在家供像誦經，所誦寶卷，包括《紅陽經懺》、《普門經》、《太陽經》等。陳學孟病重時，囑咐陳謹將經像鎖入箱內收藏，若遇災病，取出諷誦，即可消除。嘉慶二十一年（1816），陳謹因染患瘧疾，日久不

癒，憶及其父遺言，開箱取出經卷，懸掛念誦，隨後病癒。鄰居趙甫性等四人，亦患瘰不痊，請求陳謹誦經。其誦經儀式較簡單，趙甫性等四人，各備素供於神前祝禱，祝畢，由陳謹念誦紅陽教內《太陽經》、《紅陽經》、《普門經》等寶卷⑥。念誦經文，也可以消災祈福，例如直隸大興縣薛店莊人周應麒，自幼隨同紅陽教的教首王二樓習教。嘉慶二十三年（1818），王二樓病故，由周應麒接充教首。在薛店莊內有一座菩薩廟，由紅陽道人謝八看管，周應麒每逢正月十四、五、六等日，在菩薩廟前殿念誦《源流經》，二月十九日，念送《菩薩送嬰兒經》，五月十三日、六月二十四日、十二月初八日，念誦《伏魔經》，為同莊人消災祈福⑱。

　　除大乘教、紅陽教等教外，其他小教派，亦因藉名念經治病而倡立教派，例如四川邛州地方，州民黃子賢自稱曾遇川主二郎神，告以北斗為鴻鈞道人，並勸令黃子賢時常打坐，念誦《北斗真經》，凡人信奉，可以消災。黃子賢遂聲稱曾遇異人學道，藉治病為名，倡立鴻鈞教，黃子賢自稱鴻鈞教主⑲。直隸宛平縣人韓興之母蘇氏，曾拜山東人徐文秀為師，學習圓頓教，教中每年四月初八日、七月十五日、十月十五日，各做會一次，供奉彌勒佛，念誦《皇極經》，以祈福消災。

　　咒語是專供念誦的神秘語句，也是一種信號。民間宗教除了襲用佛道常用的咒語以外，又編造了許多神秘不易解的咒語，當各教派的教主或信徒虔敬向神靈祝禱時，便產生咒術的作用，顯現神力，可藉以驅除鬼祟，調治各種疾病，善男信女久病不癒，在無能為力的時候，相信咒術是有效的，尤其對於涉及精神或心理方面的病人，更相信念誦咒語的治療功效。

　　咒語是在民間宗教信仰中最守秘密的部分，在巫術世系中，

咒語都是嚴格而又愼重的傳授，只有行使法術的人纔知道如何念法，或作何解釋。例如四川渠縣人文陽生是大乘教的教首，常藉念誦咒語爲人治病。嘉慶十九年（1814）七月，縣民李文漢等人拜文陽生爲師，皈依大乘教。文陽生傳授替人禳解時疫的各種咒語，其中六字咒是「唵嘛呢叭嘓吽」（om mani padme hum）⑦，六字眞言是西藏佛教常用的咒語，每字代表某一種超自然的力量，學者指出其中「唵」字是由婀、烏、莽三個字音所合成的，婀字是菩提心義，烏字是報身義，莽字是化身義，合三個字音成爲「唵」，讀如「甕」，攝義無邊。「唵」字就是代表宇宙神的三位一元，念誦每一個咒字，即能借得某一位神的力量⑦。《佛學大辭典》對六字咒語，注釋頗詳盡，不問僧俗，若一度唱「唵」字，其功德能塞死後流轉天上界之途：唱「嘛」字時，能免輪迴於惡鬼所住修羅道；唱「呢」字時，離再受生於人間界之厄；唱「叭」字時，令人能去輪迴於畜生道上難；唱「嘓」字時，能脫沈淪於餓鬼道之苦；唱「吽」字，有使無死而墮於地獄的功德。同時，「唵」字是表示天上界的白色，「嘛」字是表示修羅道的青色，「呢」字是表示人間界的黃色，「叭」字是表示畜生道的綠色。「嘓」字是表示餓鬼道的紅色，「吽」字是表示地獄的黑色。簡言之，「唵嘛呢叭嘓吽」是說其所以有智慧解脫救濟快樂的本源，僧俗不論口唱六字咒語，即使著之於身，或持於手，或藏於家，俱得爲生死解脫之因⑦。臺中妙法文物經典流通處繪製〈四臂觀音〉像附有六字大明咒的精義，其要點爲：能開一切智慧，能度六道衆生，能成大菩薩，能救苦救難，能利益一切有情，能降魔伏邪治病，能令一切衆生，衣食財寶，悉皆具足，能令所求事事如意，其功德之無邊具如《大乘莊嚴寶玉經》所載。清代大乘教就是以六字咒語爲人禳解時疫，醫治疾病。

　　清代民間教派最常念誦的咒語，是「眞空家鄉，無生父母」
八字眞言，念誦八字眞言，就是一種信號，能求得無生老母的救
助。嘉慶年間，直隸宛平縣人林清掌管天理教八卦九宮後，即遣
信徒四出傳教，勸人念誦八字咒語，則病症可痊，災殃可免。儒
門聖會也是藉念誦八字咒語治病，嘉慶十五年（1810），直隸
新城縣人孫申因妻患病，請求儒門聖會的頭目陶爾燕、王中瞧病，
陶爾燕、王忠對孫申的妻子念了一會咒語，病就好了，他們所念
的就是八字眞言。後來孫申即拜陶爾燕、王忠、李榮三人爲師，
皈依儒門聖會。陶爾燕等人即教孫申念誦「眞空家鄉，無生父母」
八字咒語，又傳授坐功運氣的方法，把氣提到鼻子內，暗念八字
咒語，稱爲內轉，每月初一、十五日到李榮家燒香磕頭，暗念八
字咒語，稱爲圓爐⑦。山東曹縣人胡家莊人胡成德，種地度日。
嘉慶十六年（1811）二月，胡成德因害時氣病，邀請震卦教長
坦縣人徐安幗到家治病。徐安幗問了病由，然後要了一股香，在
胡成德牀前棹上點著，供了三杯酒，徐安幗左手掐著訣，右手用
兩個指頭點在胡成德頭上，嘴裡念著「眞空家鄉，無生八母」八
字咒語，念完了叫胡成德喝這三杯酒，過了兩天，胡成德的病果
然好了，後來胡成德到徐安幗家中拜師入教，徐安幗令胡成德洗
了臉，喝了茶，點著香，徐安幗左手大指食指小指伸起掐訣，右
手食指中指伸著說是劍訣，嘴裡念著「眞空家鄉，無生父母」八
字咒語，胡成德俱跟著學習，並告以每日早晨晌午晚上念三遍，
久之自然有好處，若替人治病，大病念五十六遍，小病念三十六
遍⑦。山東菏澤縣人張東安皈依大乘教後，除了替人念經治病外，也
常爲人念咒治病。張東安所念誦的咒語是「苦海無邊眾生貪，我
今渡你登彼岸，一報天地覆載恩，二報日月照臨恩」四句，相信
病人把咒語念熟了，疾病便可痊癒。河南南陽府唐縣人戴義於道

光八年（1828）拜楊三宰把爲師，皈衣天竹教，學習念咒治病。道光十二年（1833）冬間，縣民王元亨偶患手足不仁，經戴義念咒治癒，王元亨即拜戴義爲師，皈依天竹教⑦⑤。除了念誦經咒爲人治病外，民間秘密宗教也畫香治病。直隸饒陽縣人劉玉隆是坎卦教的頭目，村民劉明堂做石匠手藝。嘉慶十八年（1813）七月，劉明堂背上生瘡，請求劉玉隆醫治。劉玉隆用香在劉明堂背後瘡上畫了一會，又噴了一口水，並傳授「眞空家鄉，無生父母」八字咒語，告以咒語學會時，諸事如意⑦⑥。

　　民間秘密宗教相信念誦經咒，可以療治疾病，各教派所念誦的治病經卷，除了五部六冊外，常見的有《天緣經》、《十報經》、《明宗孝義經》、《九蓮經》、《紅陽經》、《普門經》、《太陽經》、《源流經》、《菩薩送嬰兒經》、《伏魔經》、《北斗眞經》、《皇極經》等，至於常用的咒語，如「唵嘛呢叭嘔吽」六字咒、「眞空家鄉，無生父母」八字眞言等，下層社會的善男信女，染患時疾後，多請求各教派的教首或信徒醫療。各教派經念誦經咒而治癒的疾病，常見的如足疾、瘧疾、手足不仁及各種時疾，念經誦咒的主要作用，是爲了消災祈福，治療精神心理的慢性疾病。因此，供佛喫齋，念誦經咒，民間秘密宗教相信可以產生神力治療的功效。

七、養生送死與宗教福利

　　清代民間秘密宗教是傳統社會結構的投射，各教派多與傳統社會結構彼此調合。下層社會的民衆，他們在求生存的過程中，經常遭遇的挫折，除了各種疾病外，其他如貧困、年老、孤苦、死亡等養生送死各種問題，俱亟待救助，民間秘密宗教的宗旨，主要就是在勸導下層社會的善男信女喫齋誦經，祈福消災，利益

衆生‧憐老惜貧，扶助孤苦，舉辦各種慈善工作，俾能解脫沉淪，使苦業離身，善男信女相信入教後可以得到各種好處，於是皈依各教派。

羅祖教在下層社會裡具有宗教福利的性質，其信徒可以享受多項宗教福利。運河兩岸糧船停泊的地方，建有許多佛菴，其中浙江杭州府北新關外拱宸橋地方，向爲漕運糧船停泊的集散地。明代末年，有直隸密雲縣人錢姓、翁姓及松江潘姓三人流寓杭州，共興羅祖教，各建一菴，供奉羅祖像及五部六冊經卷，此即錢菴、翁菴及潘菴的由來。其後由於糧船水手日增，信徒益衆，佛菴不敷容納，於是陸續分建佛菴，至康熙年間，增建七十餘菴。浙江巡撫永德具摺指出羅祖教佛菴創建的動機：「昔年有密雲人錢翁二姓及松江人潘姓，先創錢翁潘三菴，爲糧船水手回空居住之所，因糧船水手俱係山東、北直各處人氏，回空之時，無處住歇，疾病身死亦無處掩埋，故創設各菴，俾生者可以託足，死者有地掩埋。」⑰閩浙總督崔應階亦具摺指出菴外各置餘地，以資守菴人日用，並爲水手身故義塚，每年糧船回空，其閒散水手，皆寄寓各菴。其年老有病者，進菴看守，其未識字不能念經者，皆賴耕種餘地，以資餬口。每年糧船回空水手內，有無處傭趁者，即赴各菴寓歇，守菴者墊給飯食，俟重運將開，水手得有雇值，即計日償錢，年老守菴者可以藉沾微利，取資過活⑱。質言之，羅祖教佛菴的創建，其主要目的就是在使皈教信徒內，生者可以託足，死者有葬身之地，確實解決了流寓外地的糧船水手年老退休，疾病相扶，意外相助及在異地寓歇的切身問題⑲。由於羅祖教的宗教福利措施較完善，頗能照顧到下層社會的貧苦大衆，因此，下層社會各行業的人皈依羅祖教者極夥，擁有衆多下層社會的群衆。

民間秘密宗教在地方上所扮演的角色，除民俗醫療外，其養

生送死的儀式，亦多由各教派來主持。直隸王姓世傳清淨無爲教，
其後裔王亨恭等人往來各省行教。湖北咸寧縣人陳萬年，向來喫
齋，在隨州利山店開設烟舖。乾隆二十二年（1757）十一月，
王亨恭路過利山店，陳萬年會遇王亨恭，王亨恭勸令陳萬年入教，
並告以若引他人入教，可以超度父母，自免災難，來世還有好處。
陳萬年聽信，因而同往京山縣素識的黃秀文家，邀請黃秀文入教
佈施，應允爲其超度先人，並給與紙幣，上寫有大帶、小帶人數，
大帶接引男人，小帶接引婦女⑳。愼終追遠，爲先人超度亡魂，
是民間孝道觀念的具體表現，超渡先人的儀式，多由民間教派主
持。

　　在傳統下層社會裡，相地看風水的堪輿師，也扮演了重要的
角色，選擇理想的陰宅，固然可使死者入土爲安，同時也與死者
家人的安寧及後世子孫的興衰，息息相關，相地看風水可以滿足
下層社會的需要。乾隆二十九年（1764）九月，王亨恭因家道
漸貧，又見其祖王懌所奉清淨無爲教已無人信奉，而起意改立白
陽教，自稱是彌勒佛轉世，以招收信徒，送與其父王秀藉行醫及
看風水爲名，行走各地，勸人入教。山東金鄉人侯位南，自祖上
以來，即世代傳習八卦教，其祖父侯棠就是坎震兩卦的掌教。侯
位南被捕後，曾供述教中的活動，據稱入教的人每日早朝東、午
朝南，晚朝西，念誦「眞空家鄉，無生父母」八字咒語。嘉慶二
十二年（1817）三月間，侯位南到齊河縣地方給同縣人趙振基
的兄媳看病，又給張廣學醫治腿疾。趙振基因侯位南會看風水，
即推荐侯位南到孫紹禹家看墳地⑧。相地看風水是傳統社會的普
遍習俗，民間教派爲村鄰看風水，可以滿足傳統社會的需要。

　　乾隆三十四年（1769），直隸所屬各州縣，查出紅陽教信
徒眾多，包括大興縣人李文茂、李尙珍、李國聘等人，良鄉縣張

天佑、張生培、張二等人，房山縣齊如信等人。同年二月，直隸總督楊廷璋具摺指出各州縣紅陽教信徒，多以父子世代相傳，各信徒平日在地方上曾扮演重要的角色。據所獲信徒李國聘等人供稱，遇有附近貧民喪葬之事，無力延請僧道時，各村民即邀請紅陽教徒念經發送⑧。

　　軍機大臣董誥奏稿指出直隸所查獲的未來眞教，亦名天門眞教，於順治、康熙年間傳自河南人張姓，張姓故後，其教不行，至乾隆三、四年間，清河縣人劉功復興此教⑧。據直隸靜海縣人崔煥供稱，崔煥於十五、六歲時，學習吹打念經，遇人家白事，即前往吹打樂器，唪念《大悲咒心經》、《阿彌陀經》，稱爲音樂會。嘉慶十一、二年間，崔煥拜交河縣人崔大功爲師，皈依未來眞教，學習五戒十勸。五戒就是佛家不殺、不淫等戒，十勸是一勸回頭向善；二勸低頭拜佛；三勸永不虧心；四勸指路明人；五勸改邪歸正；六勸眞心行好；七勸多積陰功；八勸休攬雜事；九勸休要錯意；十勸普積善緣⑧。崔煥入教後，勸人行善，遵守五戒十勸，遇村鄰人家辦理喪葬，即前往念經吹打。此外，也會看香治病。直隸武清縣人張柏青，收買舊銀飾爲生，也是音樂會裡的人，嘉慶十七年（1812）六月，張柏青拜崔煥爲師，皈依未來眞教學好。崔煥傳授五戒十勸，以及四句咒語「眞空家鄉，無生父母，過去現在，彌勒未來」十六個字，學會看香給人治病⑧。直隸大興縣人周應麒，是紅陽教的教首，除了爲人治病外，平日遇村鄰中有人辦理喪事時，亦率領教中信徒前往念經發送，同教遂稱周應麒爲紅陽道人⑧。養生送死是人類重視的共同問題，爲死者念經發送，更是喪葬儀式中不可或缺的活動，民間秘密宗教爲村鄰喪家念經，就是普積善緣、多積陰功的具體表現。民間秘密宗教在傳統下層社會特別盛行的內在因素，主要就是由於各教

派具有廣泛的社會功能。

八、結　論

當佛法宏揚於中土之際，流行於民間爲人治病的舊有巫覡方術，亦逐漸發展成爲具有宗教形態的道教。道教的發展，其經典儀式，多取法於佛教；其修眞養性的途徑，則多蹈襲《易經》、《老子》、《莊子》的義理，或以煉丹服食爲事，或以經咒醮禱爲務。自從北魏太武帝應崔浩之請，改信道教，並奉道士寇謙之爲天師後，道教日益盛行。道教與佛教同樣受到歷朝君主的尊崇與護持而成爲正信宗教，至於一般民眾所接受的，只是佛教輪迴果報的粗淺思想及道教運氣靜坐、誦習經咒的方術，流行於民間的泛神信仰與這些思想道術互相融合後，乃逐漸發展成爲名目繁多的各種民間秘密宗教。各教派或爲白蓮教的遺裔別支，或由羅祖教脫化而來，或爲獨自創生的民間信仰團體，同時並起，雖然各教派之間，彼此不相統屬，但都是我國傳統社會的投射，並非外來宗教，各教派與傳統社會結構，彼此調合，很容易爲國人所容忍或接受，善男信女接受民間秘密宗教的教義，皈依各教派，與崇信佛教或道教具有同樣的誠意，同時對於傳統儒家舊禮教或生活規範還是同樣的尊重。下層社會的貧苦眾生，日出而作，日入而息，所謂「夜聚曉散」，其實就是不礙生計、不害農時的共同宗教聚會活動，清代民間秘密宗教的盛行，正反映下層社會的群眾對宗教的迫切需求，及其對未來理想境界的渴望與憧憬。

宗教信仰的起源，是一種不易解決的問題，探討宗教信仰的出現，對人類社會究竟發生那些作用？這纔是研究宗教問題的主要課題。研究宗教行爲的人類學家指出宗教的存在，具有三種基本的功能：一爲生存的功能，即指宗教信仰能彌補安慰人類在與

自然奮鬥以求生存過程中所產生的挫折及憂慮心理，當人類在求
生存的過程中面臨種種的困難或挫折的時候，宗教信仰多能適時
地給予人類相當程度的助力，使人類有信心的生存下去；二為整
合的功能，即指藉宗教信仰使人類社群生活得更為和諧完滿，宗
教信仰在人類社會中具備最有效的組合力量，對個人而言，可以
促成人格的完整，對社會而言，可以發揮整合群體，鞏固社會規
範的功能；三為認知的功能，所謂認知，是個人或群體對於事物
及人際關係所持的一種理性的批判態度，人的行為必須認同於當
時的社會規範，纔能被社會所接受，認知的功能，即指宗教信仰
能維持人類認知過程的持續發展。民間秘密宗教也同樣具有正面
的社會功能，其中最顯著的表現，就是關於民俗醫療方面。民間
秘密宗教的教首多兼具簡單的醫療知識與經驗，常為村民治病，
其方法不一而足，茶葉治病就是常見的一種方法。茶葉的特質，
具有清潔消毒的功用，民間秘密宗教的教首將茶葉供佛禱祝後相
信可以產生超自然的神力治療的功效，或給病人煎服，或將茶葉
嚼爛敷在傷口上，或畫茶醫治，舉凡眼疾、頭疼、心疼、腿疾、
熱病、疙疸、癱症等，幾乎無病不醫。針灸按摩也是民間秘密宗
教常用來代替醫藥的一種治病方法，例如心疼、肚疼、腿折等疾
病，或扎針，或推拿，每有奇效。坐功運氣同樣是一種民俗精神
醫術，兼具身心治療的功效，舉凡怯症、生瘡、眼疾、吐血、虛
弱等病，學習坐功運氣靜養功夫後，也可以消災除病，延年益壽。
民間秘密宗教常藉念誦經咒為病人療疾，例如染患足疾、手足不
仁、久癱不痊、背上生瘡，或年老多病，亦多求助於民間秘密宗
教的教首念誦經咒，消災治病。燒香念經是民間秘密宗教的共同
儀式，點香的意義，不僅象徵與神靈溝通，而且進一步表示淵源
關係。咒語是巫術的一部分，咒的本義是祝禱或祈願，是用神秘

語言來支配某種力量，使平常的事物具有巫術的能力。民間秘密宗教相信念經誦咒是心靈的啓示，可以驅除疾病及惡運，逢凶化吉。易言之，念經誦咒不但滿足個人身心的需要，而且也是一種重要的文化功能。民間秘密宗教的信徒是以下層社會的「愚夫愚婦」爲基礎，其經濟地位較低下多爲生計窘迫的民衆，平日多陷於貧困、疾病、年老、孤苦的境地，亟待社會救助。民間秘密宗教頗重視信徒的福利問題，皈依各教派可以享受許多好處，例如羅祖教到處興建佛菴，以容納外地糧船水手，各菴由駕船出身年老無依的水手看守管理，以佛菴作爲託足棲身之所，皈依羅祖教，茹素誦經，以求精神寄託。菴外置有空地，不識字未能念經的信徒，可以耕種空地，以資餬口，並以空地作爲水手身故掩埋的義塚，水手皈依羅祖教，生者可以託足，死者有葬身之地。死亡是人生的終結，但在宗教的領域裡，往往是另一生的開始，相信仍可永生於另一世界，所以在人往生時，須念誦經咒以祓其亡靈。民間秘密宗教在地方上所扮演的角色，除民俗醫療外，傳統下層社會裡養生送死的儀式，亦多由各教派來主持。皈依各教派後，教中願意舉行儀式爲信徒超度身故的父母及其他先人，自身今生可以免除災難，來生還有好處。愼終追遠，爲先人超度亡魂，就是民間孝道觀念的具體表現。使死者入土爲安的具體方式，就是爲死者選擇理想的陰宅，民間秘密宗教的教首多能爲死者相地看風水。遇村鄰貧戶辦理事葬之事，無力延請僧道時，民間秘密宗教的信徒即前往吹打音樂，念經發送，妥善地處理善後問題，也是多積陰功的民間信仰的具體表現。有清一代，民間秘密宗教在下層社會普遍盛行的內緣因素，主要還是由於各教派具有廣泛的社會功能。

【注釋】

① 劉子揚撰〈清代秘密宗教檔案史料概述〉，《明清史》（北京，中國人民大學書報資料中心），1986，9，K24，頁47。文中一字教重複列舉，實只一〇六種。

② 湯用彤著《漢魏兩晉南北朝佛教史》（臺北，商務印書館，民國五十七年），下冊，頁293。

③ 喻松青撰〈明清時代民間的宗教信仰和秘密結社〉，《清史研究集》，第一輯（北京，中國人民大學清史研究所，一九八〇年十一月），頁114。

④ 戴玄之撰〈白蓮教的本質〉，《師大學報》，第十二期（臺北，國立臺灣師範大學，民國六十五年九月），頁119。

⑤ 馬西沙撰〈八卦教世襲傳教家族的興衰──清前期八卦教初探〉，《清史研究集》，第四輯（成都，四川人民出版社，1986年），頁167。

⑥ 劉子揚撰〈清代秘密宗教檔案史料概述〉，《明清史》1986，9，K24，頁51。

⑦ 莊吉發撰〈從國立故宮博物院現存檔案談清代的秘密社會〉，《歷史與中國社會變遷研討會論文集》（臺北，中央研究院三民主義研究所，民國七十一年八月），頁319。

⑧ 《軍機處檔・月摺包》（臺北，國立故宮博物院），第2751箱，3包，47689號，嘉慶二十一年，崇祿奏摺。

⑨ 《上諭檔》，方本，嘉慶二十年十月二十九日，頁287，寄信上諭。

⑩ 《清史研究集》，第一輯，頁120。

⑪ 《宮中檔雍正朝奏摺》，第十四輯（臺北，國立故宮博物院，民國六十八年二月），頁648，雍正七年十月十三日，劉世明奏摺。

⑫ 《史料旬刊》（臺北，國風出版社，民國五十二年六月），第二十

　　四期，天八六二，頁460，乾隆十八年七月十九日，雅爾哈善奏摺。

⑬　《軍機處檔・月摺包》，第2772箱，25包，3733號，乾隆十三年十一月二十四日，開泰奏摺錄副。

⑭　《史料旬刊》第二期，天四九，頁28，雍正七年十二月初六日，謝旻奏摺。

⑮　《史料旬刊》第十一期，天三七三，頁200，雍正十三年五月十二日，趙弘恩奏摺。

⑯　《史料旬刊》第十五期，天五二六，頁281，乾隆十三年十月初一日，彰寶奏摺。

⑰　《明清史》，K24，1986，9，頁49。

⑱　《清高宗純皇帝實錄》，卷二六九，頁33，乾隆十一年六月甲午，據邢蘇圖奏。

⑲　《軍機處檔・月摺包》，第2765箱，88包，16214號，乾隆三十七年三月初一日，裴宗錫奏摺錄副。

⑳　《軍機處檔・月摺包》，第2751箱，9包，48690號，嘉慶二十一年八月初四日，直隸總督方受疇奏摺錄副。

㉑　《軍機處檔・月摺包》，第2751箱，10包，49025號，嘉慶二十一年九月初二日，山東巡撫陳預奏摺錄副。

㉒　《軍機處檔・月摺包》，第2751箱，32包，52854號，嘉慶二十二年九月初一日，英和奏摺。

㉓　《軍機處檔・月摺包》，第2751箱，8包，48498號，嘉慶二十一年七月十三日，山西巡撫衡齡奏摺錄副。

㉔　《月摺檔》（臺北，國立故宮博物院），同治十六年六月十七日，直隸總督李鴻章奏摺。

㉕　《清史研究集》，第四輯，頁167-183。

㉖　《宮中檔》，第2774箱，201包，49881號，乾隆五十二年正月初七

日，河南巡撫畢沅奏摺。

㉗　《宮中檔乾隆朝奏摺》，第七十二輯（臺北，國立故宮博物院，民
　　國七十七年四月），頁729，乾隆五十四年七月初一日，梁肯堂奏
　　摺。

㉘　《軍機處檔‧月摺包》，第2747箱，37包，59940號，道光八年五
　　月初七日，河南巡撫楊國楨奏摺錄副。

㉙　《宮中檔》，第272箱，15包，2363號，道光十八年十二月十四日，
　　署理直隸總督琦善奏摺。

㉚　《宮中檔》，第2723箱，99包，19308號，嘉慶二十年七月十一日，
　　河南巡撫方受疇奏摺。

㉛　《軍機處檔‧月摺包》，第2751箱，30包，52463號，嘉慶二十二
　　年八月初四日，刑部尚書崇祿奏摺。

㉜　《史料旬刊》（臺北，國風出版社，民國五十二年六月），第十六
　　期，天五八〇，，乾隆三十四年二月十二日，直隸總督楊廷璋奏摺。

㉝　《軍機處檔‧月摺包》，第2751箱，29包，52342號，梅氏供詞單。

㉞　《軍機處檔‧月摺包》，第2751箱，31包，52714號，嘉慶二十二
　　年八月二十二日，曹振鏞奏摺。

㉟　《軍機處檔‧月摺包》，第2751箱，32包，52685號，嘉慶二十二
　　年九月初三日，曹振鏞奏摺。

㊱　《軍機處檔‧月摺包》，第2751箱，31包，52685號，嘉慶二十二
　　年八月十七日，英和奏摺。

㊲　《宮中檔》，第2726箱，7包，1210號，道光十八年正月二十六日，
　　直隸總督琦善奏摺。

㊳　《軍機處檔‧月摺包》，第2751箱，32包，52854號，嘉慶二十二
　　年九月初一日，英和奏摺。

㊴　《軍機處檔‧月摺包》，第2751箱，16包，50027號，嘉慶二十一

年十二月十六日，直隸總督方受疇奏摺錄副。

㊽　《軍機處檔·月摺包》，第2743箱，85包，68482號，道光十四年
　　七月初九日，直隸總督琦善奏摺錄副。

㊶　《上諭檔》，方本，道光五年十一月初三日，頁15，寄信上諭。

㊷　《宮中檔雍正朝奏摺》，第十九輯（臺北，國立故宮博物院，民國
　　六十八年五月），頁827，雍正十年閏月初六日，李思義供詞。

㊸　《軍機處檔·月摺包》，第2776箱，150包，36027號，乾隆四十九
　　年三月初七日，山西巡撫農起奏摺錄副。

㊹　《宮中檔》，第2774箱，301包，49881號，乾隆五十二年正月初七
　　日，河南巡撫畢沅奏摺。

㊺　《宮中檔》，第2726箱，11包，1749號，道光十八年六月三十日，
　　山東巡撫經額布奏摺。

㊻　《軍機處檔·月摺包》，第2751箱，31包，52693號，嘉慶二十二
　　年八月十七日，英和奏摺。

㊼　《上諭檔》，方本，道光十二年二月初八日，頁64，據曹振鏞奏。

㊽　《宮中檔》，第2723箱，97包，18583號，嘉慶二十年五月初七日，
　　直隸總督那彥成奏摺。

㊾　《軍機處檔·月摺包》，第2751箱，36包，53692號，劉成林供詞
　　單。

㊿　《軍機處檔·月摺包》，第2751箱，13包，49509號，侯岡玉供詞
　　單。

51　《軍機處檔·月摺包》，第2751箱，9包，48628號，嘉慶二十一年
　　七月二十四日，山東巡撫陳預奏摺錄副。

52　《軍機處檔·月摺包》，第2747箱，27包，58215號，道光七年十
　　二月二十一日，琦善奏摺錄副。

53　《軍機處檔·月摺包》，第2751箱，17包，50248號，曹興泗供詞

單。

㉞　《宮中檔》，第2727箱，5包，1044號，道光十七年六月初二日，
　　經額布奏摺。

㉟　《軍機處檔・月摺包》，第2760箱，64包，64964號，道光十三年
　　九月初一日，山東巡撫鍾祥奏摺錄副。

㊱　《軍機處檔・月摺包》，第2751箱，6包，48194號，嘉慶二十一年
　　閏六月二十二日，刑部尚書崇祿奏摺。

㊲　《上諭檔》，方本，嘉慶二十五年十二月初六日，頁41，寄信上諭。

㊳　《軍機處檔・月摺包》，第2751箱，31包，52785號，嘉慶二十二
　　年八月二十七日，英和奏摺。

㊴　《軍機處檔・月摺包》，第2751箱，13包，49494號，嘉慶二十一
　　年九月二十八日，巴哈布奏摺錄副。

㊵　《軍機處檔・月摺包》，第2751箱，31包，52662號，嘉慶二十二
　　年八月十七日，綿課奏摺。

㊶　《軍機處檔・月摺包》，第2751箱，121包，74862號，道光二十五
　　年七月十七日，王壽榮供詞單。

㊷　《宮中檔康熙朝奏摺》，第七輯（臺北，國立故宮博物院，民國六
　　十五年九月），頁877。

㊸　《史料旬刊》（臺北，國風出版社，民國五十二年六月），第十一
　　期，天三七三，，雍正十三年五月十二日，趙弘恩奏。

㊹　《軍機處檔・月摺包》，第2751箱，7包，48327號，嘉慶二十一年
　　七月初一日，山東巡撫陳預奏摺錄副。

㊺　《軍機處檔・月摺包》，第2751箱，5包，47998號，嘉慶二十一年
　　六月十六日，兩江總督百齡奏摺錄副。

㊻　《軍機處檔・月摺包》，第2747箱，9包，55254號，道光七年三月
　　二十五日，富俊奏摺錄副。

⑥　《軍機處檔・月摺包》，第2751箱，1包，48327號，嘉慶二十一年四月二十四日，山東巡撫陳預奏摺錄副。

⑥　《上諭檔》，方本，道光十二年二月初八日，頁64，據曹振鏞奏。

⑥　《宮中檔》，第2723箱，94包，17815號，嘉慶二十年二月十一日，四川總督常明奏摺。

⑦　《軍機處檔・月摺包》，第2751箱，19包，50698號，嘉慶二十二年正月二十五日，四川總督常明奏摺錄副。

⑦　釋聖嚴編《比較宗教學》（臺北，中華書局，民國六十八年五月），頁117。

⑦　《佛學大辭典》，（臺北，新文豐出版公司，民國七十四年六月），卷中，頁1987。

⑦　《軍機處檔・月摺包》，第2751箱，30包，52513號，嘉慶二十二年八月初七日，左都御史景錄奏摺。

⑦　《軍機處檔・月摺包》，第2751箱，26包，51865號，嘉慶二十二年六月初七日，山東巡撫陳預奏摺錄副。

⑦　《清宣宗成皇帝實錄》，卷二四六，頁15，道光十三年十二月戊申，寄信上諭。

⑦　《上諭檔》，方本，嘉慶二十一年三月初三日，劉明堂供詞。

⑦　《史料旬刊》（臺北，國風出版社，民國五十二年六月），天四〇五，頁217，乾隆三十三年九月初十日，永德奏摺。

⑦　《史料旬刊》，天四八五，頁218，乾隆三十三年十一月三十日，崔應階奏摺。

⑦　葉文心撰〈人「神」之間——淺論十八世紀的羅教〉，《史學評論》（臺北，華世出版社，民國六十九年七月），頁7。

⑧　《軍機處檔・月摺包》，第2765箱，86包，15603號，乾隆三十六十二月十六日，富明安奏摺錄副。

㉘　《軍機處檔·月摺包》，第2751箱，30包，52514號，嘉慶二十二年八月初一日，山東巡撫陳預奏摺錄副。

㉚　《史料旬刊》，第十六期，天五七九，頁309，乾隆三十四年二月十二日，直隸總督楊廷璋奏摺。

㉛　《上諭檔》，方本，嘉慶二十一年四月初六日，頁57，董誥奏稿。

㉜　《上諭檔》，方本，嘉慶二十一年三月初三日，崔煥供詞單。

㉝　《上諭檔》，方本，嘉慶二十一年二月初五日，頁93，張柏青供詞。

㉞　《上諭檔》，方本，道光十二年二月初八日，頁64，曹振鏞奏稿。

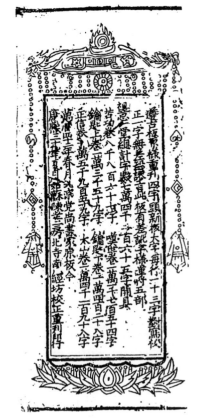

羅祖教五部六冊板樣

清朝宗教政策的探討

一、前　言

　　清朝定鼎中原之初，即已深悉致力於政治、軍事、社會、經濟及文化等方面的建設，都是鞏固政權的基本工作，對於怪力亂神，並不迷信。順治年間（1644-1661），清朝政府一面禁止聚眾燒香，偽造符契，妄談禍福；一面開始制訂文化政策。清朝政府深信儒家思想有利於統治政權的鞏固，順治十年（1653）四月，禮部遵旨將「崇儒重道」定爲基本國策，於各省設立學宮，令士子讀書，各治一經，以培養教化①。這種國策的制訂，反映順治年間的開國氣象，已經頗具規模。康熙皇帝也認爲孔孟之道，朱熹之學，遠較佛、道空寂之說，更有利於政治②。他深信儒家的綱常名教，君臣、父子、夫婦、朋友之倫，上下尊卑之序，就是社會秩序賴以維繫的生活規範。康熙九年（1670）十月，康熙皇帝諭禮部時，進一步將順治年間制訂的「崇儒重道」國策具體化，提出了化民成俗，文教爲先的十六條聖訓，舉凡敦孝悌以重人倫，篤宗族以昭雍睦，和鄉黨以息爭訟，重農桑以足衣食，尚節儉以惜財用，隆學校以端士習，黜異端以崇正學，講法律以儆愚頑，明禮讓以厚風俗，務本業以定民志，訓子弟以禁非爲，息誣告以全良善，誡窩逃以免株連，完錢糧以省催科，聯保甲以弭盜賊，解仇忿以重身命。聖訓的範圍很廣，自綱常名教之際，以至於耕桑作息之間，凡民情所習，無論本末或公私，都包含在內。順治皇帝和康熙皇帝都尊崇孔子，其根本目的就是在於運用

以孔子為代表的儒家思想去統一知識界的共識，確立其統治政權的基本道德規範，儒家思想遂成為正統思想，同時也是主流思想。康熙皇帝以上接二帝三王的正統思想自居，既不惑於福果之說，諸凡俱以堯舜之道為法。大學士熊賜履是日講官，他潛心於孔孟之道和程朱理學，康熙皇帝崇儒重道的思想，頗受熊賜履等人的影響。康熙十二年（1673）十月初二日辰刻，康熙皇帝御弘德殿，熊賜履進講「子曰以不教民戰」等章後，康熙皇帝面諭熊賜履稱：「朕生來不好仙佛，所以向來爾講闢異端崇正學，朕一聞便信，更無搖惑。」熊賜履稱：「帝王之道，以堯舜為極。孔孟之學，即堯舜之道也。外此不特仙佛邪說在所必黜，即一切百家眾技，支曲偏離之論，皆當擯斥勿錄，庶幾大中至正，萬世無弊。」③提倡堯舜之道，孔孟之學，闢異端，黜邪說，崇正學，就是崇儒重道的具體措施。

　　雍正皇帝即位後，亟於移風易俗，對於崇儒重道政策的推行，可謂不遺餘力。雍正二年（1724）二月，雍正皇帝將聖訓十六條，尋繹其義，旁徵援引，推衍其文，共得萬言，題為《聖諭廣訓》，並譯出滿文本和蒙文本，令八旗於每月朔望之日宣講，以教誨兵民，俾知忠孝立身的大義。其中〈黜異端以崇正學〉一條，雍正皇帝所演繹的文字如下：

> 朕惟欲厚風俗，先正人心；欲正人心，先端學術。夫人受天地之中以生，惟此倫常日用之道，為智愚之所共由，索引行怪，聖賢不取。易言蒙以養正，聖功以之；書言無偏無頗，無反無側，王道以之。聖功王道，悉本正學。至於非聖之書，不經之典，驚世駭俗，紛紛籍籍，起而為民物之蠹者，皆為異端，所宜屏絕。凡爾兵民，愿謹淳樸者固多，間或迷於他岐，以無知而罹罪戾，朕甚憫之。自古三

教流傳，儒宗而外，厥有仙釋。朱子曰：釋氏之教，都不管天地四方，只是理會一箇心；老氏之教，只是要存得一箇神氣。此朱子持平之言，可知釋、道之本指矣。自游食無籍之輩，陰竊其名，以壞其術，大率假災祥禍福之事，以售其誕幻無稽之談，始則誘取貲材，以圖肥己，漸至混淆聚處，爲燒香之會，農工廢業，相逢多語怪之人。又其甚至，奸回邪魔，竄伏其中，樹黨結盟，夜聚曉散，干名犯義，惑世誣民，及一旦發覺，徵捕株連，身陷囹圄，累及妻子，教主已爲罪魁，福緣且爲禍本，如白蓮、聞香等教，皆前車之鑑也。又如西洋教宗天主亦屬不經，因其人通曉曆數，故國家用之，爾等不可不知也。夫左道惑眾，律所不宥，師巫邪術，邦有常刑，朝廷立法之意，無非禁民爲非，導民爲善，黜邪崇正，去危就安，爾兵民以父母之身，生太平無事之日，衣食有賴，俯仰無憂，而顧昧恆，而即匪彝。犯王章而干國憲，不亦愚之甚哉！我聖祖仁皇帝漸民以仁，摩民以義，藝極陳常，煌煌大訓，所以爲世道人心計者，至深遠矣，爾兵民等仰體聖心，祗遵聖教，擯斥異端，直如盜賊水火，且水火盜賊，害止及身，異端之害，害及人心。心之本體，有正無邪，苟有主持，自然不惑，將見品行端方，諸邪不能勝正，家庭和順，遇難可以成祥。事親孝，事君忠，盡人事者，即足以集天休，不求非分，不作非爲。敦本業者，即可以迓神慶，爾服爾耕，爾講爾武，安布帛菽粟之常，遵蕩平正直之化，則異端不待驅而自息矣④。

康熙年間所公佈的十六條聖訓，可以說是清朝的治國綱領，也是基本文化政策。《聖諭廣訓》逐條申論，以便宣講。引文中強調

黜邪崇正的重要性。在人類文化史上，宗教信仰的長期存在是客觀的事實，任何一種宗教團體的存在，都有它互爲因果的文化、社會因素在作用。因此，探討宗教信仰的起源和發展，都不能忽視文化、社會因素。中國歷代以來，不但有一部佛教史和道教史，同時還有一部錯綜複雜的民間秘密宗教史。宗教是一種歷史現象，宗教史的研究，是屬於宗教學的縱向研究，以編年體的方法來分析宗教的階段性和歷史的發展變遷，以重現過去宗教的面目，進而綜合說明宗教史發展的規律。至於各教派之間的比較研究，則屬於橫向研史。這種研究注意到宗教在空間地域上的不同和形式種類的多樣性，從不同教派的比較來尋找宗教的共同本質及其意義，以歸納宗教的典型形式和特徵⑤。透過縱向和橫向研究，我們很清楚地看出清代盛行的宗教是屬於多元性的宗教信仰組織，同時也明白探討清朝的宗教政策，不能忽視清朝的文化政策。自古以來，儒、釋、道三教流傳久遠，儒宗爲正教，儒宗而外，還有佛、道，佛教有顯密二宗，密宗即藏傳佛教，黃教而外，還有紅教、本教或奔布爾等教，民間秘密宗教，又爲佛、道世俗化的新興教派。回教即伊斯蘭教則有舊教與新教之分，此外，還有外來西洋宗教。清朝政府的文化政策涵蓋了宗教政策，在崇儒重道黜邪崇正的方針下，左道異端、師巫邪術都在取締之列，一方面對正信宗教有條件的接受，一方面將新興教派及外來宗教視爲邪教，護持正教，樹立正統，取締異端，打壓邪教，遂成爲清朝政府的宗教政策。

二、黜邪崇正──取締民間秘密宗教

佛教與道教，雖然是正信宗教，但清代歷朝君主爲了要貫徹崇儒重道的立國方針，積極提倡孔孟正學，以樹立正統，而對佛、

道二氏頗多批評。康熙皇帝不好仙佛，他甚至認爲仙佛思想是左道異端。因此，提倡孔孟正學，闢異端，黜仙佛邪說，就成爲康熙年間崇儒重道的重要措施。《起居注冊》記載了康熙皇帝與大學士熊賜履討論釋、道信仰的態度。康熙十二年（1673）十月初九日熊賜履進講《論語》後，康熙皇帝表示他生來便厭聞西方佛法。熊賜履覆奏稱：「二氏之書，臣雖未盡讀，亦曾窮究，其指大都荒唐幻妄，不可容於堯舜之世。愚氓惑於福果，固無足怪，可笑從來英君達士，亦多崇信其說，畢竟是道理不明，聰明誤用，直於愚民無知等耳。皇上宣聰作哲，允接二帝三王之正統，誠萬世斯文之幸也。」康熙皇帝諭云：「朕觀朱文公家禮，喪禮不作佛事。今民間一有喪事，便延集僧道，超度煉化，豈是正理？」熊賜履覆稱：「總因習俗相沿，莫知其非。近見民間喪家，一面修齋誦經，一面演劇歌舞，甚至孝子痛飲，舉家若狂，令人不忍見聞。諸如火葬焚化、跳神禳賽之類，傷財敗俗，不可殫述。皇上既以堯舜爲法，一切陋習，力行禁革，轉移風教，嘉與維新，化民成俗，未必不由此也。」⑥康熙皇帝和熊賜履都同意堯舜之道，方是正道，佛、道二氏的教義，並非正理。

　　雍正皇帝在藩邸時，於究心經史之餘，亦拈性宗，頗有所悟。御極以後，於佛、道二氏頗多批評。他曾頒諭指出：

> 域中有三教，曰儒，曰釋，曰道，儒教本乎聖人爲生民立命，乃治世之大經大法，而釋氏之明心見性，道家之鍊氣凝神，亦與吾儒存心養氣之旨不悖，且其教皆主於勸人爲善，戒人爲惡，亦有補於治化。道家所用經籙符章，能祈晴禱雨，治病驅邪，其濟人利物之功驗，人所共知，其來亦久矣⑦。

宗教信仰有補於治化，雍正皇帝對儒、釋、道的治化功能，相當

肯定。但是，他的肯定是有條件的。他指出：

> 釋氏原以清淨無爲爲本，以明心見性爲功，所以自修自全
> 之道，莫善於此。若云必昧君臣之義，忘父子之親，棄置
> 倫常，同歸寂滅，更有妄談禍福，煽惑凡庸，藉口空門，
> 潛藏奸宄，此則佛教中之異端也。儒者守先王之道，讀聖
> 賢之書，凡厥庶民，奉爲坊主，倘或以詩書爲弋取功名之
> 具，視科目爲廣通聲氣之途，又或逞其流言邪說以動人之
> 聽聞，工爲艷詞淫曲，以蕩人之心志，此則儒中之異端也，
> 即如巫醫二者，雖聖人之所不棄，然亦近異端，而巫以祀
> 神祇，醫以療疾病，皆不得不用者，至村巫誘人爲非庸醫
> 傷人之命，此即巫醫中之異端也，可因其異端有害於人而
> 不用藥乎？不獨此也，即一器一物，皆以備用，乃位置不
> 得其宜，或破損，失其本體，便成異端矣。子疾病，子路
> 請禱。子曰：某之禱久矣。蓋子路之禱異端也，夫子之禱
> 正道也，同一事而其中之是非邪正分焉，是者正者，即爲
> 正道，非者邪者，即爲異端，故所論只在是非邪正之間，
> 而不在人己異同之跡也。凡天下中外設教之意，未有不以
> 忠君孝親，獎善懲惡，戒淫戒殺，明己性端人品爲本者。
> 其初創設之人，自然非尋常凡夫俗子，必有可取，方能令
> 人久久奉行也，至末學後人敷衍支離而生種種無理悖謬之
> 說，遂成異端矣⑧。

由引文內容可知同是一事，就有是非邪正之分，是者正者，就是
正道，非者邪者，就是異端。換句話說，儒、釋、道三教，都有
正道，也有異端。一般人多以佛治心，以道治身，以儒治世。雍
正皇帝也認爲儒、釋、道三教，「雖各具治心、治身、治世之道，
然各有所專，其各有所長，各有不及處，亦顯而易見，實缺一不

可。」⑨雍正六年（1728）四月二十九日，雍正皇帝諭內閣云：

> 從來帝王治世之道，惟有綱常倫理，為百姓所當知當務，
> 此外有造作妖言如讖緯圖記機祥禍福之類，皆惑世誣民之
> 大者，罪不容於誅，其說口不可得言，耳不可得聞也。自
> 古聖人覺世牖民，惟恐愚氓易惑，是以著為法律，凡妖言
> 左道妄談禍福者，必置之重典，以明其為王法所不容。蓋
> 思深慮遠，所以正人心，定民志，使臣庶各保其安全者至
> 矣。朕觀各省之人，智愚不一，而陝西一省，乃關中重地，
> 其人風氣剛開，武藝強勇，常有可用之材，但習俗相沿，
> 每喜造作妖妄怪誕之言，互相蠱惑，譸張為幻，其迷謬較
> 他處為甚，如向日允禩處則有算命人張愷，妄談禍福迷惑
> 愚頑，年羹堯處則有鄒魯及淨一道人，郃陽縣則有妖道潘
> 鳳池倡率瞿斌如等傳授符術，招集匪類。目今延信處又有
> 道姑王氏等猥鄙荒唐之事。數年之間，妖言左道者，接踵
> 敗露，此誠人心風俗之大害，不可不正其惑，而清其源也。
> 蓋陝省之人平日習於邪妄，不知其罪，而陝省官吏又不能
> 教誨開導，以悟其愚迷，且有狂悖逆亂如允禩、年羹堯、
> 延信諸人，尚從而崇信之，則鄉曲愚民溺於邪誕者，不知
> 幾矣。鄒魯等人皆自取誅戮，已經正法，其從前所造無稽
> 之言，並無毫釐影響之驗，則稍有知識之人，亦可曉然於
> 妖言之無益而有害矣，尚何為不痛改其惡俗而以身家性命
> 供奸人之愚弄乎？彼造為邪說者，不過一時聳動人心，希
> 圖微利，眾人不察，乃起而和之，遂罹於大禍而不可宥，
> 甚屬可憫。且當此太平盛世，幸而其言不驗，故禍患不過
> 在本人而止，倘事幾偶然相值於幾微疑似之間，其言稍可
> 附會，則聽而和者必更多，其禍尚可言乎？朕洞悉陝省人

民愚蔽之深，不忍其陷於無知，特加明白曉諭。嗣後各宜
猛省，惟思綱常倫紀之不可少違，天心人事之莫非正理，
王章國典之斷無疎漏，安分守法，共爲良民，俯仰寬舒，
災禍不及，受天地長養之恩，享國家昇平之福，豈不美歟
⑩。

由前引論旨內容可知綱常倫紀就是正道，妄談禍福，狂悖逆亂等
都是左道異端。雍正皇帝爲整飭社會風俗，可謂不遺餘力。但是，
雍正皇帝亟於打擊異端，主要是爲政治目的而考慮。其提倡正道，
取締異端，是泛政治化的反應，含有濃厚的政治意味。

　　乾隆皇帝即位後，鑑於應付、火居僧道飲酒食肉，各畜妻子，
每藉二氏之名，作奸犯科，肆無忌憚，所以酌復度牒之法，使有
志於修行者，永守清規，於是特頒諭旨，節錄一段內容如下：

朕於二氏之學，皆洞悉其源流，今降此旨，並非博不尚佛
老之名也。蓋見今之學佛人，豈特如佛祖者無有，即如近
代高僧，實能外形骸，清淨超悟者亦稀；今之道士，豈特
如老莊者無有，即如前世山澤之癯，實能凝神氣，養怡壽
命者亦稀。然苟能遵守戒律，焚修於山林寂寞之區，布衣
粗食，獨善其身，猶於民無害也。今則不事作業，甘食美
衣，十百爲群，農工商賈，終歲竭蹶以奉之，而蕩檢踰閑，
於其師之說，亦毫不能守，是不獨在國家爲游民，即繩以
佛老之教，亦爲敗類，而可聽其耗民財，淆民俗乎？著直
省督撫飭各州縣按籍稽查，除名山古刹，收接十方叢林及
雖在城市，而願受度牒，遵守戒律，閉戶清修者不問外，
其餘房頭、應付僧、火居道士，皆集眾面問，願還俗者聽
之，願守寺院者亦聽之。但身領度牒，不得招受生徒，所
有貲產，如何量給還俗，及守寺院者爲衣食計，其餘歸公，

留爲地方養濟窮民之用，並道士亦給度牒之法⑪。

應付僧各分房頭，世守田宅。乾隆皇帝一方面以應付僧、火居道士等竊佛、道二氏之名，而無修持之實，甚至作奸犯科，難於稽查約束；一方面認爲農夫終歲辛勞，自食其力，於四民之中，最爲無愧，僧道不耕而食，不織而衣，耗費民財，多一僧道，即少一農民。乾隆皇帝認爲尼僧亦須接受約束。乾隆元年（1736）二月二十五日，所頒諭旨中有一段內容如下：

> 又聞外間有尼僧一種，其中年老無依情願削髮者，尚無他故，其餘年少出家之人，心志未定，而強令寂守空門，往往蕩閑踰檢，爲人心風俗之害。且聞江浙地方，竟有未削髮而號稱比丘者，尤可詫異，似亦應照僧道之例，不許招受生徒，免致牽引日眾。有情願爲尼者，必待年齡四十以上，其餘概行禁止⑫。

乾隆皇帝雖然認爲「釋道原爲異端」⑬，但朝廷給發僧道度牒，令地方官有所稽查，使無賴之徒，不得竄入其中，近似民間保甲，不致藏奸，亦如貢監有執照，不容假冒，並非禁絕釋道，不許人爲僧道。

　　民間秘密宗教是指佛、道等正信宗教衍化而來的世俗化新興教派，同時依附於儒、釋、道的思想信仰而流佈於下層社會，民間秘密宗教遂被官府指爲儒、釋、道三教的異端邪教。爲貫徹崇儒重道的文化政策，歷朝皇帝對打壓異端，取締邪教，可謂不餘遺力。因江西等省醫卜星相各種術士及新興教派極爲盛行，雍正皇帝頒降硃筆特諭，命江西巡撫查禁邪教，其特諭如下：

> 諭江西巡撫，朕惟除莠所以安良黜邪，乃以崇正，自古爲國家者，綏戢人心，整齊風俗，未有不以詰奸爲首務者也。
> 聞江蘇等地方頗有邪教，大抵妄立名號，誑誘愚民，或巧

奸幻端，或不事耕織，夜聚曉散，黨類繁多，此等之人，蹤跡多屬詭秘，而奸回則更不可測。苟不絕其根株，必致蔓延日甚，地方諸大僚，倘務姑息，不爲訪尋，是養奸也，澄清風俗之謂何？爾督撫當嚴飭所屬司道府州縣等官密訪爲首之人嚴挐治罪；愚民能去邪歸正者，概與從寬；有能出首爲首之人者，即量加獎賞。務令奸萌盡去，陰翳全消，風俗人心，咸歸醇正，其或因循苟容，不行查禁，事發之後，該管各官一併從重議處，特諭⑭。

除江西省外，江蘇、湖廣等省督撫亦奉到硃筆特諭，內容相同。雍正皇帝認爲邪教妄立教派名目，誑誘善男信女，蔓延日廣，必致枝蔓難圖。念經祈福是各教派的共同信仰，但乾隆皇帝認爲「念經祈福，即爲惑眾之漸。」⑮浙江巡撫顧琮也認爲「邪教惑民，最爲人心風俗之害，其始，竊取佛老之說，別立名號，或幻稱因果，或假託修持，勸人食素誦經，燒香結會，不過圖騙錢財，若被誘既多，人心皈向，則肆其邪妄，瀆亂不經，甚或聚眾橫行，敢爲悖逆之事。」⑯民間秘密宗教間有聚眾滋事案件，因此，奉旨查禁。河南巡撫葉存仁具摺時亦稱：「倡爲邪教者，開口即言行善，而加以禍福動之，愚民不知辨別，但以事屬行善，而又可求福避禍，即群相附和，方以求福之緣，而不知其爲犯法之事。」⑰地方大吏相信皈依民間秘密宗教就是犯法之事。

嘉慶初年以來，川陝楚等省民間秘密宗教大規模起事，聲勢浩大。嘉慶皇帝撰文指出：

朕遇斯時大不幸也，中外已成痼疾，自不知教，爲能教民，而邪教從此而起矣，始以造福逃劫，引誘癡愚，終歸於滅絕人倫，謀反大逆。因邪教聚不逞之徒，肆行無忌，悍不畏死，雖嚴刑峻法，視爲泛常，奈何風俗頹壞，至於此極，

豈不痛哉！蓋由朕乏知人之明，而又心存姑息，去位復用者，指不勝屈，以致寡廉鮮恥之徒在任者，不肯實心，去任者，不知畏懼，以偽亂眞，悠忽度日，此實朕德之不脩，教之不正。君不正，臣亦多偏，無怪乎邪教接踵而起，皆朕不正群臣之咎，而內外臣工亦各有不能正己之處，焉能去邪黜偽乎？脩己以治百姓，我君臣各思奮勉，或可挽回污俗，稍蓋前愆於萬一耳。奸民倡爲邪說，煽惑愚民，其經卷鄙俚不通，俗陋已極，不但諸子百家難相比擬，即佛經道籙，亦去此遠甚，其年號皆前明之時，竟係彼時亂民所造，潛藏窮鄉僻壤，未能搜出焚燬，貽害至今日也。去邪教以過亂，焚邪經以滌源，是在良有司正己率屬誠心化導，使民知正教之益，邪教之害，漸歸於倫常禮義矣。邪教惑人，惟一利字，愚民見利忘義，貪利忘害，徇利亂常，趨利迷心，至於罪大惡極，雖死不悟，皆圖利耳。誠能實心治民，先養後教，庶民具有良心，斷無不改悔之理，是在吾君臣昌明正教，勤政愛民，心誠求之，其庶幾乎[18]？

嘉慶皇帝撰文分析「正教之益，邪教之害」，他認爲社會動亂的根源，主要是由於正教不昌明「正教失而後邪教肆」[19]。因此，崇正黜邪就成爲清朝政府的宗教政策。嘉慶皇帝另撰〈弭邪教說〉一文，節錄一段內容如下：

邪教惑世誣民，豈容於盛世，弭固不待言，然弭之道，亦甚難也。愚民散處州郡，原非殊方異俗，平時納糧力役，等於良民，從何區別？北省則有八卦、大乘諸教；南省則有添弟、邊錢等會，名目雖殊，總根於白蓮教耳。癸酉異變，命搜邪書，各省封送，不下千本，披閱後，即於殿廷親視焚燬，不留餘燼。邪書皆剿襲陳言，妄立怪論，盜竊

儒書，妄談性命，釋典道籙，彌勒無生，煽惑鼓蕩，固結
不解，雖以嚴刑峻法繩之，死者不知畏，方謂來世必轉高
官，脅從緣坐，豈能駢誅，流徙極邊，遇赦不原，亦可謂
執法處治，奈此輩仍不知悛改，接其名號，斂財聚眾，竟
成世業矣。辟以止辟，竟不或止，愍不畏死，奈何以死懼
之乎？若以語言文字反覆譬喻，令其悔悟改過，癡愚黎庶，
半墮迷津，豈能迴其心性，相去益遠矣⑳。

善男信女接受釋、道果報之說，以及對彼岸思想的影響，固然愍
不畏死。但是嘉慶皇帝仍然認爲欲使民眾知道正教之益，邪教之
害，而歸於倫常禮義，仍須從社會教育著手。嘉慶皇帝撰〈化民
成俗論〉一文，闡釋了正道及正教的概念，其內容云：

學記曰：君子如欲化民成俗，其必由學乎？旨哉！是言千
古不磨之論也。蓋人不學不知道，道者何？天經地義，日
用倫常，皆道也。孝弟忠信，禮義廉恥，國之四維，民之
大用也。知者則爲賢臣循吏，孝子良民，不知者則爲貪官
污吏，逆子亂民矣。變化氣質，養正毓德，舍學無術也。
正學興，則邪說熄，官常肅，則庶民從之。今之大弊在正
學式微，官常疲惰，故邪說日熾，蠱惑鄉愚，頑俗固結，
而不可解者，總由於不學之人過多之故也。性本善，惟學
能導其善，漸仁摩義，教孝教忠，非學不能明德也。廢學
則爲冥頑之民，不習正學，必流於邪教矣。如水之就下，
不可遏禁，終至泛濫難止，同歸於污濁，皆不學之害也。
學者知大義，不學者圖小利，而不顧大義，犯上作亂之徒，
皆因利也。利心起而義心失，大害隨至，尚不自知，如飛
蛾投火，至燬不悟，誠可憫也。見利忘義，皆不學之人也，
此類人多非國家之福也。家有塾，黨有庠，州有序，國有

學，不可廢而不設也，不可設而不學也，不可學而不思也。
設官講學，明正教也，教官之名，豈空言哉，天下未有不
可化之人，未有不能辦之事。所慮者，官不盡職，苟且因
循，民不能化，俗不能成，坐視流於污俗，不肯援救，激
成變亂，惟用嚴刑峻法鍛鍊株連，波累無辜，流離顛沛，
不教而殺，謂之虐，是可忍也，孰不可忍也。三苗尚能感
格，況中土之人乎？邪教之本，唯一利字，利心深染，正
義全乖，欲格其非心，必自正學始。道德齊禮，有恥且格，
是聖王之全體大用，不可不亟業，形端表正，上行下效，
庶幾移風易俗，返樸還淳，洵由昌明正學始也㉑。

提倡正學，設官講學，闡明正教，能辨義利，變化氣質，化民成
俗，則邪教不興。倘若不習正學，不明正教，則必流於邪教。嘉
慶年間，宗教動亂擴大，化民成俗，打壓邪教，成為當務之急。
在御製文集中，申論黜邪崇正的文字，佔了極大的篇幅。嘉慶皇
帝堅持崇儒重道、黜邪崇正的基本政策，將民間秘密宗教視為邪
教，邪說誣民，正本清源之道，必須提倡正學，弘揚正教，使民
眾深知正教之益，而漸歸於倫常禮義，皆歸正道。

三、樹立正統——藏傳佛教的改革

振興黃教，樹立正統，打壓紅教，取締異端，是清初以來對
藏傳佛教所遵循的宗教政策。《清史稿》有一段記載：

西藏喇嘛，舊皆紅教，至宗喀巴始創黃教，得道西藏噶勒
丹寺。時紅教本印度之習，娶妻生子，世襲法王，專指密
咒，流極至以吞刀吐火炫俗，盡失戒定慧宗旨。黃教不得
近女色，遺囑二大弟子，世以呼畢勒罕轉生，演大乘教㉒。

紅教喇嘛又稱紅帽喇嘛，清代官方文書認為「紅帽一教，本屬喇

嘛異端，自元季八思巴流傳至今。」㉓紅教被清朝官方斥爲異端。欽
差大臣巴忠入藏查明紅教緣由後具摺奏稱：

> 紅教一事，臣於便中向仲巴呼圖克圖議及。據稱紅帽中亦
> 有兩者：薩嘉呼圖克圖之教，名索魯克巴，雖戴紅帽，仍
> 行宗喀巴黃教之道；前往巴勒布之沙瑪爾巴呼圖克圖，則
> 名噶拉木普，乃正紅帽教也，其人雖多，皆係各行其道，
> 亦斷不能雜於黃教之中㉔。

據欽差大臣巴忠等人指出，索魯克巴與噶拉木普兩教，均留
髮娶妻。巴忠曾親自前往薩嘉呼圖克圖廟中詳查，並具摺奏聞。
他說：「薩嘉呼圖克圖雖係紅教內大喇嘛，仍係留髮娶妻，所習
經典禮儀，亦與黃教不同，衹伊屬下三百餘名加以尊敬，而黃教
中人，俱視之甚爲輕忽。」㉕沙瑪爾巴呼圖克圖的妻子是陽八井
地方人，名叫博穆。當沙瑪爾巴前往廓爾喀時，他也是帶著妻子
同去。紅帽喇嘛留髮娶妻，爲黃帽喇嘛所輕視。清潮官方亦視紅
教爲異端。

十五世紀初，宗喀巴在西藏拉薩以東十五里的地方創建噶丹
寺，即以此寺爲主寺創立了格魯派（dge lugs Pa），即俗稱黃
教。經宗喀巴改革後形成的黃教，其教理、教義及教規，都比其
他教派完整、系統、正規，而且影響越來越大，信衆與日俱增。
宗喀巴自充第一任噶丹池巴，在他即將圓寂時，將衣帽傳給了他
的弟子達瑪仁青即賈曹傑。於是賈曹傑接替宗喀巴的地位爲第二
任噶丹池巴。宗喀巴的另一弟子克珠傑，後來爲第三任噶丹池巴。
克珠傑後來被格魯派追認爲第一世班禪呼圖克圖。明世宗嘉靖二
十五年（1546），宗喀巴的大弟子根登珠巴的繼承人根登嘉措
圓寂後，根據宗喀巴的遺囑，得以轉世，形成了達賴喇嘛的轉世
系統，根登珠巴後來被追認爲第一世達賴喇嘛。從此以後，藏族

地區的格魯派便產生了以達賴喇嘛和班禪呼圖克圖兩大活佛的轉世系統㉖。達賴喇嘛居住拉薩布達拉廟，稱爲前藏；班禪呼圖克圖居日喀則札什倫布廟，稱爲後藏。明代中葉以後，黃教不僅在西藏地區取得統治地位，而且它的勢力，迅速地擴展到蒙古等地區。

　　藏教佛教與清朝政府建立關係，可以追溯到滿洲入關以前。清太宗崇德四年（1639）十月，皇太極派遣察漢喇嘛即察干格隆齎敕書出使西藏。崇德七年（1642），五世達賴喇嘛所派遣的使者伊拉古克三呼圖克圖抵達盛京。這些活動說明藏傳佛教與清朝政府已開始正式建立了密切的聯繫，隨著形式的變化，清朝政府與藏傳佛教的關係，變成了清朝政府與西藏黃教地方勢力之間的關係㉗。清世祖順治九年（1652），五世達賴喇嘛入北京，順治皇帝招待他住在太和殿，爲他修建西黃寺。達賴喇嘛返回西藏時，順治皇帝還親自爲他餞行，授他金冊、金印，封他爲西天大善自在佛，領天下釋教普通鄂濟達賴喇嘛。清廷通過與黃教領袖的密切關係，以維持對西藏和蒙古的影響。康熙五十二年（1713）四月，康熙皇帝冊封五世班禪呼圖克圖爲班禪額爾德尼，並賜滿、漢、藏文金冊、金印，這是西藏歷世班禪正式稱爲班禪額爾德尼的開始，同時標誌著班禪額爾德尼轉世系統已在宗教和政治上取得了與達賴喇嘛轉世系統平行的地位。

　　清朝政府爲懷柔西藏、蒙古，所以制定了扶持黃教的基本政策。但在優禮喇嘛之中又予以適度的裁抑。清太宗皇太極在位期間，滿洲與黃教的關係，雖然日趨密切，但皇太極對荒唐喇嘛，並不曲庇。《清太宗文皇帝實錄》有一段記載：

　　上謂眾臣曰：喇嘛等口作詭言，假以供佛持素爲名，姦淫婦女，貪圖財物，逆行惡道，彼陽間索取人財帛牲畜，口

稱使人陰間無罪孽，其虛誕未有甚於此者。喇嘛等不過陽
圖財物，至於陰間孰念爾之情面，遂免其罪孽也。今之喇
嘛，皆屬荒唐，不足以稱喇嘛之名。蒙古輕信喇嘛，費用
財物，懺悔罪過，令冥魂超生福地，扯布條受戒者，今後
不許爲之㉘。

蒙古輕信喇嘛，浪費財物，扯布條受戒，都受到皇太極的禁
止。康熙皇帝自幼就不迷信喇嘛，當他十歲時，曾有一喇嘛入朝，
提起西方佛法，「朕即面闢其謬，彼竟語塞，蓋朕生來便厭聞此
種也。」㉙近人每以信奉黃教，是近代蒙古族衰弱的主要原因，
認爲蒙古族的信奉黃教，又是明清兩代有意所導致，圖藉黃教的
力量，變化蒙古族勇武的氣質，實現其愚弱蒙古族的政策。其實，
這種說法，實際是漢族本位文化的一種偏見，對黃教的評價，有
失於公平，與明清史實，並不相合。近代蒙古的衰弱貧困，其原
因是多方面的，並非單純由於信奉黃教所致㉚。

雍正年間，清廷對藏傳佛教，仍然貫澈因其教不易其俗的策
略，對西藏、蒙古實行懷柔政策。禮親王昭槤著《嘯亭雜錄》已
指出：「國家寵幸黃僧，並非崇奉其教，以祈福祥也。祇以蒙古
諸部敬奉黃教已久，故以神道設教，藉使其徒，使其誠心歸附，
以障藩籬，正王制，所謂易其政，不易其俗之道也。」㉛乾隆年
間，清廷爲了促進西藏、蒙古內部的穩定，所以支持黃教的政教
合一，即所謂興黃教，以安西藏、蒙古。但乾隆皇帝對黃教實行
保護政策，是有條件的。他一方面因俗而治，一方面因勢利導，
進行改革，積極設法由中央直接治理西藏，靈活推行具體措施，
以加強國家的統一㉛。乾隆二十三年（1758），清廷授意達賴喇
嘛宣佈蒙古哲布尊丹巴的呼畢勒罕，今後仍然轉生在西藏。不久
以後，理藩院明文規定，哲布尊丹巴的呼畢勒罕今後不能轉生在

蒙古貴族之家，只能在唐古忒的平民子嗣中指認㉝。乾隆四十五年（1780），是乾隆皇帝的七十歲壽辰。前一年即乾隆四十四年（1799）六月十七日，六世班禪額爾德尼率領三大堪布、高僧喇嘛及隨從一千多人，由駐藏大臣護送，從後藏日喀則啓行。途經青海塔爾寺過多，乾隆四十五年七月二十一日，抵達熱河避暑山莊。八月十三日，乾隆皇帝七十萬壽慶典，前來祝壽的厄魯特、喀爾喀、杜爾伯特、內蒙古、青海各部王公貴族等齊聚一堂。班禪額爾德尼率眾堪布及高僧喇嘛祝誦《無量壽佛經》。班禪額爾德尼還親自爲乾隆皇帝施無量壽佛大灌頂。乾隆皇帝的祝壽活動，一方面促進了各民族的團結，一方面也反映了清朝中央政府對西藏地方管理及統治的加強㉞。

　　廓爾喀與後藏壤地相接，十八世紀以後，廓爾喀崛起，恃強侵略，蠶食鄰封，覬覦後藏邊地，於是藉口藏內不用廓爾喀低潮銀錢，食鹽攙土，地租不清，先後於乾隆五十三年（1788）、乾隆五十六年（1791）兩次入侵後藏。清朝政府將廓爾喀的入侵後藏，歸咎於紅帽喇嘛沙瑪爾巴的唆使。駐藏辦事大臣保泰具摺時曾指出：「廓爾喀地方有紅帽喇嘛沙瑪爾巴呼圖克圖，係仲巴呼圖克圖之弟。訪聞伊兄弟彼此相仇，此次賊匪至藏侵擾，即係沙瑪爾巴陷害伊兄之意。」㉟沙瑪爾巴之兄就是札什倫布商卓特巴仲巴呼圖克圖。沙瑪爾巴與班禪額爾德尼是同父又同母，而與其兄仲巴呼圖克圖是同母異父兄弟。按照西藏的規矩，同母所生的兄弟，就是親兄弟，但因沙瑪爾巴生來就是紅帽呼圖克圖呼畢勒罕，所以就成爲紅帽喇嘛。沙瑪爾巴認爲藏中產業，爲兄弟所共有，仲巴呼圖克圖卻據爲己有，所以唆使廓爾喀人入藏搶掠。據駐藏大臣保泰奏稱：「沙瑪爾巴唆使科爾喀，似伊與仲巴呼圖克圖俱係前輩班禪額爾德尼弟兄所有，札什倫布廟內貲財等項，

均屬有分，可以到彼搶掠。」㊱清朝政府一方面以沙瑪爾巴為搆
釁唆使的罪魁，必須將沙瑪爾巴生擒縛獻，嚴法懲治；一方面對
打壓紅教，取締異端，視為振興黃教的必要措施。乾隆五十七年
（1792）二月二十五日，沙瑪爾巴在廓爾喀染患腹瀉、嘔吐、
口瘡等病症，病情日益惡化，延至同年五月十五日病故。五月十
九日，燒化。六月初二日，拾回骨殖，後來廓爾喀將骨殖獻出。
同年八月二十七日，乾隆皇帝頒降諭旨云：

> 此次廓爾喀滋擾後藏，皆由沙罵爾巴挑唆起釁，實為罪魁
> 禍首，若其身尚在，必當盡法懲治，梟首示眾。今已伏冥
> 誅，現據賊酋將該犯骨殖送出，自當分裂徇示，以昭炯戒。
> 著傳諭福康安等，於賊酋送出沙瑪爾巴骨殖時，不必送京，
> 即在藏內將其骨殖分懸前藏之布達拉，後藏之札什倫布，
> 並查明前後藏及察木多以至打箭爐一帶大寺廟，一一懸掛
> ㊲。

乾隆皇帝將沙瑪爾巴骨殖懸掛示眾，就是要讓各處紅帽喇嘛及僧
俗人等觸目驚心，接受國法的制裁，用示儆戒。同年九月十六日，
乾隆皇帝經過深思熟慮後另行頒諭稱：「今思藏內寺廟如布達拉、
札什倫布等皆為吉祥佛地，若將沙瑪爾巴骨殖懸掛，未免喇嘛等
見為不祥。」㊳因此諭令將沙瑪爾巴的骨殖即在前後藏及察木多
一帶通衢大站地方懸掛示眾，較為妥善。沙瑪爾巴既為藏傳佛教
的罪魁，雖伏冥誅，但仍不應准其轉世，嗣繼衣鉢。在陽八井地
方有沙瑪爾巴舊住廟宇，廟內紅帽喇嘛共一百零三名，俱令改歸
黃教，送往前藏寺廟安插。廟內供奉的鍍金沙瑪爾巴大小銅像數
軀，約共重二百餘觔，均被銷毀變價。乾隆皇帝認為黃教是正統
宗教，紅教是左道異端，他企圖以政治力量迫使紅帽喇嘛改歸黃
教，其目的就是要取締邪教，永杜異端，潛歸正教㊴。

　　當廓爾喀兵入侵後藏時，薩嘉呼圖克圖私自派人前往敵營議和。乾隆皇帝在〈寄信上諭〉中已指出，「薩嘉係紅帽喇嘛，另爲一教，伊見達賴喇嘛忠厚，班禪額爾德尼尙幼，或借此議和一事，意欲侵奪黃教之權，而唐古忒人等，亦以私心感激，漸至尊崇紅教，此大不可。」⑩乾隆皇帝認爲唐古忒人雖然大都信奉黃教，但因議和一事，對紅帽喇嘛薩嘉呼圖克圖心懷感激，必致漸奉紅教，而侵奪黃教的勢力。當成都將軍鄂輝等入藏後遵旨詣布達拉廟謁見達賴喇嘛，諭以「今聞薩嘉呼圖克圖私自遣人議和，伊係紅帽喇嘛，此事經彼和息，必致恃功專恣，從此興起紅教，黃教漸至不振，所關非細。」⑪紅教相沿已久，傳習亦衆，雖然未便遽爾更張，但必須防範唐古忒人漸歸紅教。由此可知，乾隆皇帝壓抑紅教，振興黃教的措施，就是遵循清初以來對黃教的保護政策。

　　乾隆皇帝乘派兵入藏擊退廓爾喀入侵勢力的有利時機，因勢利導，進一步從藏傳佛教信仰的本質及制度進行改革，一方面採取一系列的措施，打壓紅教，一方面對黃教也進行整頓，喇嘛犯法，或出賣國家利益時，即按律治罪，強調法律的不可侵犯，國家利益至上，並不因優禮喇嘛而豁免。喇嘛必須接受朝廷法律的約束，不允許喇嘛有凌駕大清律例之上的特權，不允許喇嘛出賣國家利益。札什倫布廟是向來班禪額爾德尼轉輪駐錫之地，乾隆五十六年（1791）八月十八日，札什倫布廟內衆喇嘛聽說廓爾喀兵將至，即連夜逃散。八月十九日早晨，濟仲喇嘛羅卜藏丹巴等起意占卜，告知仲巴呼圖克圖。據仲巴呼圖克圖供稱：「我想廟內僧人歷來原仗佛法護衛，現當賊匪要來搶劫，就是急難到了，他們要求吉祥天母的龍丹，亦屬情急求禱之意，所以就不曾阻止。」⑫當天，仲巴呼圖克圖將廟內細軟財物連夜搬至東噶爾地方藏匿，聚

巴札蒼是約束各扎蒼僧衆傳習經典的喇嘛，四學堪布喇嘛羅卜藏
策登就是聚巴扎蒼，自幼學習經典，向來相信佛法可以護衛衆生。
八月二十日，僧衆聚集商議，濟仲喇嘛羅卜藏丹巴及四學堪布喇
嘛羅卜藏策登即至喇嘛廟求吉祥天母的龍丹占卜，寫作「打仗好」、
「不打仗好」兩條，以糌粑和爲丸，放入磁碗求卜，結果占得「
不打仗好」龍丹一丸，一面稟知仲巴呼圖克圖，一面令小喇嘛將
占卜結果告知衆人毋庸打仗，以致衆心惑亂，紛紛散去。同日，
廓爾喀兵由聶拉木、撒迦溝一帶進逼札什倫布。八月二十一日，
輕易攻佔札什倫布。札什倫布廟法器文物慘遭洗劫。仲巴呼圖克
圖祇爲身謀，首先逃避，實爲佛法所不容。乾隆皇帝下令將仲巴
呼圖克圖解送入京，即在前輩班禪額爾德尼所住德壽寺居住，其
商卓特巴之缺，由歲琫堪布補授。四川建昌鎮總兵官穆克登阿奉
命到後藏查辦占卜惑衆喇嘛，於乾隆五十六年（1791）十一月
二十七日將起意占卜濟仲喇嘛等五名押解前藏，交成都將軍鄂輝
辦理。鄂輝即率同鹽茶道林儁嚴加訊問。其中濟仲喇嘛羅卜藏丹
巴供認起意占卜，僧衆皆聽信，並將派出堵禦廓爾喀兵的衆喇嘛
全行撤散，後來又派喇嘛諾聶爾前往敵營講和。當廓爾喀兵抵達
札什倫布時，羅卜藏丹巴等人，亦俱躲匿，以致廓爾喀兵丁飽掠
而去。乾隆皇帝以濟仲喇嘛等假託占辭，妄行搖惑，喪心叛教，
情罪重大，於是命鄂輝等傳集衆噶布倫各寺大喇嘛等眼同將羅卜
藏丹巴剝黃，押赴市曹處斬。至於四學堪布喇嘛羅卜藏策登、羅
卜藏扎什、羅卜藏格勒、克春丕勒登卜等四名，則拏解入京，奉
旨俱安插於德壽寺㊸。乾隆皇帝降旨將濟仲喇嘛羅卜藏丹巴剝黃
正法，以示占卜一道，固不可信，尤足惑亂人心，必須嚴法懲治。
元代崇奉藏傳佛教，轉成虐政。乾隆皇帝對黃教採取保護政策，
但他對黃教中的占卜迷信，卻極端排斥。

　　藏傳佛教的活佛轉世傳承法，是以佛教的輪迴轉世理論爲依據，在西藏特殊環境中逐漸發展起來的一種特殊的宗教信仰。他們相信活佛或大喇嘛生前修佛已斷除妄惑業困，證得菩提心體，肉身往生之後，能不昧本性，不隨業而自在轉生㊹。《清史稿》對活佛轉世也有一段記載說：

> 呼畢勒罕者，華言化身。達賴、班禪即所謂二大弟子，達
> 賴，譯言無上；班禪，譯言光顯。其俗謂死而不失其眞，
> 自知所往，其弟子輒迎而立之，常在輪迴，本性不昧，故
> 達賴、班禪易世互相爲師。其教皆重見性度生，斥聲聞小
> 乘及幻術小乘，當明中葉，已遠出紅教上㊺。

　　「呼畢勒罕」，滿文讀如（hūbirhan）是蒙古語的音譯，漢譯爲化身，意即轉世靈童，或再生人。黃教注重見性度生，排斥幻術小乘，爲唐古忒、衆蒙古所崇拜，但其呼畢勒罕活佛轉世的過程中，由拉穆吹忠降神指認的流弊，日益嚴重。乾隆皇帝認爲拉穆吹忠受人囑托，假藉神言，任意妄指，荒唐可笑㊻。《清史稿》對拉穆吹忠指認呼畢勒罕舞弊情形有一段記載說：

> 初，達賴、班禪及各大呼圖克圖之呼畢勒罕出世，均由垂
> 仲降神指示，往往徇私不公，爲世詬病甚。至哲卜尊丹巴
> 胡圖克圖示寂，適土謝圖汗之福晉有妊，衆即指爲呼畢勒
> 罕，及彌月，竟生一女，尤貽口實。而達賴、班禪親族亦
> 多營爲大呼圖克圖，以專財利，致有仲巴兄弟爭利唆廓夷
> 入寇之禍。而達賴兄弟孜仲、綏繃等充商卓特巴，肆行舞
> 弊，占人地畝，轉奉不敬黃教之紅帽喇嘛㊼。

　　引文中的「垂仲」，即吹忠的同音異譯。呼畢勒罕出世，都由吹忠降神指示，徇私不公，肆行舞弊，宗教領袖專圖財利，兼併地畝，日益腐化，藏中喇嘛轉奉紅教，黃教式微。蒙古崇奉黃

教，由來既久，其拉穆吹忠舞弊情形，亦極嚴重。例如喀爾喀三音諾彥部落額爾德尼班第達呼圖克圖圓寂後，蒙古汗王車登多爾濟欲使一子襲其汗爵，又使一子爲呼畢勒罕，冀得喇嘛財產，圖佔便宜。其商卓特巴那旺達什爲營謀汗王之子爲呼畢勒罕，竟代求達賴喇嘛，並賄囑拉穆吹忠降神妄指。乾隆皇帝降旨將車登多爾濟革去汗爵，商卓特巴那旺達什則奉旨剝去黃衣，發往河南地方安置。乾隆皇帝爲力挽頹風，振興黃教，永息爭端，是以不准蒙古王公的子弟爲呼畢勒罕。乾隆皇帝特頒諭旨，說明朝廷整飭流弊護衛黃教的用意，其要點如下：

> 達賴喇嘛、班禪額爾德尼係宗喀巴大弟子，世爲黃教宗主，眾蒙古番民，素相崇奉。近年因指認呼畢勒罕之古爾登巴等，法術無靈，不能降神，且徇情妄指，或出自族屬姻婭，或出自蒙古汗王公等家，竟與蒙古王公，八旗世職官襲替相似。論以佛法，必無此理。甚且至噶布倫丹津班珠爾之子，亦出有呼畢勒罕，以致眾心不服，沙瑪爾巴遂乘機起意，謀占班禪遺產，唆使廓爾喀搶掠扎什倫布，遂領大兵聲罪致討。朕護衛黃教，欲整飭流弊，因製一金奔巴瓶，派員齎往，設於前藏大昭，仍從其俗，俟將來藏內或出達賴喇嘛、班禪額爾德尼及大呼圖克圖等呼畢勒罕時，將報出幼孩內，擇選數名，將其生年月日名姓，各寫一籤，入於瓶內，交達賴喇嘛念經，會同駐藏大臣，在眾前籤掣，以昭公當。又眾蒙古地方，舊有各旗部落供奉之呼圖克圖甚多，此內大小不等，如概令赴藏，交達賴喇嘛會同駐藏大臣掣籤，不免煩擾，且路途遙遠，軫念眾蒙古力量維艱，因於京城雍和宮內，亦設一金奔巴瓶，如蒙古地方出呼畢勒罕，即報明理藩院，將年月名姓，繕寫籤上，入於瓶內，

交掌印扎薩克達賴喇嘛呼圖克圖等在佛前念經，並交理藩
院堂官，公同掣籤，其從前王公子弟內，私自作爲呼畢勒
罕之陋習，永行停止。朕之此旨，原爲近來蒙古番民等，
失其舊時淳樸之風，不思佛法，但知圖利，必至謀奪財產，
求爲呼畢勒罕，久之亦如沙瑪爾巴之唆訟肇釁滋事，朕甚
憫焉，是以如此掃除積弊，潛移默化，各蒙古自當共知感
激，副朕護衛黃教至意㊽。

　　爲從宜從俗之計，拉穆吹忠雖然仍可作法降神，指出呼畢勒
罕若干名，但最後必須由金奔巴掣籤拈定具奏後生效。

　　呼畢勒罕是借活佛轉世來轉移宗教權利的一種特殊方式，也
是藏傳佛教的特點之一。爲了解決宗教首領繼承問題，藏傳佛教
即以靈魂轉世說法爲依據，以寺廟經濟關係爲基礎而創立了活佛
轉世的宗教制度，就是用維護寺廟獨立經濟及宗教特權作爲鞏固
西藏政教合一的一種統治手段㊾。活佛轉世相承的辦法，對黃教
寺廟集團的法統繼承問題及鞏固寺廟集團的政治、經濟實力都具
有重要意義，它可以使寺廟領導集團保持相對的穩定，避免了內
部因權利之爭而引發分裂。尤其重要的是活佛轉世制度的推行，
一方面使寺廟財產得以合法繼承，一方面又能名正言順地繼承前
輩宗教領袖的社會關係，使轉世者及其僧侶貴族集團得以承襲和
維護他們既得的特權地位，並擴大其影響㊿。活佛轉世制度形成
無限制的發展，缺乏統一公正的標準爲依據，往往因財富過於集
中，以致宗教領導階層內部爭端頻起。隨著政教合一制度的進一
步發展，上層活佛的職位便成了僧俗各勢力集團爭奪的目標，從
而出現了一個家族裡轉世幾個或幾代活佛的現象，甚至有些活佛
示寂時就作出他將轉世在哪個家族的決定。由於這些現象往往是
借用神祇的旨意即神諭來進行，降神遂爲他們的合法提供了依據，

這就使朝廷確信其中必有串通作弊的情形，於是便利用發兵西藏的有利時機，頒布了金瓶掣籤制度，充分表現出清廷對原有活佛轉世制度的看法，以及對拉穆吹忠降神指認呼畢勒罕極端不信任的態度。從本質上講，金瓶掣籤與吹忠降神，並無區別，都是缺乏科學依據的，但從效果來看，金瓶掣籤制度可以阻止貴族勢力對活佛轉世過程中的干涉。但因吹忠降神在西藏有著悠久的歷史，已成爲活佛轉世制度中不可或缺的組成部分，所以並非只用金瓶掣籤就能代替的。經過大學士欽差大臣福康安與西藏上層人物反覆商議，最後採取了一個折衷的解決辦法。這個辦法就是將認定靈童出生的方向，尋訪及決定候選靈童的人數，都由吹忠降神來決定，至於最後確定誰是眞正的靈童，就要通過金瓶掣籤來決定。如此，既符合西藏佛教的傳統，又執行了乾隆皇帝制定的金瓶掣籤制度，將達賴喇嘛、班禪額爾德尼及各大呼圖克圖等繼任人選的決定大權，由西藏地方集中到朝廷中央，這是清廷對西藏行使主權的一項重要決策(51)。乾隆皇帝頒諭時亦稱：「此次辦理廓爾喀，不特衛藏敉寧，而於呼畢勒罕一事，亦可革除舊習，爲護持黃教之良法，實屬一舉兩得。」(52)清廷對藏傳佛教的措施，對當時西藏和蒙古的社會都產生了很大的影響。乾隆皇帝把握用兵廓爾喀的有利時機，一方面極力打壓紅教，取締異端，振興黃教，樹立正統，一方面改革黃教，採行金瓶掣籤與吹忠降神並行的辦法，確立朝廷中央對西藏地方行使主權的地位，的確是一舉兩得。

黃教、紅教以外，川康藏等地還有本教。原始本教的主要特點就是多神崇拜，佛教盛行以後，本教吸收了佛教的一些內容，逐漸發展成爲藏傳佛教的一個教派，佛教爲了適應藏族固有傳統，也吸收了一些本教的內容。藏傳佛教盛行以後，西藏地區的本教即日趨式微，但在川康邊境及各土司地區，本教仍極盛行。明清

時期，大小金川等地，本教寺廟，到處林立。寺中所塑佛像，多青面藍身，形狀詭異，不穿寸縷。寺中喇嘛多學習法術，爲人念經看病，祈福禳災。法力高強的喇嘛還會詛咒鎮壓人，念經求雨，做札達，下雷降雪。當清軍進剿大小金川期間，本教大喇嘛常用札達法術，下雪降雹，疾風暴雨，倏來倏止，寒暖驟變，兵丁每致裹足不前。乾隆四十一年（1776）三月初九日，乾隆皇帝頒諭云：

> 崇尚佛法，信奉喇嘛，原屬番人舊俗。但果秉承黃教，誦習經典，皈依西藏達賴喇嘛、班禪喇嘛，修持行善，爲眾生祈福，自無不可，若奔布喇嘛傳習咒語，暗地詛人，本屬邪術，爲天下所不佑(53)。

引文中「番人」，即指大小金川等各土司百姓。「奔布」，又作「奔布爾」，或「奔波」，都是本教的同音異譯。奔布爾教喇嘛使用邪術詛人。同年九月三十日，內閣奉上諭云：

> 兩金川喇嘛，均係奔布爾邪教，不便仍留其地。第思番人習尚，素奉佛教，今附近兩金川之各土司，均有喇嘛，而該處獨無，似尚非從俗從宜之道，自應於噶喇衣、美諾兩處，酌建廟宇，並照伊犁之例，即于京城喇嘛內選派前往住持，所有應派人數，著理藩院查議具奏，其修建廟宇事宜，並著明亮、文綬妥酌辦理(54)。

清朝政府將奔布爾教視爲異端邪教，嚴厲取締。強迫各土司皈依黃教，各地奔布爾教喇嘛寺，俱改爲黃教寺廟。並令章嘉呼圖克圖將詔諭譯成藏文，寄往各土司，以統一宗教信仰。在大小金川境內，以雍中喇嘛寺的規模最爲可觀，倘若概行燬棄，實覺可惜，因此，乾隆皇帝諭令阿桂將雍中喇嘛寺銅瓦及裝飾華美物件拆運京師，擇地照式建蓋。並諭四川總督文綬等在金川建造廣法寺，

裝塑佛像，派班第達堪布喇嘛桑載鄂特咱爾前往住持，以振興黃教。他抵達金川廣法寺後，見寺內舊供塑像及畫像形狀詭異，即令撤毀，改塑黃教所奉佛像。乾隆皇帝又命特成額在大小金川等地選派大喇嘛爲小金川美諾喇嘛寺住持，量招徒衆，仍歸廣法寺堪布喇嘛管轄，往來講經。特成額具摺指出：「番人信心崇奉，皈依日衆，黃教益加振興，於新疆地方甚爲有益。」⑤

四、用舊除新──伊斯蘭教的新舊之爭

　　佛、道及民間秘密宗教以外，清朝政府對伊斯蘭教的政策，同樣也引起重視。伊斯蘭教，中國古籍或文獻習稱回教，伊斯蘭教信衆，習稱回民。伊斯蘭教傳入中國社會的年代，異說紛紜，其中以唐高宗在位期間開始傳入的說法，較爲可信。回教一名，源出回族，回族一名，又源出回回。維吾爾人在唐代被稱爲回紇，又稱回鶻，回回一名，就是回紇或回鶻的音轉，原是種族之稱。自唐代歷北宋，回紇、回鶻與回回，三詞通用，是泛指蔥領東西的維吾爾族而言，其中回回一詞，並未含有穆斯林的意味。第十、十一世紀，伊斯蘭教始由喀什噶爾、葉爾羌傳至和闐。十三世紀，其勢力始逐漸伸展至庫車。在元代，回回一詞，其意義仍未確定，或代表種族，或代表穆斯林。回回代表穆斯林，直至明朝初年始被確定。明代典籍多稱穆斯林爲回回，亦即以回回爲伊斯蘭教信衆，回回教之名，因之而起，回教就是回回教的簡稱。回教雖因回回而得名，但回回並非因回教而得名。大致而言，回回一詞，自北宋至明末，確實已由種族之稱，演變爲宗教名稱，回回與穆斯林，已混淆不淸。

　　清朝沿明舊稱，習稱伊斯蘭教爲回教，信奉伊斯蘭教的穆斯林，統稱之爲回民。回教傳入中國後，因其信仰的特殊，在文化

上、社會上、生活上都保持著一種獨特的系統。封疆大吏對回教
誤解甚深，多指回教爲異端邪教。山東巡撫陳世倌專摺奏請將出
仕紳衿以及衙門行舖諸色人等概令出教，其心志堅信回教不可化
誨者，不許混入仕籍應考充役，各處禮拜寺悉令拆燬，或改立書
院，或另祀神明。但雍正皇帝卻較謹愼，他批諭說：

> 此種原一無可取，但其來甚久，二者此教人皆鄙而笑之，
> 即其回回中十居六、七皆不得已而爲之者，況無平人入其
> 教之理，亦不過止於此數耳，非無限量之可比，即禮拜寺
> 回回堂，亦彼類中敬奉而已，不能惑眾也，代代數千百年
> 亦未能爲，無甚大過。二者朕當日在藩邸有好佛之名，若
> 舉此事無而有私也，只可嚴其新奇駭人動眾之事，如僧道、
> 回回、喇嘛斷不能一時改革也，此待徐徐再看，相機而爲
> 之㊱。

雍正皇帝認爲回教由來已久，如同僧、道、喇嘛，斷不能一時改
革，只能徐徐相機而爲之。引文中「只可嚴其新奇駭人動眾之事」，
確實也受到官府的注意。雍正七年（1729）四月，山東巡撫陳
世倌又具摺指出國家車書一統，萬國來王，薄海內外，罔不一道
同風，乃獨有回民自立教門，因此認爲回教是「顯違定制」，並
列舉應該查禁回教的原因，計四款，列舉如下：

> 普天率土莫不凜遵正朔，恪守王章，惟回教不問晦朔盈虛，
> 不論閏餘寒暑，計滿三百六十日爲一年，即定歲首，往來
> 賀節，並不遵奉寶曆，又崇尚白色，製爲布帽，往來街市，
> 略無顧畏，其應禁者一也；且種類遍滿天下，聲氣周通遠
> 近，凡行客出外，以誦經咒爲號，即面生無不相留，雖千
> 里不攜資斧，連植黨羽，互相糾結，其應禁者二也；凡城
> 市鄉鎮關津渡口之所，把持水陸行埠，壟斷周利，恃其齊

心併力，輒敢欺凌行客，嚇壓平民，其應禁者三也；又各
處創立禮拜寺，千百成群，入寺誦經，而其性兇悍，好習
拳勇，打降匪類，人命盜案，類多此輩，其應禁者四也⑤。

　　陳世倌就一般回教而言，並未對各地新、舊教的差異進行分
析。原奏所述查禁回教的條款。亦不盡符合事實。清朝境內的回
教信徒穆斯林，分佈甚廣，大致可以分為兩大部分：一為陝甘及
內地各省的回教；一為天山南路的回教。以陝甘地方為例，西安
省會及其附近屬邑回民最為聚居，而甘肅自平涼西北至寧夏，則
比屋皆是，其餘如西寧、河州、甘涼等處回民，亦人數眾多。各
處回民的宗教信仰，雖然都是伊斯蘭教，但有新教與舊教之分。
《循化廳志》有一段記載如下：

　　回教一而已矣，所傳天經三十本，云出自唐時，其祖師馬
　　哈嘛所為，回民世守之。至乾隆初年，而河洲始有前開、
　　後開之異。前開者，先開齋而後禮拜也；後開者，先禮拜
　　而後開齋也。其始不知何時，然教遂自是分而為二，首開
　　之教簡而便，趨之者眾，顧其異者，即節目之不同耳，無
　　二經也⑧。

　　引文中的「後開」，即後開齋，指的是阿拉伯人的格底目（
Gedimu），意指老的、舊的。「前開」即前開齋，是指馬來遲
所纂輯的《冥沙經》。據甘肅皋蘭縣知縣劉鶴鳴稟稱：「河州回
民，東南兩鄉，前開齋、後開齋各居其半；西北兩鄉附城關廂盡
屬前開。馬來遲亦係前開，教內州屬回民三萬餘戶，前開居十分
之七，不止二、三千人。」⑨雍正元年（1723），馬來遲赴麥加
朝覲，並且在葉門及中亞布哈拉等地遊學。學習蘇非教義及儀式。
雍正十二年（1734），馬來遲回國，在河州西寧、循化等地傳
教，成立「花寺門宦」。教中儀式，既簡而省費，又新其耳目，

即所謂回教中的新教。乾隆十二年（1747）五月十二日，乾隆皇帝從暢春園向皇太后請安還宮，舊教回民在西直門外控訴馬來遲邪教惑眾，經戶部右侍郎步軍統領舒赫德面加詢問，據馬應煥供稱：

> 小的是陝西臨洮府河州回民，在本州南鄉馬家集清淨禮拜寺掌教。本處居住回民共有四十餘家，小的遵祖父所傳古教之化，他們俱服小的管束。小的古教是要孝順父母，平素禮拜七日，遇喪事念經、炸油香、放布施。於十年前，有同教的馬來遲、馬四、馬寬便、馬天錫、王三等忽行邪教，並不講孝順父母道理，平素只禮拜六日，遇喪事也不念經、設油香、布施，用明沙土吹入人耳內，皈依他們的邪教，就是小的教內人也歸了他們。教內有三十多家，目今小的寺內只剩約四、五家，每逢小的們有婚喪事情，不准行我們的古教，他們即來打搶，將布施、油香等物，盡行搶去。再他們的邪教六日起一會，名為明沙會，耳內吹土，聚集銀錢吃喝使用。他教中現今約有二、三千人，馬來遲不但另立邪教惑眾，二、三年前，又引誘小的歸他們的教，要給小的耳內吹這明沙土，因小的不肯，他將小的父母喪事上所設香油等物搶過兩次⑩。

供詞中對回教中新教和舊教的差異，頗多描述。川陝總督張廣泗具摺時亦稱：

> 甘省各地回民甚繁，河州聚處尤多，大概誦習經典，設寺禮拜，通教無異，惟開齋有先後之不同，誦經有繁簡之微異。先開齋者，每禮拜之日，先飲食而後禮拜，後開齋者，先禮拜而後飲食。遇喪事則延同教誦經散喫油香⑪。

回民每歲把齋一月，晝日勺水不入口，見星始相飲食，稱為

把齋。前開齋者，至夜晚先飲食後禮拜；後開齋者至夜晚先禮拜後飲食，其餘月分每逢七日，掌教帶領衆回民赴清眞寺禮拜。馬來遲新教，與馬應煥舊教，確實頗有差異，歸納而言，其禮拜日數，舊教七日，新教六日；禮拜儀式，舊教先禮拜後開齋，新教先開齋後禮拜；喪葬儀式，舊教念經、炸油香、布施，先辦喪事，後喫油香，新教不唸經、炸油香、布施，先喫油香後辦喪事；經典名稱，舊教誦卯路經，新教誦冥沙經㉒。

撒拉爾回人居住青海西寧地方，向來信奉回教中的舊教，俗稱回番，又稱番回。乾隆三十五年（1770），蘭州府屬循化廳回人馬明心另立新教，自爲掌教，蘇阿渾即蘇四十三等爲其信徒，勢力日盛，新舊教遂仇殺不已。據肅州鎮標都司馬雲稟稱：

> 我係回教，祖居在河州，後移住西寧，我就是在西寧生的。西寧在薩拉爾西北，相離不過二百八十里路，所有那裡的情形，我都知道。那裡住的回番共有二萬餘戶，這種回番，叫做狗西番。那裡有土司千戶一名，百戶一名，他們實是番子，因他也吃豬肉，所以又叫番回。但與我們回教不同，他說話我們也不懂，就與番子一樣。至於爭教一事，都司在蘭州時，聽見他們要到府裡告狀。這種回教本只有舊教一教，又有西安州所屬官川堡的回子哈志不遵我們這一教，自己又作了經卷，到薩拉爾回番地方另立了一個新教，攪亂人心，回番教中的人隨他的甚多，所以舊教的回番與新教的人爭鬥㉓。

乾隆四十五年（1780）九月間，蘇阿渾因與舊教相殺，而起意鬧事。次年，陝甘總督勒爾謹派遣知府楊士璣及河州協副將新柱前往查辦，行至白庄子時，被新教回民千餘名包圍。三月十八日，楊士璣、新柱等俱被殺害。三月二十一日二更時分，蘇阿渾等率

領回民二千餘人，圍困河州城，殺死守城官兵，河州城被攻陷。
乾隆皇帝命大學士阿桂督率滿漢官兵進剿，歷時三個月，始平定
回亂。阿桂頒發告示曉諭回民，節錄一段內容如下：

> 照得本年撒拉爾逆回蘇阿渾即蘇四十三借名新教，煽惑愚
> 民，肆擾不法一案。本閣部堂奉命督率滿漢屯土奮勇官兵
> 擒拏搜捕，業將賊巢全行掃蕩，首逆蘇四十三及黨惡回眾
> 等殲戮淨盡，並將華林山賊營墳墓屍身概行揚灰刨骨，刨
> 挖鏟平，妻子家屬正法緣坐，今欽遵諭旨將逆賊蘇四十三
> 首級傳示各省，曉諭回民㉞。

清軍剿洗的是新教回民。乾隆四十六年（1781）四月，勒爾謹
被革職，以李侍堯爲陝甘總督。同年五月二十三日，乾隆皇帝頒
降諭旨，節錄一段內容如下：

> 昨經降旨將分別辦理新舊教並移駐添兵善後事宜，傳諭阿
> 桂、李侍堯，自能妥商籌辦。此案用舊教而除新教，最爲
> 吃緊關鍵。蓋舊教相沿已久，回人等耳濡目染，習慣性成，
> 今欲去之，勢有不可。譬如僧道，未嘗非異端，亦勢不能
> 盡使爲民也，而新教則如白蓮等邪教，其平日雖亦拜佛念
> 經，而惑眾滋事，其名目斷不可留，將來辦理之法，首先
> 分別新舊名色，即其中有已歸新教而仍自認爲舊教者，是
> 尚知畏罪避禍，查辦時亦只可因其避就量予生路，所謂法
> 外之仁，不得不網開一面也㉟。

回教中的新教如同白蓮教等邪教，惑眾滋事，所以用舊敎，而除
新教，就是清朝政府對回教的政策。清軍平定蘭州回亂後，陝甘
總督李侍堯查辦新教餘黨，拆燬新教禮拜寺，胥役騷擾肆虐，回
民田五藉詞爲馬明心、蘇四十三復仇，又暗興新教，新舊教仇殺
再起。乾隆四十九年（1784）四月十五日，田五率領新教回民

於甘肅鹽茶廳屬小山地方起事,攻破西安城堡。乾隆皇帝詔逮陝
甘總督李侍堯,押解熱河。據李侍堯供稱:

> 向來回民初一、十五俱聚集禮拜寺,從蘇四十三剿滅後,
> 通省新教禮拜寺,概行拆燬,其舊教禮拜寺仍聽回民照常
> 守奉,伊等亦俱自稱都是舊教,其齊集禮拜寺,遂習以爲
> 常。本年田五等在寺內糾眾商同謀逆,訂期起事,係該犯
> 等陰謀密約,不肯洩露於人,所以預先竟不能覺察⑥⑥。

新教田五等照常在寺內禮拜,也在寺內聚眾密謀起事,說明清軍
剿平亂事後,新教勢力並未被澈底摧毀。除田五外,張文慶、馬
四娃等回民,也是新教阿渾。據張文慶供稱:

> 我係石峰堡大頭人,坐在馬四娃上頭,我會念經,馬四娃
> 也會念經。五月初四日,本縣差役張金到草芽溝上來叫我
> 父子並三個掌教,我因聽見人說剛大人要來洗回回,心上
> 疑心,推病不曾去,張金就回去了,我就糾合庄上的人連
> 夜逃上石峰堡。堡內先有姓馬、姓楊四、五百家人家在裡
> 頭住著,我住下三天,又有馬營住的馬四娃也進堡來,我
> 同馬四娃就做石峰堡頭人,叫楊填四、馬尚德、馬廷海帶
> 領千數人去打通渭縣⑥⑦。

引文中「剛大人」,即甘肅提督剛塔,他奉命前往石峰堡等地剿
洗新教回民。張文慶又供稱:「我們回人都是皇上的百姓,四十
六年,蘇四十三經官兵剿殺,掌教馬明心亦已正法,此事原因與
舊教爭教而起。舊教是我們新教的仇人,今年田五在小山起事前,
聽見說是舊教回子舉首的,所以我們越恨舊教,立誓要與舊教仇
殺,後來聞得官兵勢大,恐怕要剿洗新教,就逃往石峰堡藏躲。」⑥⑧
　　馬明心是張文慶的姑父,田五是馬明心的徒弟。乾隆四十六
年(1781),馬明心伏誅後,新教回民立誓要爲馬明心報仇,

新舊教仇殺不已。清朝政府以新教惑衆起事，被指爲異端邪教，所以剿洗新教，而袒護舊教，舊教動輒赴官控訴新教滋事，新教回民愈加仇恨，彼此仇殺，永無寧日。德成具摺時指出：

> 查甘省回民新、舊二教，屢生事端，節經懲創，而猶怙惡不悛者，蓋因舊教念經須用羊隻布疋，新教念經僅取懺錢五十六文，小民希圖省費，是以易歸新教。若今舊教亦照新教僅取懺錢五十六文，該教設立多年，勢難更改，此新、舊二教爭持起釁之由來也。奴才愚昧之見，與其懲創於敗露之後，莫若預防於未犯之先，此等回民，該省督撫等果能諄切訓飭文武地方官等善爲設法留意防閑，並傳諭鄉牌保甲人等逐戶稽查，遇有無故糾合人衆夜聚曉散，形跡可疑者，即稟官禁約，如仍不改悔，即隨時懲處，以示警戒，如此杜漸防微，庶不至釀成大案，殺戮多人，有違我皇上天地好生之心，亦不必崇舊斥新，紛紜擾攘，而地方自得寧謐矣[69]。

黜邪崇正，崇舊斥新的宗教政策，不能解決回教中新舊教之爭，經德成奏請調整。

五、反教排外──天主教政策的轉變

明清之際，中西海道大通，日益頻繁，西方傳教士絡繹東來，其中多屬天主教耶穌會士。他們大都是聰明特達的飽學之士，不求利祿，專意行教。爲博取中國官方及士大夫的同情與合作，耶穌會士多以學術爲傳播福音的媒介。他們博通天文、地理、曆法、算學、物理、化學、醫學、工藝等，西學遂源源不絕地輸入中國。清朝入主中原後，耶穌會士大都爲新政權效力。凡有一技之長者，多召入京中，供職於內廷，或佐理曆政，或纂修曆法，或測繪地

圖，或扈駕巡幸，或進講西學，或製作工藝，或幫辦外交，內廷
之中，一時濟濟多士。中西文化在基本上並非不能相容。耶穌會
士爲傳教工作的便利，固然將西學輸入中國，同時也將中國學術
傳入歐洲，舉凡中國的經籍、繪畫、建築、瓷器等先後由耶穌會
傳入西方，順治、康熙年間，天主教的傳教事業，可謂蒸蒸日上。

　　耶穌會士所傳入的科技成果及西學知識，多集中於宮廷，爲
內廷服務，並未得到地方督撫的同情與合作，康熙年間取締天主
教，首先就是起自地方督撫。康熙三十年（1691）九月，浙江
巡撫張鵬翮飭令府縣官員欲將杭州府天主堂拆燬，書板燬壞，以
天主教爲邪教，將耶穌會士逐出境外。杭州府天主堂住堂傳教士
殷鐸澤差人至京告知欽天監治理曆法大臣徐日昇、安多。同年十
二月十六日，徐日昇、安多具題，懇請解禁。十二月十八日，奉
旨：「該部議奏」。康熙三十一年（1692）二月初二日，大學
士伊桑阿等奉上諭：

> 前部議得各處天主堂照舊存留，止今無西洋人供奉，已經
> 准行。現在西洋人治理曆法，前用兵之際，製造軍器，効
> 力勤勞。近隨征阿羅素，亦有勞績，並無爲惡亂行之處，
> 將伊等之教目爲邪教禁止，殊屬無辜，爾內閣會同禮部議
> 奏⑦。

　　耶穌會士効力勤勞，亦無爲惡亂行之處，將天主教視爲邪教，
欲行禁止，確實無辜。經禮部尙書顧八代等會題，略謂：

> 臣等會議得，查得西洋人仰慕聖化，由萬里航海而來，現
> 今治理曆法、用兵之際，力造軍器火炮，差阿羅素，誠心
> 効力，克成其事，勞績甚多，各有〔省〕居住西洋人，並
> 無爲惡作亂之處，又並非左道惑眾異端生事。喇嘛僧道等
> 寺廟，尚容人燒香行走，西洋人並無違法之事，及行禁止，

似屬不宜,相應將各處天主堂,俱照舊存留,凡進香供奉之人,仍許照常行走,不必禁止,俟命下之日,隨行直隸各省可也⑰。

禮部尚書顧八代等會銜具題的題本,於同年二月初五日奉旨:「依議」。四月三十日,殷鐸澤入京。五月初一日,殷鐸澤奏謝解除禁教令之恩。五月初九日,康熙帝召見殷鐸澤於乾清宮。據杭州府天主堂碑文的記載,康熙皇帝南巡時,凡遇西洋之人,俱頒溫旨教訓容留。徐日昇等具題指出:「我皇上統馭萬國,臨蒞天下,內外一體,不分荒服,惟恐一人有不得其所者,雖古帝王亦所莫及,即非西教,亦得容於覆載之中。」朝廷也認為將天主教列為左道異端的邪教而加以禁止,確實不宜。從浙江查禁天主教一案可知地方大吏已將天主教與邪教相提並論,而欲行禁止。康熙皇帝和廷臣則認為將天主教視為邪教,殊屬無辜,而對天主教採取寬容政策。由此可以反映在康熙年間,朝廷與地方大吏對待天主教的態度,並不一致。《清代全史》對此有一段分析如下:

> 康熙帝統治中期,天主教是在一種和諧、融合的氣氛中發展的,是天主教在華傳播的「黃金時代」。但這種局面並沒有維持很久,到康熙四十六年(1707)左右,形勢就發生了劇變,即康熙對天主教從實行「容教」政策改變為「禁教」政策。究其原因,主要有兩個方面。一方面是當時中國國內局勢比較穩定,不需要也不怕傳教士與之對抗。相反,怕的是天主教在民間迅速傳播,會動搖其中央集權制的統治;另一方面,也是最主要的一方面,即是所謂「禮儀之爭」的問題⑫。

康熙年間,由於理學實用主義的盛行,西方科技文明,受到康熙皇帝的重視,耶穌會士在地方上的活動,相當頻繁。例如康熙四

十七年（1708）四月，雷孝思（J. B. Regis）、白晉（Joachim Bouvet）、杜德美三人奉命測繪萬里長城位置，以及附近河流。同年十月，費隱（Frideli Xavier）、雷孝思、杜德美奉命前往黑龍江一帶測繪地圖。康熙五十年（1711），雷孝思與麥大成（Joannes Fr. Cardoso）奉命前往山東，杜德美、費隱、白晉及奧斯定會傳教士山遙瞻（Bonjour, Guilaume）奉命前往山西、陝西、甘肅等省測繪地圖。康熙五十一年（1712），雷孝思、德瑪諾、馮秉正奉命前往河南、江南、浙江、福建等省測繪地圖。康熙五十二年（1713）五月，麥大成等奉命前往山西、廣東、廣西測繪地圖，費隱等奉命前往四川、雲南、貴州、湖廣測繪地圖。康熙五十三年（1714）二月，雷孝思、德瑪諾、馮秉正三人在廈門上船，赴澎湖群島、臺灣測繪地圖。西方傳教士深入地方並未遭到地方大吏的阻撓，江西、福建等省的天主教堂，亦照舊存留，耶穌會傳教士常以葡萄酒等物進貢給康熙皇帝。《清代全史》所稱「怕的是天主教在民間迅速傳播，會動搖其中央集權制的統治」等語，並不符合歷史事實，這不是康熙年間的現象。康熙皇帝由容教到禁教的轉變，主要是起因於禮儀之爭。

祭天、敬孔、祀祖是中國傳統禮俗，所謂禮儀之爭，就是誣指耶穌會士對中國傳統禮俗採取寬容態度而引起的紛爭。教皇發表教書，斥責耶穌會士的不當，並派多羅（Carlo Tommaso Maillard de Tournon）為特使，攜帶教皇禁約，到中國交涉。康熙四十四年（1705）十月二十九日，多羅抵達北京。十一月十六日，多羅覲見康熙皇帝。康熙四十五年（1706）五月十二日，康熙皇帝曉諭多羅云：

近日西洋所來者甚雜，亦有行道者，亦有白人借名為行道者，難以分辨是非。如今爾來之際，若不定一規矩，惟恐

後來惹出是非，也覺得教化王處有關係，只得將定例先明白曉諭，命後來之人謹守法度，不能少違方好。以後凡自西洋來者，再不回去的人，許他內地居住；若今年來明年去的人，不可叫他許住。此等人譬如立於大門之前，論人屋內之事，眾人何以服之？況且多事。更有做生意、趁買賣等人，益不可留住。凡各國各會，皆以敬天主者，何得論彼此，一概同居同住，則永無爭競矣[73]。

來華長期定居的西洋人，始准他在中國居住，若是今年來明年去的西洋人，則不許他來華居住。這道諭旨是泛指來華的西洋人，並非針對西洋傳教士，但對不定期或短期往來傳教的西洋傳教士卻十分不便。同年五月十八、十九兩日，康熙皇帝又接見多羅，堅決表示西洋人若反對敬孔祀祖，就很難留居中國。同時，又規定所有在中國的西洋人必須領取永居票，始能長期居住中國。規定「凡不回去的西洋人等，寫票用內務府印給發。票寫西洋某國人，年若干，在某會，來中國若干年，永不復回西洋，已經來京朝覲陛見，為此給票，兼滿漢字，將千字文編成號數，挨次存記。」[74]願意領取永居票的傳教士，由本人自動申請，親自進京陛見，陳述自己永久留居中國的決心，然後呈遞履歷，經內務府批准給發永居票，凡不願領取永居票的西洋人，一律押解廣州天主堂居住。康熙四十六年（1707）三月十七日，因西洋人孟由義等九人請求領取永居票，呈遞履歷摺子，直郡王胤禔具奏，康熙皇帝頒降諭旨稱：

諭眾西洋人，自今以後，若不遵利瑪竇的規矩，斷不准在中國住，必逐回去。若教化王因此不准爾等傳教，爾等既是出家人，就在中國住著修道。教化王若再怪你們遵利瑪竇，不依教化王的話，教你們回西洋去，朕不教你們回去。

倘教化王聽了多羅的話說你們不遵教化王的話，得罪天主，
必定教你們回去，那時朕自然有話說。說你們在中國年久，
服朕水土，就如中國人一樣，必不肯打發去。教化王若說
你們有罪，必定教你們回去，朕帶信與他說徐日昇在中國，
服朕水土，出力年久，你必定教他們回去，朕斷不肯將他
們活打發回去，將西洋人等頭割回去。朕如此帶信去，爾
教化王萬一再說爾等得罪天主殺了罷，朕就將中國所有西
洋人等都查出來，盡行將頭帶與西洋去。設是如此，你們
的教化王也就成個教化王了。你們領過票的就如中國人一
樣，爾等放心，不要害怕領票，俟回鑾時，在寶塔灣同江
寧府方西滿等十一人一同賜票㊟。

遵守利瑪竇的規矩，順從敬天祀孔祭祖，領過永居票的西洋人，
就如中國人一樣，就在中國住著「修道」。前引諭旨內方西滿等
是在江寧府的西洋人，亦准他領取永居票。

　　多羅來華交涉教務後，朝廷對來華傳教的西洋人，限制更嚴。
康熙四十六年（1707）八月，抵達廣州的西洋人十一名，康熙
皇帝諭令將有技藝的西洋人龐嘉賓等三人送往北京，其餘衛方濟
等八人，因係傳教士，俱留在廣州，不許出省。康熙五十六年（
1717），九卿議定禁止西洋人立堂設者。康熙五十七年（1718）
二月初七日，因兩廣總督楊琳疏請禁教，奉旨：「西洋人之處，
著俟數年候旨再行禁止。」㊟九卿、兵部先後議定禁止西洋人在
內地立堂設教，廷臣與地方大吏均持一致態度，這是一種不可忽
視的轉變，反映清朝政府對天主教的政策，已由容教政策轉變為
禁教政策。

　　康熙五十八年（1719），教皇再度發佈教令，凡不服從康
熙四十三年（1704）教書的傳教士，一概處以破門律。同時，

任命嘉樂（Carlo Mezzabarba）爲特使，出使中國。康熙五十九年（1720）九月二十七日，兩廣總督楊琳命員外郎李秉忠伴送入京。同年十一月二十六日，嘉樂抵達琉璃河，員外郎伊都立等接見。嘉樂提出兩件事：一件是請求康熙皇帝嘉樂管理在中國傳教的衆西洋人；一件是請求康熙皇帝允准入教中國人俱遵守教皇發來條約內禁止之事。次日，康熙皇帝令伊都立傳旨給嘉樂，略謂：

> 爾教王所求二事，朕俱俯賜允許，但爾教王條約，與中國道理大相悖戾，爾天主教在中國行不得，務必禁止。教既不行，在中國傳教之西洋人，亦屬無用，除會技藝之人留用，再年老有病不能回去之人，仍准存留，其餘在中國傳教之人，爾俱帶回西洋去。且爾教王條約，只可禁止爾西洋人，中國人非爾教王所可禁止，其准留之西洋人，著依爾教王條約，自行修道，不許傳教，此即准爾教王所求之二事⑦。

特使嘉樂來華後，使康熙皇帝禁教的態度，更趨強硬。他表示「以後不必西洋人在中國行教，禁止可也，免得多事。」⑧康熙皇帝對天主教態度的轉變，反映天主教在中國傳教事業的黃金時代的結束。

　　雍正皇帝即位後，清朝政府的禁教政策，並未緩和。史學家多以西洋傳教士捲入清朝宮廷政爭爲雍正皇帝禁止天主教的原因⑨。其實，雍正年間的禁止天主教，是康熙末年禁教政策的延長，所謂耶穌會士與皇四子對抗的說法，有待商榷。雍正元年（1723）正月，大赦，傳教士德理格亦獲釋出獄，但清朝政府卻厲行禁教政策，將各省西洋人，除送京効力外，其餘俱安插澳門。閩浙總督覺羅滿保疏陳西洋人在各省起蓋天主堂，潛往行教，人心漸被

煽惑，毫無裨益，請將各省西洋人除送京効力外，餘具安插澳門。
經禮部議准，天主教改爲公所，誤入天主教者，嚴行取締。原疏
奉旨：「西洋人乃外國之人，各省居住年久，今該督奏請搬移，
恐地方之人，妄行擾累，著行文各省督撫，伊等搬移時，或給與
半年數月之限，令其搬移，其來京與安插澳門者，委官沿途照看
送到，毋使勞苦。」⑧

　　雍正二年（1724）五月十一日，西洋人戴進賢奏請勿令催
逼西洋人往住澳門。原奏奉硃批云：

> 朕即位以來，諸政悉遵聖祖皇帝憲章舊典，與天下興利除
> 弊。今令爾等往住澳門一事，皆由福建省居住西洋人在地
> 方生事惑眾，朕因封疆大臣之請、廷議之奏施行。政者公
> 事也，朕豈可以私恩惠爾等，以廢國家之輿論乎？今爾等
> 既哀懇乞求，朕亦只可諭廣東督撫暫不催逼，令地方大吏
> 確議再定⑧。

　　由引文內容可知雍正皇帝查禁天主教，一方面是遵照康熙皇
帝的憲章舊典，蕭規曹隨；一方面是顧及國家輿論，採納封疆大
臣及廷臣的奏請。同年十月二十九日，兩廣總督孔毓珣具摺指出：
「西洋人在中國未聞犯法生事，於吏治民生，原無甚大害。然曆
法、算法各技藝，民間俱無所用，亦無裨益，且非中國聖人之道，
別爲一教，愚民輕信誤聽，究非長遠之計。」⑧耶穌會士供職於
內廷，西方科技文明並不曾推廣到民間，他們雖以學術爲傳教媒
介，並未得到地方大吏的同情與合作，因此，各省督撫多主張查
禁天主教。由於各省督撫查禁天主教不遺餘力，以致各處天主堂
或被拆毀，或改爲公所、書院及廟宇，西洋傳教士多被押往澳門。
乾隆年間，教難迭興，地方督撫多將天主教視爲邪教，西洋傳教
士或被處斬，或被監斃，或被長期拘禁。崇奉天主教的內地信徒，

多照左道惑眾爲從律，或發邊外爲民，或發往伊犁厄魯特爲奴。
乾隆皇帝雖無意根絕西洋「異端」，但因督撫及廷臣多主張嚴辦，
乾隆皇帝遂遵照祖制，嚴厲禁止天主教在內地的活動。

　　嘉慶初年以來，朝廷及直省查禁天主教的政策，絲毫不曾放
鬆。嘉慶皇帝明發諭旨，斥責天主教爲邪教：「嗣後旗民人等務
當恪守本朝清語騎射，讀聖賢書，遵守經常。釋道二氏尚不可信，
況西洋教耶！亟應湔除舊染，勿再聽信邪言，執迷不悟，背本從
邪，自不齒於人類。」㊳清初以來，由於民間秘密宗教的盛行，
朝廷曾針對取締左道異端而制訂「禁止師巫邪術」的律例。雍正、
乾隆年間對各省州縣天主教的取締，多奉密諭辦理，並未發對天
主教的取締制訂條例。嘉慶年間爲了徹底查辦天主教案件，朝廷
曾針對天主教而制訂條文，並寫入大清律例之中，使直省審擬天
主教案件有了法理依據。給事中甘家斌，原籍四川，嘉慶十六年
（1811），甘家斌奏陳四川東北下游一帶有無爲、老祖等教，
與天主教大略相同，煽惑人心，恐致蔓延。因此，具摺奏請嚴定
天主教傳教治罪專條，原奏經刑部議覆。嘉慶皇帝針對西洋人在
直省內地傳習天主教頒降諭旨云：

　　諭：刑部議覆甘家斌奏請嚴定西洋人傳教治罪專條一摺，
　　西洋人素奉天主，其本國之人自行傳習，原可置之不問，
　　若誑惑內地民人，甚或私立神甫等項名號，蔓延各省，實
　　屬大干法紀，而內地民人安心被誘，遞相傳授，迷惘不解，
　　豈不荒悖。試思其教，不敬神明，不奉祖先，顯畔正道，
　　內地民人聽從習受，詭立名號，此與悖逆何異？若不嚴定
　　科條，大加懲罰，何以杜邪術而正人心。嗣後西洋人有私
　　自刊刻經卷，倡立講會，蠱惑多人，及旗民人等向西洋人
　　轉爲傳習，並私立名號，煽惑及眾，確有實據，爲首者竟

當定爲絞決，其傳教蠱惑而人數不多，亦無名號者，著定
爲絞候，其僅止聽從入教不知悔改者，著發往黑龍江給索
倫、達呼爾爲奴，旗人銷去旗檔。至西洋人現在住居京師
者，不過令其在欽天監推步天文，無他技藝足供差使，其
不諳天文者，何容任其閒往滋事，著該管大臣等即行查明，
除在欽天監有推步天文差使者仍令供職外，其餘西洋人，
俱著發交兩廣總督，俟有該國船隻至粵，附便遣令歸國，
其在京當差之西洋人，仍當嚴加約束，禁絕旗民往來，以
杜流弊。至直省地方，更無西洋人應當差使，豈可容其潛
住，傳習邪教，著各該督撫等實力嚴查，如有在境逗留，
立即查拏，分別辦理，以淨根株⑭。

前引諭旨已將天主教視同邪教，其查辦天主教的專條，與查禁民
間秘密宗教的條例，並無不同，刑部等衙門即將諭令正式寫入大
清律例中，其修改後的內容如下：

西洋人有在內地傳習天主教，私自刊刻經卷，倡立講會，
蠱惑多人，及旗民人等向西洋人轉爲傳習，並私立名號，
煽惑及眾，確有實錄，爲首者擬絞立決，其傳教煽惑而人
數不多，亦無名號者，擬絞監候，僅止聽從入教不知悔改
者，發新疆給額魯特爲奴，旗人銷除旗檔。如有妄布邪言，
關繫重大，或持咒蠱惑誘污婦女，並詭取病人目睛等情，
仍臨時酌量，各從其重者論。至被誘入教之人，如能悔悟，
赴官首明出教者，概免治罪。若被獲到官始行悔悟者，於
遣罪上減一等，杖一百，徒三年。儻始終執迷不悟，即照
例發遣，並嚴禁西洋人不許在內地置買產業，其失察西洋
人潛往境內並傳教惑眾之該管文武各官，交部議處⑯。

按大清律例規定，傳習白蓮教、白陽教等邪教，其爲首者擬絞立

決。禁止天主教條例，即沿襲取締民間秘密宗教的判例，將天主教視同邪教而制訂的，嗣後直省督撫等查辦天主教案件，就是援引新例而審擬的，其後直省督撫又奉部議條文。其要點爲：「部議，傳習天主教被誘之人改悔出教者，概予免罪，到官後始行改悔者，於遣罪上減一等，杖一百，徒三年。倘執迷不悟，即照新例，改發新疆給厄魯特爲奴。」⑧嘉慶年間制訂新例以後，直省督撫或援引新例，或援引部議，或援引上諭，以審擬天主教案件，既有明文規定，在法理上也有了依據，但中外之間，卻因教案交涉，從此徒增齟齬。

六、結　語

在人類文化史上，宗教信仰佔著相當重要的地位。任何一種形式的宗教信仰，其存在都不是孤立的現象，而是有其相互關聯、互爲因果的文化社會因素產生作用，亦即爲了適應個人及社會的需要。宗教信仰就是在人和環境之間建立起一種聯繫，確認個人和周圍環境之間存在著密切關係。人類在求生存的過程中，經常遭遇到種種困惑與挫折，例如天災、人禍、疾病、死亡，亦即所謂生老病死等問題，宗教信仰多能適時地給予人們某種程度的助力，使人們有信心的生存下去，具有生存、認知、整合的功能。

傳統中國社會的宗教信仰，除了多元性的原始宗教信仰外，釋、道二氏，頗多討論。佛教傳入中土以後，經歷過從民間走向正統的漫長歷程。在東漢政權結束以前，佛教在中國，只在社會底層暗暗發展。從三國時代以下，形勢轉變，佛教開始浮現到社會上層來，佛教教義很快地爲上層社會所接受。至於民間道教，經過魏晉南北朝二、三百年的發展演變，已有一套較爲完整的宗教觀念和宗教制度，亦爲統治階層所喜聞樂道，而成爲正統宗教。

明清時期，佛教和道教日益走向世俗化、民間化，民間秘密宗教就是佛、道世俗化、民間化的產物，許多民間秘密教派，就是從佛、道正統宗教衍生轉化出來的新興教派。佛教顯、密二宗的分佈，有其特殊環境，藏傳佛教又有黃教、紅教、本教的分別。回教原來僅有舊教，後來也從舊教中衍生了新教。除了佛教、道教、回教及其派生教派以外，還有天主教等外來宗教。但是，無論那一種名目的教派，幾乎沒有一個教派在開創時期就主張對抗當局，鼓吹叛亂的。相反地，絕大多數的教派都頌揚皇權。

滿洲入主中原後，爲鞏固政權，清朝中央政府開始制訂文化政策，將崇儒重道定爲基本國策。康熙年間，進一步具體列舉十六款聖訓，強調黜異端，以崇正學。雍正年間，御製《聖諭廣訓》，逐條闡述十六款聖訓的要旨，重申黜邪崇正的原則，《聖諭廣訓》遂成爲清朝文化政策的綱領，清代歷朝君主對崇儒重道，黜邪崇正文化政策的執行，可謂不遺餘力，也因此而成爲正統主義者，取締異端，查禁邪教，護持正教，樹立正統，就是清朝政府的宗教政策。探討清朝的宗教政策，不可忽視清朝的文化政策，同樣地，探討清朝的文化政策，也不能忽視清朝的宗教政策。但所謂正統與異端，是相對而言的，佛教和道教初起時，未嘗不是異端，但因相沿已久，信衆很多，佛、道即由新起異端逐漸發展成爲舊有的正信宗教，由佛、道世俗化衍生而來的民間秘密宗教則爲新起異端邪教。藏傳佛教中的黃教，與清朝統治者的接觸，由來已久，彼此關係密切，清朝政府護持黃教，以黃教爲正教，以紅教、本教或奔布爾教爲邪教。回教中有舊教和新教的分別，清朝政府護持舊教，以新教爲邪教。至於天主教，對清朝政府而言，是外來新宗教，亦被視爲異端邪教。清朝政府對白蓮、聞香等新興民間秘密宗教的查禁，雷厲風行。對紅教、本教、奔布爾教的打壓，

也是絲毫不姑息。對回教的政策，則是用舊教而除新教。清朝政府迫害天主教傳教士，大清律例針對天主教制訂治罪條例。清朝政府對新興教派或外來宗教固然嚴加取締，但對佛、道正信宗教的接受，或對黃教的護持，也是有條件的。清朝政府相信佛、道本身也含有異端，因此，由朝廷給發僧道度牒，沙汰僧尼，以便稽查約束。打壓紅教，振興黃教，是清朝政府懷柔西藏、蒙古的宗教政策，但清朝皇帝只為從宜從俗之計，並不曲庇諂敬喇嘛。相反地，對黃教也進行重大改革，頒布金瓶掣籤制度，把達賴喇嘛、班禪額爾德尼及眾呼圖克圖繼任人選的決定大權，由西藏地方集中到朝廷中央，而成為清朝中央政府對西藏地方行使主權的一項重要決策，說明清朝政府對宗教政策的制訂，是以有利於統治政權的鞏固為指導原則的權宜措施。

【注釋】

① 《清世祖章皇帝實錄》，卷七四，頁13。順治十年四月十九日，諭旨。

② 朱德宣著《康熙思想研究》（北京，中國社會科學出版社，1990年10月），頁299。

③ 《康熙起居注》（北京，中華書局，1984年8月），㈠，頁125。

④ 《聖諭廣訓》，見《文淵閣四庫全書》（臺北，臺灣商務印書館，民國七十五年三月），第七一七冊，頁599。

⑤ 卓新平撰〈論西方宗教學研究的主體、方法與目的〉，《中國社會科學院研究學報》，1988年，第四期（北京，中國社會科學院，1988年7月），頁53。

⑥ 《康熙起居注》（北京，中華書局，1984年8月），㈠，頁127。

⑦ 《起居注冊》（臺北，國立故宮博物院），雍正九年正月二十四日，

內閣奉上諭。

⑧ 《雍正朝起居注冊》（北京，中華書局，1993年9月），第二冊，頁1176。雍正五年四月初八日，諭旨。

⑨ 《起居注冊》（臺北，國立故宮博物院），雍正十一年二月十五日，內閣奉上諭。

⑩ 《雍正朝起居注冊》，第三冊，頁1961。雍正六年四月二十九日，內閣奉上諭。

⑪ 《起居注冊》，雍正十二年十一月初六日，特諭。

⑫ 《起居注冊》（臺北，國立故宮博物院），乾隆元年正月二十五日，諭旨。

⑬ 《起居注冊》，乾隆二年三月十一日，諭旨。

⑭ 《宮中檔雍正朝奏摺》，第三輯（臺北，國立故宮博物院，民國六十七年一月），頁253。雍正二年八月初十日，硃筆特諭。

⑮ 《清高宗純皇帝實錄》，卷一一三二，頁13，乾隆四十六年閏五月初八日，諭旨。

⑯ 《軍機處檔·月摺包》（臺北，國立故宮博物院），第2772箱，15包，2069號。乾隆十三年三月初八日，浙江巡撫顧琮奏摺錄副。

⑰ 《宮中檔乾隆朝奏摺》，第十七輯（民國七十二年九月），頁79。乾隆二十八年二月二十八日，河南巡撫葉存仁奏摺。

⑱ 《御製文》（臺北，國立故宮博物院，嘉慶年間武英殿刊本），卷上，頁12。

⑲ 《御製文》，卷上，頁19。

⑳ 《御製文餘集》（臺北，國立故宮博物院，道光年間武英殿刊本），卷下，頁31。

㉑ 《御製文餘集》（臺北，國立故宮博物院，嘉慶二十年，內府烏絲欄寫本），卷九，頁19。

㉒ 《清史稿校註》（臺北，國史館，民國七十九年五月），第十五冊，藩部列傳，頁12022。

㉓ 《欽定廓爾喀》（臺北，國立故宮博物院，清內府朱絲欄寫本）卷四一，頁1。乾隆五十七年九月初五日，據和琳奏。

㉔ 《欽定巴勒布紀略》（臺北，國立故宮博物院，清內府朱絲欄寫本），卷一七，頁23。乾隆五十四年二月二十七日，據巴忠奏。

㉕ 《欽定巴勒布紀略》，卷二一，頁13。乾隆五十四年六月初六日，據巴忠奏。

㉖ 豆格才讓・扎嘎撰〈班禪世系的產生及歷世班禪的轉世過程〉，《西藏研究》， 1991年，第一期（拉薩，西藏社會科學院，1992年2月），頁77。

㉗ 陳小強撰〈試論西藏政教上層與滿洲清政權的初次互使〉，《西藏研究》，1992年，第二期（1992年5月），頁48。

㉘ 《清太宗文皇帝實錄》（臺北，國立故宮博物院，初纂本）卷二二，頁30，天聰十年二月十五日，諭旨。

㉙ 《康熙起居注冊》，（北京，中華書局，1984年8月）㈠，頁127。

㉚ 李毓澍著《蒙事論叢》（臺北，永裕印刷廠，民國七十九年十一月），頁2。

㉛ 昭槤著《嘯亭雜錄》，卷一〇，見《筆記小說大觀續編》（臺北，新興書局，民國五十年八月），第二十四冊，頁28。

㉜ 顧祖成撰〈清朝前期治藏政策述略〉，《西藏研究》，1989年，第四期（1989年11月），頁45。

㉝ 康古銘撰〈清朝政府對蒙古的宗教政策〉，《中國蒙古史學會論文選集》（呼和浩特，內蒙古人民出版社，1987年9月），頁320。

㉞ 黃崇文撰〈須彌福壽之廟的建立及其歷史意義〉，《西藏研究》，1989年，第三期（1989年8月），頁81。

㉟　《欽定廓爾喀紀略》（臺北，國立故宮博物院，清內府朱絲欄寫本），卷八，頁1。乾隆五十六年十一月初七日，上諭。

㊱　《廓爾喀檔》，乾隆五十六年十一月，寄信上諭。

㊲　《欽定廓爾喀紀略》，卷四十，頁23，乾隆五十七年八月二十七日，寄信上諭。

㊳　《廓爾喀檔》，乾隆五十七年九月十六日，寄信上諭。

㊴　《廓爾喀檔》，乾隆五十七年九月初五日，寄信上諭。

㊵　《欽定巴勒布紀略》，卷一〇，頁20。乾隆五十三年十月初九日，寄信上諭。

㊶　《欽定巴勒布紀略》，卷一四，頁5。乾隆五十三年十月初九日，寄信上諭。

㊷　《廓爾喀檔》，乾隆五十七年閏四月二十四日，仲巴呼圖克圖供詞。

㊸　《廓爾喀檔》，乾隆五十七年十月初六日，軍機大臣奏稿。

㊹　巴桑羅布撰〈活佛轉世傳承的文化內涵〉，《西藏研究》，1992年，第四期（1992年11月），頁72。

㊺　《清史稿校註》，第十五冊，頁12022。

㊻　《廓爾喀檔》，乾隆五十七年十一月十七日，寄信上諭。

㊼　《清史稿校註》，第十五冊，頁12034。

㊽　《清高宗純皇帝實錄》，卷一四二四，頁24，乾隆五十八年二月十五日，上諭。

㊾　孫雨志等撰〈談談西藏宗教習俗〉，《世界宗教研究》，1990年，第三期（北京，中國社會科學出版社，1990年9月），頁106。

㊿　勁夫撰〈西藏佛教發展的幾個階段及特徵〉，《西藏民族研究》，1991年，第一期（蘭州，西北民族學院，1991年6月），頁143。

51　豆格才讓、扎嘎撰〈班禪世系的產生及歷世班禪轉世過程〉，《西藏研究》，1991年，第三期（1991年8月），頁76。

(52)　《廓爾喀檔》，乾隆五十七年九月十六日，寄信上諭。

(53)　《金川檔》（臺北，國立故宮博物院），乾隆四十一年三月初九日，詔諭。

(54)　《上諭檔》（臺北，國立故宮博物院），乾隆四十一年九月三十日，內閣奉上諭。

(55)　《軍機處檔・月摺包》，第2705箱，115包，25933號。乾隆四十四年十一月二十五日，特成額奏摺錄副。

(56)　《宮中檔雍正朝奏摺》，第三輯（臺北，國立各宮博物院，民國六十七年一月），頁178。雍正二年九月十二日，山東巡撫陳世倌奏摺。

(57)　《宮中檔雍正朝奏摺》，第十二輯（民國六十七年十月），頁900。雍正七年四月二十一日，山東巡撫陳世倌奏摺。

(58)　《循化廳志》（臺北，成文出版社，民國五十七年），頁176。

(59)　《軍機處檔・月摺包》，（臺北，國立故宮博物院），第2772箱，1包，858號。乾隆十三年七月初三日，甘肅巡撫黃廷桂奏摺錄副。

(60)　《軍機處檔・月摺包》，（臺北，國立故宮博物院），第2772箱，1包，591號。乾隆十二年五月十三日，步軍統領舒赫德奏摺錄副。

(61)　《軍機處檔・月摺包》，第2772箱，1包，1176號。乾隆十二年八月初六日，川陝總督張廣泗奏摺錄副。

(62)　鄭月裡著《清代中期西北穆斯林的新舊教衝突》（臺北，國立政治大學民族學系碩士論文，民國八十六年六月），頁46。

(63)　《剿滅逆番檔》（臺北，國立故宮博物院），上冊，頁33。乾隆四十六年四月初一日，馬雲稟詞。

(64)　《剿滅逆番檔》下冊，乾隆四十六年。

(65)　《剿滅逆番檔》上冊，乾隆四十六年五月二十三日，寄信上諭。

(66)　《剿捕逆回檔》（臺北，國立故宮博物院），下冊，乾隆四十九年

七月二十七日，李侍堯供詞。

⑥⑦ 《剿捕逆回檔》，下冊，頁185，張文慶供詞。

⑥⑧ 《剿捕逆回檔》，下冊，頁185，張文慶供詞。

⑥⑨ 《軍機處檔·月摺包》，第2778箱，173包，4188號。德成奏摺。

⑦⑩ 《軍機處檔·月摺包》，第2751箱，7包，4845號。抄寫得西洋堂內康熙三十一年碑文。

⑦⑪ 《軍機處檔·月摺包》，第2751箱，7包，48450號，碑文。

⑦⑫ 《清代全史》，第三卷（瀋陽，遼寧人民出版社，1991年7月），頁275。

⑦⑬ 《文獻叢編》（臺北，臺聯國風出版社，民國五十三年三月），上冊，頁168，康熙與羅馬使節關係文書。

⑦⑭ 〈清宮廷畫家郎世寧年譜──兼在華耶穌會士史事稽年〉，《故宮博物院院刊》，1988年，第二期（北京，故宮博物院，1988年5月），頁35。

⑦⑮ 《文獻叢編》，上冊，頁168。

⑦⑯ 《清聖祖仁皇帝實錄》（臺北，華文書局，民國五十九年六月），卷二七七，頁21。康熙五十七年二月丁亥，兵部議覆。

⑦⑰ 《文獻叢編》，上冊，頁170。

⑦⑱ 《文獻叢編》，上冊，頁175。

⑦⑲ 郭廷以撰〈中國近代化的延誤〉，《大陸雜誌》，第一卷，第二期（臺北，大陸雜誌社，民國三十九年七月），頁8。

⑧⑩ 《清世祖憲皇帝實錄》，卷一四，頁14。雍正元年十二月壬戍，禮部議覆。

⑧⑪ 《故宮博物院院刊》，1988年，第二期，頁41。

⑧⑫ 《宮中檔雍正朝奏摺》，第三輯（臺北，國立故宮博物院，民國六十七年一月），頁302。雍正二年十月二十九日，兩廣總督孔毓珣

奏摺。

㊷　《上諭檔》（臺北，國立故宮博物院），嘉慶十年五月二十日，內
　　閣奉上諭。

㊸　《欽定大清會典事例》（臺北，國立故宮博物院，嘉慶二十三年，
　　武英殿刊本），卷六一〇，頁14。

㊺　薛允升著《讀例存疑》（臺北，中文研究資料中心，1970年），重
　　刊本，㈢，頁425。

㊻　《宮中檔》（臺北，國立故宮博物院），第2723箱，94包，17977
　　號。嘉慶二十年二月二十九日，四川總督常明奏摺。

羅祖教五部六冊圖像

清代秘密社會的財源

一、前　言

　　清初以來的社會結構，呈現出多層次的複雜的多元關係。經過社會學家、人類學家和歷史學家的探討，清代地方社會構成法則的多樣性和複雜性，已漸爲人們所認識。根據不同的認同、整合和分類原則所構成的地方社會共同體，大致被歸納爲三類：一類是宗族；一類是屬於市場體系的基本市集區；一類是所謂祭祀圈。這些地方社會共同體或以固有的地緣和血緣關係，或以共同的利益關係，或根據共同的文化傳統，而存在著不同層次、不同形式的地方社會共同體。各種社會共同體內部存在著共同的利益，並在認同和自我意識方面具有共同感。也存在著或鬆或緊的組織形式，以及或強或弱的社會功能①。

　　清代秘密社會因其生態環境、組織形態、思想信仰及社會功能，彼此不同，各有其特殊條件，學者多將秘密社會劃分爲民間秘密會黨和民間秘密宗教兩個範疇。

　　秘密會黨是由民間異姓結拜團體發展而來的多元性的社會共同體，其起源，與宗族社會的變遷，有密切的關係。大致而言，以血緣關係爲紐帶的宗族，屬於繼承式宗族；以地緣關係爲紐帶的宗族，屬於依附式宗族；以經濟利益爲紐帶的宗族，屬於合同式宗族②。清代前期（1644-1795），閩粵地區的宗族組織，大都已從血緣紐帶衍化成以地緣爲紐帶，進而衍化爲以經濟利益爲紐帶。在依附式宗族和合同式宗族社會中，弱房依附於強房，小

姓依附於大姓,強宗大姓對本地資源建立了地域性的支配圈,把附近的弱小宗支置於他們的保護之下,但對弱房小姓亦時相欺凌,以強凌弱,以衆暴寡,而激起弱房小姓的強烈反抗,衆小姓聯合抵制大姓,異姓結拜的活動,蔚爲風氣。

異姓結拜組織,一方面模擬宗族血緣制的兄弟平行關係,形同手足,彼此以兄弟相稱,藉盟誓約束成員,以強化內部的組織;一方面吸收佛家破除俗姓,以「釋」爲僧侶共同姓氏的傳統,藉以發揚四海皆兄弟的精神。異姓結拜團體的成員,除本身俗姓外,另以象徵特殊意義的吉祥字爲義姓,化異姓爲同姓,以打破各家族的本位主義。各小姓聯合後,或以「萬」爲義姓,象徵萬衆一心;或以「海」爲義姓,象徵四海一家;或以「齊」爲義姓,象徵齊心協力;或以「同」爲義姓,象徵共結同心。所謂以「萬」爲姓、以「海」爲姓、以「齊」爲姓、以「同」爲姓等異姓結拜集團,都是虛擬宗族,亦即由傳統宗族組織衍化而來的地方社會共同體。王懿德在閩浙總督任內具摺指出,「閩省地勢延袤二千餘里,負山面海,外控臺灣、澎湖,實爲濱海巖疆,故兵額之多,較他省爲最。乃地多斥鹵,民事畋漁,戶鮮蓋藏,力尤拮据,亦較他省爲甚。且上游則山深箐密,村落零星;下游則聚族而居,民貧俗悍,往往以大姓而欺小姓,強房而凌弱房,糾衆結會,持械互鬥之風,幾成錮習。」③福建下游指泉、漳等府沿海地區,秘密會黨的起源,與福建泉、漳等府異姓結拜風氣的盛行,確實有極密切的關係。

秘密會黨的發展,則與閩粵等省人口流動的頻繁,有十分密切的關係。閩粵沿海地區,由於人口壓迫,日益嚴重,生計維艱的貧苦小民,或湧入城鎮,或移徙開發中的移墾社會。隨著閩粵人口的向外流動,移墾社會裡結盟拜會的活動,亦蔚爲風氣。

　　所謂民間秘密宗教，是指佛道等正信宗教以外的新興民間教派，有的是佛教世俗化後衍生出來的教派，有的是起源於民間的原始信仰，並雜揉儒釋道的思想而創立的教派。明清時期的民間新興教派，有的學者稱之爲民間宗教，有的學者概稱爲白蓮教，也有稱之爲新興民間宗教的，並不一致。其實，民間宗教的含義較爲廣泛，其中包括民俗學、各類迷信活動等內容，不如稱之爲民間秘密宗教，既可以和幾個大宗教中的秘密教派如藏傳佛教的密宗相區別，又可縮小廣泛意義的民間宗教的研究範圍，比較確切地反映民間秘密宗教所研究的對象和內容④。

　　民間秘密宗教，教派林立，各教派的共同宗旨，主要在勸人燒香念經，導人行善，求生淨土，解脫沉淪，其思想觀念，與佛教的教義最相切近。各教派傳授坐功運氣，爲村民療治時疾，其修眞養性的途徑，與道教頗相近似。各教派也多具有生存、整合與認知的正面功能。各大教派在創教之初，大都公開活動，有的還曾得到統治階層的支持和護法。但後來因爲朝廷制定律例，取締民間新興教派，各教派被管府指爲「邪教」，其組織及活動都是不合法的，各教派遂由公開轉入地下，只能在社會底層秘密發展，而成爲這些教派的特點。所以稱這些新興民間教派爲民間秘密宗教，較之稱爲民間宗教，更爲恰當。

　　民間秘密宗教藉教義信仰，模擬宗族血緣制的父子關係，師徒輾轉傳授，以建立縱的統屬關係。因此，民間秘密宗教一方面可以說是虛擬宗族，一方面各教派都成立自己的祭祀圈，而成爲多元性的複雜的地方社會共同體。秘密會黨創生於閩粵，盛行於南方邊陲地帶的移墾社會；民間秘密宗教盛行於北方各省，並傳佈於南方江浙、湖廣、四川、江西、福建、兩廣、雲貴等地區，所謂「南會北教」的說法，是有待商榷的。由於秘密會黨和秘密

宗教的組織形態，彼此不同，其財政來源，遂有差異。本文撰寫的旨趣，表要是利用現存檔案，分析清代秘密會黨和秘密宗教的財政來源，及其支配社會資源的特點。

二、秘密會黨的經費籌措方式

社會和經濟的變化，是互為表裡的。社會的變化，直接對經濟造成影響，而經濟的發展，又促成社會結構的變遷。清代社會經濟的變遷，最引人矚目的就是人口的急遽增加，人口流動的日益頻繁，邊陲地區耕地墾闢面積的顯著擴大，以及基層社會的變遷，清代前期的臺灣就是處於開發中地區的早期移墾社會。近年以來，學者對清代臺灣史的研究，已經注意到早期移墾社會的區域特徵，尤其對臺灣各種類型的地方社會共同體的形成及其發展，已經產生高度的興趣。早期移殖到臺灣的內地漢人，不僅同鄉觀念很濃厚，其模擬宗族關係的異姓結拜活動，非常盛行，秘密會黨的倡立，也是十分常見的社會共同體，雍正年間，臺灣諸羅縣境內所取締的父母會，就是在移墾社會的地緣村落中所產生的虛擬宗族。它與民間異姓結拜組織，並無本質上的差異，所不同的只是它倡立了正式的會黨名稱而已。

雍正四年（1726）五月初五日，諸羅縣境內蓮池潭地方，有蔡蔭等十三人結拜父母會，公推蔡蔭為大哥。雍正六年（1728）正月十三日，諸羅縣茇仔林地方有陳斌等二十三人結拜父母會，歃血瀝酒，公推湯完為大哥，以朱寶為尾弟、蔡祖為尾二。同年三月十八日，蔡蔭又與陳卯等二十人在蕭養家再結父母會，仍推蔡蔭為大哥，以石意為尾弟。諸羅縣父母會成立的宗旨，是為父母年老疾病身故籌措喪葬費用而創設的，屬於互助性的經濟活動。據父母會成員尾二蔡祖等供稱：「陳斌在湯完家起意招

人結父母會，每人出銀一兩拜盟，有父母老了，彼此幫助。」⑤
蔡蔭、陳斌等人爲父母年老身故喪葬預籌互助費，這是父母會得
名的由來。《臺灣舊慣習俗信仰》有一段敘述如下：

> 所謂父母會，就是各會員父母去世時，以父母資助喪葬費
> 用爲目的而組成。他們雖說祭祀神佛，其實等於利用神佛，
> 和現在的「人壽保險」相差無幾。類似父母會的還有孝子
> 會、孝友會、長生會、兄弟會等，名稱雖然不同，但組織
> 幾乎相同。就是當幾十個人創立父母會時，先各自捐出一
> 定的金額，用其利息作爲祭祀神佛之用。又各會員分別指
> 定其尊族中的一人，當此人死亡時，各會員再捐款作爲喪
> 葬費⑥。

父母會成員因生活貧苦，無力辦理喪費，所以招人入會，每
人出銀一兩，用其利息作爲祭祀神佛及喪葬等費用，類似後世的
人壽保險。《臺灣私法》一書，對臺灣父母會的性質，有一段較
詳細的說明，節錄如下：

> 臺灣有稱父母會或孝子會的互助團體，其目的在補助會員
> 的父母、祖父母、伯叔等喪葬及祭祀費。是一種保險團體，
> 因而此等尊屬全部亡故時，該團體原則上要解散。南部地
> 區的父母會，皆不置財產，中部地區的父母會，大多擁有
> 財產。亦有保險對象的尊屬全部亡故後仍不解散而繼續充
> 爲祭祀費者。然而僅依會員協定存續而已，無論何時皆得
> 以解散處分財產，所以亦有在杜賣所屬財產的契字註明：
> 「今因孝子會完滿」，表示父母會的目的已達成，將所屬
> 財產處分者。父母會亦有置總理或爐主等管理財產、主持
> 祭祀者。會員對此財產的持分，通常以股份表示，是一種
> 合股組織，其財產爲會員共有⑦。

　由引文內容可知，臺灣父母會資助或保險的對象，除了會員父母外，也包括祖父母和伯叔等親屬。諸羅縣境內的父母會，是移墾社會裡常見的一種社會共同體，模擬宗族制的兄弟關係，會員之間，彼此以兄弟相稱，大哥湯完等人與尾弟朱寶是兄弟平行關係，情同手足，合異姓爲一家，使其組織宗族化。雍正年間的**臺灣父母會**，就是一種虛擬宗族，既是地緣關係的依附式宗族，也是以經濟利益爲紐帶的合同式宗族。會員入會時，各出銀一兩，都是財產的持有人。會中成員對會中財產的持分，通常是以股份表示，屬於一種合股組織，父母會就是一種合同式虛擬宗族。但因其組織形式是屬於異姓結拜弟兄組織，與清朝律例相牴觸，而遭到官府的取締。

　類似臺灣父母會的秘密會黨，並不罕見。雍正八年（1730），福建廈門破獲一錢會。會首李才原爲水師營兵，因結夥酗酒打架，被枷責革糧後，又至廈門盟夥李環機家飲酒滋事，被轅門官白虎漢解回原籍安插，李才糾衆結盟，欲向白虎漢報復。李才結盟拜會，平日會中成員各出銀一兩，以打造軍器。李才被革糧後，會員每人各出銀一兩，希冀買補營糧⑧，因會中遇事要出銀一兩，故稱一錢會。會中費用，由弟兄均攤。

　乾隆十三年（1748），福建漳州府長泰縣陳巷墟地方查出居民戴瓜素學習彈唱，是年六月十五日，戴瓜糾邀林漸等三十七人，各出錢六十文，聚集飲酒彈唱，號爲父母會。其得名的由來，似因爲父母年老身故，念經彈唱而得名。梁老三是廣東南海縣佛山鎮人，向在廣西營生。嘉慶二十年（1815）七月，梁老三邀得歐發祥等七人在廣西恭城縣結拜忠義會，因歐發祥出錢較多，派爲大哥。湖南衡陽縣人李泳懷亦在恭城縣小貿營生，與梁老三熟識，談及孤身無靠。梁老三告以曾在縣境結拜忠義會，入會以

後，可免外人欺侮，會中人如有疾病身故，各出錢一百零八文資助。同年十月，李泳懷等十二人齊至縣境空廟內結拜忠義會。廣東和平縣人僧宏達，出家後到江西定南廳塔下寺披剃爲僧，與和平縣人吳亞妹因係同鄉，彼此熟識，常相往來。嘉慶十九年（1814）閏二月，吳亞妹至塔下寺，談及曾入三點會，勸令僧宏達入會，以免受人欺侮，遇貧乏時，同會弟兄彼此出錢照應，僧宏達應允入會，隨後即結拜三點會。廣東曲江縣人楊憨頭是添弟會的成員之一，嘉慶二十年（1815）十月，楊憨頭徙居雲南開化府文山縣新寨塘。他爲人兇悍，附近居民飽受欺凌，每逢年節，均須致送食物。楊憨頭見村民易於欺壓，起意復興添弟會。嘉慶二十一年（1816）二月，楊憨頭糾得二十七人，每人各出銀一兩，或出錢米，共推楊憨頭爲大爺⑨。

　　前述父母會、忠義會、三點會以及雲南的添弟會，都是屬於合股組織，也是一種合同式的虛擬宗族，會中成員都是弟兄。

　　道光二十年（1840）十月，貴州大定府白莽蟒硐人汪擺片因素好的張老四之母病故，無力殮埋，於是邀同陳水蟲等二十七人結拜老人會，資助張老四銀錢包穀，以籌措喪葬費用⑩。貴州老人會與臺灣父母會，名目雖然不同，但其目的卻相同，都是爲了父母年老身故資助喪葬費用而倡立的合同式虛擬宗族。老吾老以及人之老，患難相助的手足情誼，就是父母會和老人會共同的文化傳統，都具有正面的社會功能。但清初以來，朝廷已制訂取締異姓人結拜弟兄的律例，老人會的組織及其活動，都與朝廷律例相牴觸，也遭到官府的取締。

　　廣西、雲南、貴州等省，由於社會的普遍貧窮，許多秘密會黨往往成爲聚衆斂錢的組織。廣西蒼梧縣與廣東西寧縣地界毗連，人口流動頻繁。乾隆五十二年（1787）九月，廣東西寧縣人仇

德廣希圖騙錢使用，即與縣民盧首賢等二十二人在縣境杜城墟新廟結會，公推仇德廣為大哥，會員各出會錢三百文交給仇德廣收受。仇德廣即解下身佩牙籤一副，聲言當以牙籤會為會名，各人身帶牙籤一副，作為暗號。隨後照樣打造，散給會員。牙籤會的成員何昌輝寄居廣西蒼梧縣文瀾村，開店生理。仇德廣等人前往蒼梧縣，商同何昌輝糾邀陳興遠等二十人，各出會錢三百文，於同年十月十八日齊赴文瀾村古廟結拜牙籤會，仍推仇德廣為會首。仇德廣又編造印記，以「賢義堂記」四字為記，他聲言會中弟兄於牙籤之外，尚須打造銀印一個，各自佩帶，方為信記。共計打造銀牙籤、銀印章各四十三副，每副賣錢一千六百文⑪。仇德廣多次糾人拜會，聚眾斂錢，並藉販賣銀製牙籤及印章，收受錢文，騙錢使用。

阮元從嘉慶二十二年（1817）冬間抵兩廣總督新任後，即細心查訪廣西秘密會黨盛行的原因，其原摺略謂：

> 查粵西民情本屬淳樸，因該省與廣東、湖南、雲南等省連界，外省游民多來種地，良莠不齊，以致引誘結拜添弟會，遂有鄉民因勢孤力弱，被誘入會，希圖遇事幫護。又或有殷實之戶恐被搶劫，從而結拜弟兄，以衛身家。其初，該匪等不過詭騙斂錢，沿襲百餘年前破舊書本，設立會簿腰憑，傳授口號，或稱大哥，或稱師傅，或知天地會罪重，改稱老人等會名號。每起或一、二十人，或數十人不等，並無數百人同結一會之案，間有一人而結拜二、三會者。夥黨漸多，旋即恃眾劫掠，又復勾結書役兵丁同入會內，冀其包庇，倖免破獲。其意僅在得財花用，尚無謀為不法情事，但惑誘良民，糾眾劫擾，實為地方大害⑫。

各會黨的成立，主要就是詭騙斂錢，得財花用。以破舊會簿

爲傳會的工具，凡持有會簿，或懂暗號歌訣者，即輾轉邀人結會，
聚衆斂錢。左家發即劉開三，又名劉沅隴，籍隸湖北省衡陽縣，
他被捕後供出結會斂錢的經過。湖廣總督程矞采將審擬左家發的
情形繕摺奏聞，節錄原摺一段如下：

> 左家發素業眼科醫理，道光三十年七月間，左家發由衡山
> 縣搭船出外行醫，會遇同船之廣東人李丹及湖北人張添佐，
> 值李丹染患目疾，倩伶醫愈，遂相契好。李丹因述及廣東
> 舊有添地會，現改爲尙地會，凡入會者，互相幫助，兼可
> 恃眾強劫，按股分贓，勸令左家發入會，張添佐亦在旁慫
> 恿，左家發應允即拜李丹爲師。李丹隨即給三圈印票數十
> 紙，稱爲門牌，告以內有上蓋、中蓋、下蓋之分。上蓋爲
> 天盤，中蓋爲地盤，下蓋爲人盤，粘貼門首，即知爲同會
> 之人，能免劫數。如有人領買上蓋者，須錢三千四百文，
> 可保一族；中蓋二千四百文，可保一家；下蓋一千四百文，
> 可保一身。凡發牌曰發貨，領牌曰開恩，囑令遇便勸人領
> 買入會⑬。

引文內「添地會」，即添地會或天地會，「尙地會」，即上帝會
或拜上帝會。李丹所述「添地會」或「尙地會」，含有濃厚的宗
教色彩，會中印票，可以黏貼門首，又稱門牌，內有上蓋、中蓋、
下蓋之分，售價不同。左家發拜師入會後，即藉發放門牌斂錢。
會中強劫得來的錢財，即按股分用，是屬於合股組織的一種社會
共同體。

　　嘉慶十三年（1808）三月間，江西破獲邊錢會，黃麻子是
撫州府崇仁縣人，求乞度日，有素識的鄒麻子起意結會，黃麻子
等四十三人俱各允從。三月十六日，在樂安縣會齊，寫立關帝神
位，傳香跪拜。因鄒麻子年長，共推爲老大，其餘依齒序分爲一

肩至七肩，將錢一文，分作兩半，一邊交老大收藏，一邊存會內能幹者收執，作爲聚散通信的憑據，故取名爲邊錢會。凡是乞丐入會時，出米一升。竊賊亦許入會，或出雞一隻，或出錢一、二百文。周之琦在江西巡撫任內，曾拏獲三點會要犯張義老等人。張義老又名曾大漢，籍隸江西清江縣人，先因在原籍行竊，及兩次聽從鄒接麻子等人結會案內擬軍發配浙江。嘉慶二十五年（1820），遇大赦釋回，求乞度日。道光十年（1830）五月，張義老與聶新子等各談貧苦，起意結會斂錢。隨後邀得黃廣六等二十六人結會，共推張義老爲老大，黃廣六善走，被推爲老滿頭，其餘分爲一肩至十肩名目，公出錢文，各打銀戒指一個，暗作記認，以爲入會憑據。結拜時，凡是乞丐，出米一升，竊賊出雞一隻，及錢二、三百文不等⑭。由此可知三點會和邊錢會，雖名目不同，但其結會儀式，卻頗爲近似，同時由公出錢文打造銀製戒指等活動，也可以說明三點會內部的費用，是由會中成員均攤。各種名目的會黨，由於規模不大，又各立山頭，結會後不久，先後被取締，歷時短暫，對社會資源，尚未造成嚴重的侵蝕。

　　臺灣天地會是閩粵內地天地會的派生現象，是屬於閩粵天地會系統的秘密會黨，可以歸諸傳播關係。天地會是一種異姓結拜組織，它承襲了我國歷代民間義結金蘭歃血瀝酒的各種要素。但是，天地會正式創立的時間，最早只能追溯至乾隆二十六年（1761），是年，僧人萬提喜在福建雲霄高溪觀音亭創立。乾隆四十七年（1782），萬提喜的嫡傳弟子陳彪，在漳州平和縣行醫時，糾邀嚴煙等人入會。次年，嚴煙渡海來臺，在彰化開設布舖，並傳天地會。嚴煙被捕後供出加入天地會的好處說：「要入這會的緣故，原爲有婚姻喪葬事情，可以資助錢財；與人打架，可以相幫出力；若遇搶劫，一聞同教暗號，便不相犯；將來傳教

與人，又可得人酬謝，所以願入這會者甚多。」⑮天地會的宗旨，主
要是在於內部成員的互助問題，天地會的倡立及其發展，反映了
許多社會問題。臺灣早期移墾社會的普遍貧窮，婚姻喪葬，養生
送死，亟需資助；民風好鬥，族群矛盾，分類意識濃厚，動輒聚
衆械鬥，結盟拜會，可以相幫出力；地方治安欠佳，公權力薄弱，
竊盜成風，熟悉天地會隱語暗號，便不敢相犯；收徒拜會，糾人
出錢入會，便可得人酬謝。因此，早期的天地會，主要就是強調
內部的互助問題，不應過於強調反清復明的政治目的。

　　臺灣天地會勢力的膨脹以及林爽文的加入天地會，都與彰化
漳、泉分類械鬥規模的擴大有密切的關係。由於地方官處理不善，
官逼民反，天地會終於走上叛亂之途。天地會起事後，臺灣南北
兩路會黨先後響應。乾隆五十一年（1786）十一月二十八日夜
間，天地會攻入彰化縣城。十二月間，鳳山、諸羅等縣城，相繼
失陷。林爽文爲盟主大元帥，莊大田自稱洪號輔國大元帥，設官
分職。天地會中所需銀錢及米糧，除勒派外，主要是向各庄地主
或佃戶抽收的。北路方面是向富戶派出米糧，在各庄勒派。山田
按一九抽收，水田按二八抽收。意即水田納糧佔收入的百分之二
十，但間有對半抽收者。彰化大里杙，是以漳州府林姓移民爲主
所墾拓的村庄，在大里杙庄內的天地會成員，係由天地會分配田
地耕種，粟米每百石，抽收三十石⑯。護國將軍郭鑑專管南投十
五庄糧務，一年計收穀一萬四千七百餘石。林爽文以彰化縣城爲
大元帥府，除各路文武要職外，大元帥府除盟主大元帥外，另置
耆老‧總爺、軍師等員，由林倉管理軍糧。南路天地會則命都督
將軍謝檜負責管理，副主帥黃成亦奉派前往各庄抽收銀錢糧米。
據副主帥許光來供稱：「各庄戶人家收一百石稻子，總要抽分三
十石，彙齊運到南潭、中州。莊大田說我運糧有功，封我做副主

帥，手下管一百三、四十人，仍叫我到各庄去派糧。」⑰臺灣天
地會起事以後，在天地會控制的地區，由林爽文、莊大田派人治
理，兼管軍務，在天地會控制之下，村民直接向天地會繳納銀糧，
爲清朝政令所不及。林爽文起事以後，清廷爲了將漳州籍移民從
天地會陣營中分化出來，特頒諭旨將臺灣府所屬各廳縣應徵地丁
錢糧悉行蠲免，以示「一體加恩，普施惠澤」之意，但其成效卻
極爲有限。

三、民間秘密宗教的經費來源

　　清朝初年以來，民間秘密宗教日益興盛，到處創生，衍生轉
化，枝榦互生，以致教派林立，名目繁多。順治年間（1644-
1661），除了白蓮教，還出現大成教、混元教、無爲教、衣法
教等教派。康熙年間（1662-1722），另又查獲大乘、神捶等教
派。雍正年間（1723-1735），查獲順天、儒理、羅祖、空子、
收元、龍華、皇天、三乘、三皇聖祖、圓敦大乘、白陽、糍粑等
新興民間秘密宗教。乾隆年間（1736-1795），教派名目更加繁
多，除前舉各教派，又查獲八卦教、無爲救苦教、紅陽教、一炷
香教、老理會、清水教、五葷道、明宗教、源洞教、收源教、牛
八教、一字教、清茶門教、圓明教、長生教、老官齋教、觀音教、
西來正宗等教派。嘉慶、道光時期（1796-1850），除前舉教派
外，另有天理教、榮華會、青陽教、黃陽教、青蓮教、紅蓮教、
黃蓮教、義和門教、清淨無爲教、三元教、如意教、天香教、儒
門聖會、龍天門教、先天教、九宮教、敬空教、未來教、天竹教、
天元正教、毛里教、西天老教、皇天道、大被教、根化教、鳴鐘
教、五郎會、滾單會、報恩會、明天教、老天門教、離卦教、坎
卦教等等。新教派的出現，如雨後春筍，屢禁不絕，芟而復生。

各教派或以所供奉的神祇命名，或取寶卷名稱而立教，或採擷經文字義而唱教，或以信仰儀式而得名，或以姓氏拆字設教，或以其性質特徵而命名，亦即所謂經非一卷，教不一名。各教派主要是建立在小傳統的一種社會制度，其成員多以下層社會的民衆爲基礎，其經濟地位較低下，多爲生計窘迫的貧苦大衆。其中大都爲識字不多的善男信女，他們所接受的只是佛教輪迴果報的粗淺思想及道教運氣靜坐誦習經咒的信仰。

新興民間秘密宗教的教首，爲了獲取社會資源，常常創造了許多術語，而向善男信女或愚夫愚婦斂取銀錢。窮人算命，富人燒香，善男信女多願意出錢入教。有清一代，謀取錢財術語的大量創造，成爲民間秘密宗教的顯著特色。譬如香油錢、香燭踐、酬神錢、還願錢、根基錢、栽根錢、跟賬錢、福果錢、壘福錢、水錢、線路錢、打丹錢、點化錢、學香錢、點臘錢、如意錢、品級錢以及富貴錢等等。佛教主張今生修行的成果，是來生修行的基礎，善根福基，即是修行的根基，根基錢就成爲善男信女今生種善根奠福基的實踐。

四川夔州府大寧縣人謝添朋等傳習白蓮教，他被捕後供出入教者每人出銀自一、二錢至五錢、八錢不等，名爲根基銀，出了此項銀兩，不但可免災難，並有善根福基的說法⑱。乾隆五十六年（1791），湖北房縣人祁中耀拜胡立爲師，入白蓮教，出過根基銀一兩。湖南新化縣人曾世興聽從劉義糾邀，加入白蓮教，出過根基銀五十兩⑲。乾隆五十九年（1794）四月，湖北穀城縣人童紹虎勸令同縣人王義學習白蓮教，聲稱學會了白蓮教，就可消災獲福。王義就拜童紹虎爲師，給他根基錢五百文。同年十二月，湖北光化縣人趙起才勸令周添祿學習白蓮教，周添錄允從後，即給趙起才根基錢二百文，拜他爲師⑳。根基錢是出錢入教的一

種拜師錢，又稱爲栽根錢。山東邱縣人馬俊是坎卦教總教頭。道光六年（1826），馬俊收劉杰等人爲徒，劉杰轉收劉日乾等人爲徒。同年八月，馬剛拜劉日乾爲師。道光七年（1827）五月，劉日乾帶領馬剛往見劉杰行禮。劉杰見馬剛口齒伶俐，收爲義子，令其掌管教務，教中公推馬剛爲總教頭。馬剛以坎卦教容易犯案，改爲添柱教，信徒致送總教頭馬剛栽根錢，男人七十二文，女人四十八文。除根基錢或栽根錢外，又有跟賬錢。邰添麟又名高道遠，世居河南商邱縣，邱添麟的高祖邰雲隴倡立離卦教，自稱透天眞人，教中舉行儀式時，跪香磕頭，緊閉四門，傳授心法歌訣。信徒先送給師父根基錢，每年春秋兩節另須贈送師父錢文，稱爲跟賬錢，以出錢多寡，定來生福澤厚薄，出錢多者，來生可得大貴。山東城武縣人劉燕曾拜王敬修爲師，入八卦離字教。直隷長垣縣人崔士俊與劉燕認識，崔士俊被捕後供出八卦離字教入教之始，先給師父根基錢一、二百文不等，每逢清明、中秋兩節，隨力致送錢文，名爲跟賬錢，俱交給卦主。

儀式繁複，活動頻繁，是民間秘密宗教的一個特點。教首多藉儀式及活動的舉行，而創立各種名目，向信衆斂取銀錢。好話教是從八卦教內離字教衍化而來的一個教派。嘉慶初年，直隷冀州馮學成等人傳習如意教門，又名一炷香好話摩摩教，簡稱好話教。教中於每年四季做會時，都邀集同教信衆到教首家中唱好話歌，往聽之人，各送京錢二、三百文不等，稱爲疊福錢，就是累積善根福基的銀錢。

各教派將入教徒衆的姓名、籍貫等項寫在黃紙上，然後向空焚化，稱爲打丹，又名升丹。打丹時，須致送打丹錢。湖北襄陽縣人樊學鳴是蕭貴妻弟，乾隆四十一年（1776），蕭貴前往陝西安康縣滔河種地營生。乾隆五十四年（1789）五月，樊學鳴

前往陝西探望蕭貴，適值洺河痘疫流行，樊學鳴起意騙錢，代人燒香拜佛。乾隆五十七年（1792）六月，蕭貴回至襄陽，樊學鳴告知蕭貴近有同縣人宋之清等人學習西天大乘教，揚言將來有五魔下降水火諸劫，必須尊奉彌勒佛，燒香念經，方能躲避。樊學鳴令蕭貴發過誓願，先出根基銀一兩，然後帶至教中王元兆家，用黃表紙開寫蕭貴姓名，望空拜師，念經焚化，稱爲打丹。樊學鳴隨後給與《太陽經》靈文合同，並囑蕭貴收徒習教，將根基銀兩送至樊學鳴家，然後轉送宋之清供佛消災。乾隆五十八年（1793）三月，蕭貴回至陝西安康縣後，起意在陝西自立一教，藉以謀取錢文。於是糾邀蕭正杰等六人入教，蕭正杰等人各出根基銀七、八錢至一兩不等，在蕭貴家發過誓願，打丹念經，藉供佛爲名，每打丹一次，向信徒索銀三、五錢，打丹餘剩錢文，蕭貴與蕭正杰等人零星分用㉑。供佛念經，信徒均須致送銀錢。嘉慶九年（1804），直隸宛平縣孟家庄人孟六等人拜同村人谷老爲師，入紅陽教。谷老家供有飄高老祖圖像，每年五月十七日，及九月十七日，孟六等人各出京錢一百餘文，送交谷老燒香供佛吃齋，供奉的神像就是飄高老祖圖像，念誦的則爲《源流經》等經卷。

　　清茶門教由直隸王姓族人分往各省傳教，湖北清茶門教要犯樊萬興等人被拏獲後，供出教中每逢初一、十五等日，令各徒弟在家敬神，用青錢十文供佛，稱爲水錢，收積一處，候各人師父到來時收去。每逢師父起身時，另送盤纏錢，不拘多少，稱爲線路錢。所謂線路錢，就是一線引到他家，以爲來世根基，供養師父飯食，轉世歸還，可得富貴㉒。線路錢也是一種根基錢，因路途一線引到家而得名。山東空子教的修行，分爲外承法和內承法，不能閉目捲舌運氣的爲外承法，能坐功運氣閉目捲舌的爲內承法，

信衆內承熟悉後，師父即賜給來生品級，信衆則致送謝品級錢，教中稱爲走線。教首王三顧在湖北傳教時指出，世界上是由三世佛輪管天盤，凡皈依吃齋者，即可避刀兵水火之劫，各送師父水錢、線路錢爲來世根基，可以富貴㉓。直隸灤州石佛口人王福、王九息等在河南涉縣等地傳習清茶門教，收李秋元等人爲徒，李秋元又轉收劉景寬等人爲徒。劉景寬等人逢會送給李秋元錢四、五百文不等。李秋元病故後，劉景寬因貧難度，起意傳徒斂錢，收李萬祿等人爲徒，在劉景寬家聚會念經，各人送給劉景寬二、三百文不等㉔。各教派做會念經的日期，並不相同，但卻是各教派不可或缺的宗教活動，其目的一方面可以說是爲信衆消災祈福，一方面可以說是聚衆謀取錢財的常見方式。

　　清代官方文書中所見「添地會」，或爲添弟會的同音字，或指民間秘密宗教的一個教派，須見其性質而定。直隸永年縣人宋得保所傳習的添地會，是屬於民間秘密宗教的一個教派。宋得保被捕後供稱，添地會是順治年間山東商河縣人董姓所倡始，輾轉流傳，支派不一，其教中舊規，每逢三月初三日、六月初六日、九月初九日聚集徒衆念經做會，參加做會的信衆，有帶給京錢一、二百文者，亦有送給素菜、麵饃者，各隨人便。因官府查拏教犯，宋得保將所藏經卷圖像燒燬，用黃紙書寫「天地三界十方萬靈眞宰」牌位，在家供奉，遇有病人前往，即令其在牌位前燒香磕頭。宋得保口念敬天地，全憑一炷香，勸人行收，敬上蒼能了諸般雜病，疾不用良醫外遍方等語，代爲祝讚，並收授香錢數文至數十文不等。病人痊癒後，仍須至宋得保家上供還願，藉以引人拜師入教斂錢漁利。教首爲病患祈福祝禱，病患病痊還願，俱須致送還願錢。宗教活動，處處要錢，積少爲多，就是向下層社會信衆獲取資源的一種手段。

　　善男信女相信各教首多能爲信衆祈神保佑，消災除禍，各教派遂利用愚夫愚婦對災禍的恐懼，藉宗教儀式向信衆謀取銀錢。朱明道是安徽阜陽縣人，先曾隨其父朱繼祖學習混元教。朱繼祖被捕發配後，朱明道逃逸。嘉慶八年（1803），朱明道因貧苦難度，起意復興混元教，主使李珠等十人傳徒斂錢。李珠等以朱明道接續其父朱繼祖傳教，稱爲續燈，尊爲教首，藉點化之名，謀取銀錢分用。所謂點化，就是入教之人，開列名單，用硃筆點過，將單焚化，宣傳名單焚化後，就能天榜掛號，地府除名，掃除災禍。王三保是王法僧之姪。嘉慶十五年（1810），王三保因貧難度，假藉教主王法僧、王雙喜在配之用爲名，起意斂錢。朱明道等便以王三保是老教主王懷玉的親丁爲名，到處宣揚彌勒佛轉世的思想，凡有入教之人，自願出錢送給教首者，稱爲香燭錢，又名掛號錢。

　　八卦離字教的書丁，與混元教的點化，或西天大乘教等教派的打丹，都很類似。尹老須又名尹資源，是直隸清河縣人。他在乾隆六十年（1795）拜南宮縣人田蓋忠爲師，皈依離卦教。田蓋忠向尹老須傳授功夫，尹老須依照方法學習。因功夫純熟，田蓋忠將尹老須帶往清河縣離卦教總當家劉功家領法，經劉功傳授「眞空家鄉，無生父母」八字眞言及「懷揣日月先天氣，袖吞乾坤把道傳」等靈文，叫做內渡。按照教中規矩，領法以後，即可傳徒，稱爲開法。尹老須領法以後，即傳同縣人韓似水父子等人。嘉慶十五年（1810），尹老須因習教已久，積妄生魔，每逢閉目時，彷彿見天上人來往，又似聽聞音樂，自謂悟道明心。總當家劉功聞知後，稱許尹老須功夫深透，可以上天至無生老母處辦事，並教尹老須按每年立春、立夏、立秋、立冬日期，在家上供，稱爲四季祭風，以正月十五日爲上元，七月十五日爲中元，十月

十五日爲下元，屆期上供，稱爲三元，可以祈福消災。劉功又口授祭文，尹老須臨時照依書寫黃紙焚化，稱爲昇單。又給與「豐」字作爲記號，昇單時填寫在內，即可昇至無生老母處。尹老須返家後，按照節氣日期上供，並將同教人姓名一併列入單內代求福佑。

　　嘉慶十八年（1813），劉功的徒孫狄珍在山東傳教犯案，地方官行文查拏。劉功因風聲緊急，即親赴尹老須家，令其接管教務，並告以日後有南陽佛出世。離卦教當興，囑咐尹老須牢記。劉功離去後不久就被拏獲，解往山東質訊，行底景州途中病故。嘉慶二十一年（1816），教中韓老吉等至尹老須家看望，談及劉功已故，教中無人領導，於是公推尹老須爲總當家。尹老須仍照劉功舊規，按四季三元上供，昇單爲同教信眾祈福消災。隨令同教信眾將姓名開寫，每名出錢數百文，然後彙送尹老須家上供，將各人姓名列入單內昇至無生老母處，稱爲「書丁」，宣稱死後免墮地獄，皆可昇天。又商令教內蕭滋、田幅榮假充明眼，作爲閉目出神，上天問話，聲稱加福。按照出錢多寡，定其加福等次。同時由蕭滋編造將有劫數的謠言，欲使信眾畏懼，多出錢文祈福。另由謝老聞書寫傳單，載明某年應有黑風劫，某年應有臭風劫，屆時即有妖獸食人等語。即令韓老吉等將傳單轉送各處信眾，教中信眾紛紛致送數千至數十千文，或銀數兩至數十兩不等㉕。

　　出錢入教，祈福消災，多出錢文，可以加福添壽，今生有好處，來生可以富貴。直隸南皮縣人劉孔厚等傳習離卦教，劉孔厚被捕後，供述入教情形。直隸總督方受疇奏摺摘錄劉孔厚供詞如下：

　　　劉孔厚籍隸南皮縣，生有二子：長名劉照奎，次名劉照元，
　　　與劉士玉同籍，馬金城與徐元吉籍隸東光縣，韓守業籍隸

交河縣，葛升青與許有得籍隸清河縣。嘉慶元年至十六年間，各犯惑于邪説，先後入教。内劉孔厚、劉照奎、劉照元與劉士玉均拜東光縣已故丁幗榮爲師，習離卦教。丁幗榮燒香供茶，率衆磕頭，唸誦眞空家鄉無生父母咒語，並尊敬長上，和睦鄉里，不殺生害命等歌詞，各爲行好，圖修來世。徒弟拜師，傳爲當家，師傅呼徒爲善人，如遇同教之人則稱「在裡」二字。劉孔厚等當經〔給〕丁幗榮大錢數百至數千文不等，名爲富貴錢，來往便有數百千數十千使用。丁幗榮復按四季斂錢做會㉖。

由於期盼來生的榮華富貴，信衆多樂意奉獻富貴錢。販售歌單、榜文，也是常見的斂錢方式。江西南昌縣人李純佑自幼讀書未成，前往湖廣江陵縣學習裁縫手藝，認識賀坤，賀坤平日吃齋，家中藏有《三官寶卷》、《觀音寶卷》、《雷祖寶卷》、《玉皇寶卷》、《金剛經》、《還鄉寶卷》、《末劫經》、《定劫經》等八部經卷，勸人茹素念經，祈福免災。每年三月初三日、五月十三日、九月初九日等日，各做會一次。乾隆二十五年（1760）五月十三日，李純佑等至賀坤家做會。同年十二月，賀坤身故，其子賀祥因積欠同教黃昌緒錢三百文，無力償還，而將其父賀坤所遺八部經卷交給黃昌緒作爲抵押。黃昌緒因出外謀生，將經卷存放同教呂法振家中。乾隆二十九年（1764）十二月，李純佑至呂法振家探望，見到《末劫經》、《定劫經》兩部經卷，名色新奇，希圖藉它聚衆謀取銀錢，遂向呂法振借抄。乾隆三十年（1765）正月內，爲了傳教動人，而將《末劫經》改爲《五公末劫經》。經文內稱志公是彌勒佛轉世，並增加「戊亥子丑年大亂，刀兵爭奪。寅卯年，百姓飢荒，人死無數。辰巳年，方見太平」等內容，並於經卷末尾標注「李純佑抄寫」等字樣，以掩飾其自

行編纂的痕跡。乾隆三十年（1765）八月，李純佑令木匠羅國太刊刻「報恩堂」三字木圖章一個，正式倡立未來教名色。又由羅國太刻成票版一塊，刷印紙票，將教中信衆姓名填入，以爲憑據，聲稱死後燒化紙票，可免墮地獄。李純佑又假造康熙初年兩道諭旨，敘成《護道榜文》一篇，使人見而信從，並藉刷仰紙票、榜文謀取銀錢。教中規定每年正月、七月、十月逢十五日做會，稱爲三元會，不拘男女，入教出錢，自六十、八十至一百、二百文不等㉗。

　　直隸蠡縣人董敏，自幼茹素讀書。其故祖遺有《收圓經》、《收元經》、《九蓮救度經》等寶卷。董敏時常唪誦，欲藉誦經爲由，謀取銀錢，於是起意將《收圓經》等寶卷抄寫成佛曲，以便易於歌唱，並收段雲等人爲徒，成立白陽會友。董敏常率同教信衆爲村民唪誦經文，歌唱佛曲，善男信女多布施香油錢一、二十文，隨同入教。山西長子縣有縣民田景盛等刊刷歌單，以四張爲一副，兩張爲合同，兩張爲靈文。董敏宣稱生時唪誦，死後一半燒化，一半放在胸前，即可成爲善人。乾隆五十一年（1786）六月，完縣人郭林跟同內邱縣人劉進心至山西長子縣，向田景勝買取歌單二十餘副，由郭林先將歌單攜回，路遇董敏。董敏欲散賣歌單漁利，即拜郭林爲師，郭林隨將歌單給與董敏持回，賣給村民，每張賣京錢一、二百文，每副賣四、五百文㉘。除售賣歌單謀取銀錢外，也可以售賣經卷。山西曲沃縣人任進德族伯任景翰，向來傳習金丹門圓頓教。任景翰病故時，任進德年甫二週，經任景翰之妻呂氏承繼撫養，任進德自幼隨嗣母呂氏吃齋習教。乾隆五十七年（1792），任進德因家道貧困，起意謀取銀錢使用，即按照任景翰傳習金丹門圓頓教名目，並自起「樂善堂」名號，仍舊供奉三清觀音、北極祖師諸佛像及如來、韋陀等銅佛，

收徒習教，並刷印經卷，希冀得價售賣。每年定期於二月、十月望日兩次做佛會謀取銀錢㉗。

　　假藉神諭謀取銀錢，是常見的一種方式。直隸靜海縣安家莊人崔煥，原爲音樂會的成員之一，會中遇村民白事，即前往吹打念經。嘉慶十一、二年間（1806-1807），崔煥同其父崔文載拜交河縣人崔大功爲師，入未來眞教即天門眞教。崔煥轉收張柏青、朱明順等十餘人爲徒，信徒張柏青素善過陰法術。因信衆平日多不肯致送銀錢，崔煥即令張柏青過陰，假藉神佛口諭，派崔煥爲三宗法子，接管教務，希冀徒衆信服，肯送銀錢，信衆日增㉚。

嘉慶二十二年（1817）山西會成員簡表

姓　　名	身　　　　分	住　　　　址	香資金錢
佛　　保	滿洲鄭紅旗護軍	安河橋紅旗營	2840　文
劉長太兒	包衣人膳房小蘇拉	雙關帝廟門口	2840　文
兪　　二	包衣人	雙關帝廟門口	2840　文
鄒　二　格	包衣人	掛甲屯月亮門內	2840　文
希　拉　布	包衣人高麗通事	楊家井	2840　文
趙　　大	旗人	香山	2840　文
崔　　貴	儀親王府太監	北海淀太和莊	2840　文
徐　　三	民人，開鐵鋪	北海淀	2840　文
王　興　業	民人，開古玩鋪	北海淀藍靛廠	2840　文
郭　林　祥	民人，開煙鋪	福園門外	2840　文
崔　載　氏		北海淀老宮門口	2840　文
錢　河　氏		馬廠門西三合館	2840　文
金六奶奶		楊家井	2840　文
王　周　氏		掛甲屯	2840　文

　　資料來源：國立故宮博物院《上諭檔》，方本，嘉慶二十二年六月
　　　　　　　十四日，頁143。

　　除民間秘密宗教外，還有許多進香團，其性質頗近似宗教團體。例如山西會，就是以進香為主要活動的宗教團體，會首為牛老，牛老身故後，由石祿接充會首，每年三月同往西域寺進香一次。嘉慶十二年（1807），因南府人出境燒香，被內務府查禁。嘉慶十四年（1809），仍復起會進香。嘉慶二十二年（1817），又遭取締，石祿等被捕，供出會中成員資料，可據清單列出簡表如前。

　　前列簡表十四人中，崔載氏等四人為婦女，其餘十人內，旗人、包衣、太監共七人，佔多數，另三人為民人，都是鋪商。十四人都是直隸人，每人每年各出香資京錢都是二千八百四十文，是合資性質的宗教活動。類似這種性質的宗教信仰團體，並不罕見。例如嘉慶二十二年（1818）在直隸通州丁家莊破獲的路燈會，其經費的籌措，也是合資的性質。每年正月，丁家莊合村捐資在村中的觀音庵點設路燈，因路燈是顯著的特徵，所以叫做路燈會。

　　宗教活動，需要經費，創立教派，可以聚眾聚財，教首利用各種方式，創造各種名目，假借各種名義向信眾謀取銀錢，甚至售價歌單經卷漁利，教派衍化愈多，枝幹互生，信徒愈夥，輾轉收徒，下層社會的資源，逐漸為民間秘密宗教所控制。

四、民間秘密宗教與秘密會黨財政來源的特點

　　秘密會黨和民間秘密宗教都是下層社會虛擬宗族的地方社會共同體，會黨模擬血緣宗族制的兄弟平行關係，以異姓人結拜弟兄的方式，倡立會黨，會中成員以兄弟相稱，重視手足之情，強調內部的互助作用。但因各會黨的創立宗旨、性質及其生態環境的不同，有加以分類的必要。譬如雍正年間臺灣父母會、廈門一

錢會，嘉慶年間廣西忠義會、江西三點會、雲南添弟會，道光年間貴州老人會等，會黨名稱雖然不同，但就會費的籌措而言，卻都屬於合股或合資性質，會中成員為共同目的而創立會黨，每個成員拿出相同數量的銀錢，會費的支出，也是資助會中兄弟，會中大哥不能將會費據為己有，動用會費，較具公平性，資源分配，較為合理。乾隆年間，廣州仇德廣所倡立的牙籤會，會中成員也是各出制錢三百文，是合資性質，但因仇德廣售賣銀牙籤、銀印章漁利，是屬於騙錢斂財的活動。道咸年間湖南添地會，售賣印票斂錢，並搶劫民間錢財，但會中財產是按股分用，亦非會中大哥據為己有，會中財富的分配是基於兄弟手足間的平行關係而支出的。秘密會黨盛行於開發中移墾社會地區，會中成員多為離鄉背井的貧苦流動人口，出外人的婚喪喜慶及生計問題，缺乏血緣宗族的照料；因此，出錢入會，患難相助，發揚四海皆兄弟的精神，互濟互助，倡立會黨，就是適應社會生活的一種自立救濟活動。

秘密會黨的倡立，基於會中成員的互濟互助，可以暫時解決生計孤苦等問題。宗教信仰則注意到生前死後的問題，它創造一套價值，直接達到目的。人類在求生存的過程中，經常遭遇到種種困難與挫折，譬如天災、人禍、疾病、傷亡，或者說是生老病死等問題，其中死亡是人生過程中所遭遇的最有破壞性的挫折，往生後不轉四牲六道，不墮無間地獄，得生西方淨土，更是善男信女的共同寄託，民間秘密宗教信仰多能適時地給予人們某種程度的助力，使他們有信心的生存下去，各教派多具有生存的功能、整合的功能與認知的功能。《大乘大戒經》就指出：「在家修道，孝順父母，尊敬長上，和睦鄉里，早辦國稅，生不遭王法，死不墮地獄；出家修行者，日則化飯充飢，夜則看經念佛。為善至勝，

爲國家保佑長生，祝延聖壽，理合自然。」這是認知的功能，承認生活規範的價值。民間秘密宗教的宗旨，主要就是戒殺生、戒飲酒。《大乘大戒經》就有幾段經文說：「持戒者得生佛道，飲酒食肉者，正是忤逆不孝之人，入無間地獄。」「受戒念佛之人，臨終得生西方淨土，黃金爲地，四邊街道金銀琉璃，受諸快樂。」「世間惡人，無心念佛一聲，也當一個銅錢功德；善人念佛一聲，已當十文銅錢功德，持常齋，皈三寶，念佛一聲，當一個錢功德；受五戒之人，念佛一聲，有一萬二千金錢功德；受十誡善知識，念佛一聲，有三十六萬金錢功德。」

　　民間秘密宗教就是以佛教的價值觀，對善惡作了詮釋。善者就是菩薩，惡者就是畜生；善者長生富貴，惡者子孫貧窮；善者孝順，惡者忤逆；善者飽暖，惡者飢寒；善者受戒，惡者破戒；善者受戒持齋，惡者毀謗佛法，世間善惡，皆有報應。民間秘密宗教的教首師父，度人生死，與人受戒，信衆應盡供養的義務，恭敬佈施，即有功德，現存獲福，亡靈超昇㉛。

　　民間秘密宗教的組織，是一種虛擬宗族，各教派模擬血緣宗族制的父子倫常關係，師父和徒弟的關係，就是父子關係，是屬於縱的統屬關係。善男信女多具有佛道信仰的傾向，大都樂意奉獻積蓄，佈施銀錢，供養師父，一方面是做功德，一方面也是盡孝道。各教派信徒認爲「要求來生福，還須今世財。」平日積下根基錢，便可修來生富貴，相信「今生出一，來生得百」，所以樂意奉獻銀錢。加入會黨是個人行爲，洪門機密，父不傳子，兄不傳弟。民間秘密宗教不同，往往是一人入教，闔家男女都成爲信徒，有時還按一家丁口出錢。

　　血緣宗族的族長或家長，在傳統社會裡，是族產的支配者。民間秘密宗教的教產，其處置方式也接近宗族制度，即歸教主師

父支配。各教派因活動頻繁，需要籌措經費，例如寺廟佛庵的修建，多由信衆捐獻。從明末以後，由於糧船水手日增，爲解決水手們的住宿等問題，羅祖教曾在浙江杭州拱宸橋等處大量修建佛庵，多達七十餘庵。佛庵的設立主要在解決流寓外地的糧船水手疾病相扶、意外相助及在異地寓歇的切身問題。由於大規模地興建佛庵，所需經費極爲龐大。

　　山西平陽府臨汾縣人胡闕氏，嫁與胡昌思爲妻。胡昌思學習無爲教，念經爲人治病，病患痊癒後多拜胡昌思爲師。每年正月二十九日，會集病癒之人念經，收取佈施錢米，作爲食用，其餘作爲修橋鋪路的費用。胡昌思又捐地募銀，在路旁建蓋茶房五間施茶。雍正年間，因無爲教奉旨查禁，而改爲橋梁會。乾隆十二年（1747）六月，胡昌思身故，胡闕氏無以餬口，即踵行其夫所行橋梁會，念經治病，募化銀錢，以作爲施茶修橋使用㉜。修橋鋪路，建造茶房，都是樂善好施的義舉，但都需要籌措經費。

　　直隸大興縣人周應麒傳習紅陽教，莊中有菩薩廟，每逢正月十四、五、六等日，周應麒等人即在菩薩廟前殿唸誦《源流經》；二月十九日，唸誦《菩薩嬰兒經》；五月十三日、六月二十四日、十二月初八日，唸誦《伏魔經》，其活動不外是爲同莊人祈福消災。每屆念經之期，信衆俱至菩薩廟內燒香磕頭，助給京錢數十文至一、二百文，或麥子、高梁數斗，作爲廟內香火及念經時飯食支出，餘剩錢文，則置辦廟內器具。遇有人家喪事，周應麒等人即前往唸經。教中稱他爲紅陽道人㉝。道光元年（1821），直隸大興縣人李自榮因見村人染患時疫，多有病故者，並無僧道唸經追薦，於是商允田懷得等人創立敬空會，醵錢製備神像、法器等物，唸誦《地藏經》、《源流經》等寶卷，爲人薦亡，俱不索取謝禮。寺廟中裝塑神像，製備法器及置辦器具等項，都需要費

用，寺廟的建造，廟內裝備，必須得到信衆的支持與贊助，始能
舉行各種活動，民間秘密宗教雖然教派林立，但都是根據共同的
信仰傳統，由共同的祭祀活動所形成的地域化社會共同體。

　　民間秘密宗教的師徒關係是父子縱的統屬關係，信衆奉獻的
銀錢，由師父轉送教主。雍正年間，李衛到直隸總督新任後，即
訪得直隸有大成、衣法等教。李衛飭令地方官查拏各要犯，其中
深州知府徐綏查獲大成教首是旗下人王姓，住居灤州石佛口，名
下有次掌教二人：一是周世榮，住居饒陽縣曲呂吋。周世榮患病
癱瘓後，由其弟廣東丁憂通判周世臣代主其事；一是王瑛，住居
深州貢家台。周姓教中約有千餘家，王姓教中亦將近千人。教中
能宣經講道者，即充小教首，分往各處，招引信徒，小教首又稱
領頭門徒。衣法教的老教首是旗下人董一亮，當董一亮身故後，
改由其女代掌，住居易州，由饒陽縣武舉王作梅管事，次教首爲
饒陽縣人孫連治。李衛嚴究各教犯後指出直隸大成、衣法二教，
俱始於順治年間，以輪迴生死勸人修來世善果，教中吃齋念經，
每月朔望各在本家獻茶上供，出錢十文，或數百文，積至六月初
六日，信衆俱至次教首家念佛晾經，並將所積錢文交割，稱爲上
錢糧。然後由次教首將錢文轉送老教首處，稱爲解錢糧㉞。信衆
奉獻銀錢，由老教主或總當家支配，例應解送老教主存庫。

　　山東鄒縣人孔玉顯的胞叔孔萬林，王秉禮的胞兄王秉可，李
文功的父親李之望，都是山東單縣劉省過接充教主案內坎卦分支。
乾隆三十七年（1772）破案後，孔萬林被斬決，王秉可遣戍，
李之望仗徒，王秉禮等杖枷，李之望徒滿釋回後不久病故。乾隆
四十八年（1783），孔玉顯聞劉省過的次子劉二洪藏匿京中，
於是假借養贍劉二洪爲名，復興坎卦教，自稱卦長，並與李文功
等商謀糾人入教，各幫錢文，議定每年由李文功易換銀兩送交孔

玉顯收受。各教派信衆對教主師父的關係，是模擬血緣宗族的結構，是以子孫奉養父母的孝道來供養他們，不僅供養老教主，還要照顧老教主的子孫。乾隆四十年（1775），河南樊明德倡立混元教，劉松因混元教案發被發配甘肅隆德縣。安徽太和縣人劉之協是劉松的徒弟，劉之協轉收湖北襄陽縣人宋之清等人爲徒，宋之清轉收伍公美爲徒，伍公美轉收樊學鳴爲徒，樊學鳴轉收蕭貴爲徒，俱傳習混元教。蕭貴平日所收打丹銀兩，即交樊學鳴轉送宋之清收受，宋之清奉劉之協之命，陸續送交劉松。據劉松供稱：「有舊徒安徽太和縣原香集人劉之協及劉之協之徒弟宋之清自五十四年起至五十八年，曾到過隆德配所六次，斂取打丹銀兩，陸續送給，至二千兩之多。」㉟這些銀兩後來被官府起出，都是雜碎銀兩，約有市平銀二千兩。乾隆五十九年（1794），劉松等人復興三陽教破案，王法僧與劉松同配，知情不舉。王法僧改發回疆喀什噶爾，分給阿奇木伯克伊布拉依名下爲奴。安徽阜陽縣人張全、張效元父子俱爲三陽教信徒，嘉慶五年（1800），張效元被捕後，供出其父張全曾令張效元攜帶銀兩，前往喀什噶爾探望王法僧，補助他的盤費。山東金鄉縣人侯位南，世代傳習坎卦教，侯位南被捕後供稱：「我向衆人哄騙，收斂錢文，換銀五十餘兩，存放趙振基家，我意欲再斂銀錢，送往烏魯木齊給劉教首的子孫。」㊱

　　信衆供養老教主或其子孫，是一種功德，也是一種義務。但是，有些教首並未履行義務，往往據爲己有，私自中飽，或擅自挪用。例如山東坎卦教頭目李文功將所斂錢文易換銀兩後，即送交孔玉顯收受。自乾隆四十八年（1783）到五十年（1785），孔玉顯收過李文功銀二十二兩七錢，孔玉顯並未送京給老教主劉省過的次子劉二洪，竟將所斂銀錢，自行置地七畝，耕種爲業㊲。孔

玉顯是山東鄒縣人，或可藉此推知乾隆後期鄒縣耕地，每畝平均約計紋銀五兩以下。李文功繼續傳教斂錢，因遠近村民皆知其父李之望傳教獲罪，不敢信從，李文功即於乾隆五十一年（1786）四、五月間將坎卦教改爲泰山香會，向村民謀取銀錢，被捕前先後得銀二十二兩五錢。

民間秘密宗教的教產，因各教派規模不同，諸小教派多由教首掌管，其大教派則設有專人管理。乾隆五十一年（1786），安徽阜陽縣人張效元接管三陽教的教務，教中銀錢都由他掌管。他被捕後供稱：「四川斂來的根基錢，都送與我，我轉交王老保收藏。起初斂得的銀錢尚少，這五六年來每年約有萬餘兩。這些銀兩都爲累年打官司費用及同教的人發遣做盤纏。」㊳乾隆六十年（1795）五月，湖北宜都縣人聶傑人等拜張宗文爲師，入白蓮教。同年七月，同教的劉盛才告知聶傑人說：「習教的人各出銀兩，交與掌櫃的收下，轉送李犬兒，就在簿內開入名字。日後成事，查對納銀多少，分別封官。」聶傑人心想做官，就出銀一百兩，交劉盛才收去。劉盛才見聶傑人給銀較多，聲稱可做總督。據聶傑人供稱，教中簿冊就是由劉盛才掌管㊴。

離卦教當家尹老須接管教務後，信徒日益眾多。嘉慶二十五年（1820），尹老須延請同教謝老聞至家教讀，幫辦教中事物，所有前往昇單書丁的信眾，均由謝老聞代記賑單。教中信徒因人數眾多，所以分爲南北兩會。其中山東清平、宛縣等處的信徒共計一千餘人，稱爲南會；高塘、夏津、聊城、邱縣、棠邑等處的信徒，稱爲北會。此外又有狄漢符、狄文奎等頭目分帶蘭山、嶧縣、邳州等處之人，約計二千人前往昇單書丁，俱歸入尹老須教內。尹老須因信徒眾多，聚財致富，即令其子尹明仁報捐州同職銜，並爲尹老須本人捐請六品封典。同時陸續置買田宅，設立舖

業。尹老須因見教務興旺，於是自稱南陽佛，以弘法自居，陸續
建造房屋兩所，計一百餘間。以西所為住宅，東所留作接待信眾
之所，並取經內「收找元人歸家認母」之義，而將正廳命名為「
收元廳」，並統稱其寺為飛龍寺。後來又創立大場、小場、朝考、
均正、巡香等名目。屆時各做功夫，預備考察。商令教內蕭滋等
人假充明眼，聲稱閉目出神，上天問話，以出錢多寡，決定加福
等次。並揚言八卦是文王所定，尹老須就是文王轉世，所以充當
離卦教教首。又令蕭滋編造將有劫數的謠言，使信眾畏懼，誘其
出錢祈福。另令謝老聞書寫傳單，載有某年當有黑風劫，屆時即
有妖獸食人等語，遣韓老吉等轉送各處信眾。其信眾畏懼，紛紛
送錢數千至數十千文，或銀數兩至數十兩不等。此案奉旨：「尹
老須即尹資源接管劉功離卦教，自稱南陽佛，創立朝考等場，黑
風等劫名目，神奇其說，煽惑至數千人之多，勾結至三省之遠，
狂悖已極，尹老須即尹資源者即凌遲處死，仍傳首犯事地方，以
昭炯戒。尹明仁聽從習教多年，實屬世濟其惡，尹明仁著即處斬。
韓老吉、蕭滋依擬處斬，聽監後入於本年朝審情實辦理。」⑩尹
老須接官離卦教的教務以後，信眾多達數千人，教中組織規模擴
大，儼若小朝廷。

　　秘密會黨內部成員，雖以兄弟相稱，但是只能維持橫向的散
漫關係，而且各會黨各立山頭，彼此之間，各不相統屬，倏起倏
滅，缺乏延續性，對社會資源的掠奪較為有限。民間秘密宗教的
形態，則屬於師徒縱向的嚴密關係，各教派輾轉衍化，枝榦互生，
盤根錯節，具有持久的延續性，下層社會的有限資源，竟因民間
秘密宗教的盛行而更加貧困。

五、結　語

　　明末清初以來，隨著社會經濟結構的整體性變動，各種地域化社會共同體逐漸趨於多元化和複雜化。理學「泛家族主義」的價值系統也更加廣泛的滲入基層社會，許多本來沒有血緣聯繫的群體也利用血緣紐帶的外觀作爲整合手段㊶。甚至以宗教爲幌子，形成了形形色色的地方社會共同體，民間秘密宗教和秘密會黨，就是清代下層社會引人矚目的地域化社會共同體。也都是泛家族主義普及化的一種虛擬宗教。民間秘密宗教是以宗教信仰作爲群體整合的主要方式，各教派多爲世俗化的佛教宗派衍生轉化而來的新興教派，同時雜揉儒道的思想教義，並模擬宗族血緣紐帶的父子關係，建立師徒縱向的統屬關係。秘密會黨則以異姓人結拜弟兄或金蘭結義爲群體整合的主要方式，各會黨多爲出外人基於互助的需要而倡立的自立救濟組織，並模擬宗族血緣紐帶的兄弟關係，建立兄弟橫向的平行關係。由於社會分化的加深和社會文化價值系統的分裂，在基層社會的地域化社會共同體愈來愈士紳化並納入正統規範的軌道的同時，背離這一軌道的社會組織也逐漸分化出來㊷，民間秘密宗教和秘密會黨普遍出現，就是雍正、乾隆年間以後中國基層社會的一個重要發展方向。

　　雍正、乾隆年間以來的地域化社會共同體，由於人口流動的頻繁，多已從血緣紐帶演化成以地緣爲紐帶，形成依附式的地域化社會共同體，進而演化成以經濟利益爲紐帶，形成合同式的地域化社會共同體。秘密會黨一方面是以地緣爲紐帶而形成的依附式地域化社會共同體；一方面也是以經濟利益爲紐帶而形成的合同式地域化社會共同體。其成員的經濟地位都較低下，除了少數的墾戶外，大都爲家無恆產爲生計所迫的流動人口，由於生活陷入困境，而出外謀生，或進入城鎭肩挑負販，尋覓生理，傭工度日，同鄉在異域相逢，多互道出外人的難於立足，每當閒談貧苦孤身

無助時，即起意邀人結拜弟中，遇事相助，患難與共，免受外人
欺侮。離鄉背井的出外人，在新的生態環境裡，傳統宗族社會的
血緣紐帶既已被割斷，只有模擬血緣親屬結構的兄弟關係，義結
金蘭，倡立會黨，各會黨強調對內的互濟互助，多屬於經濟性的
內部互助，會中成員以弟兄相稱，入會時各出定額的會費，會員
對會中財產的持分，通常是以股份表示，是一種合股組織，會中
財產爲會中弟兄所共有。秘密會黨的財產管理，有其共同特徵，
那就是每個弟兄各有一定分額的股票所有權，並以合同的形式確
認各自的權利和義務。出外人通過弟兄的資助，可以解決貧窮問
題。會中搶劫或掠奪得來的財物，也是平均分配，在財富的支配
方面具有較高的合理性和平等性。

　　民間秘密宗教與正信宗教之間，並沒有隔著不可跨越的鴻溝，
各教派也具備正信宗教的本質，其組織、儀式、教義、戒律等方
面，亦與正信宗教密切相關，也多具有生存、整合與認知的功能。
各教派也多富於鄉土色彩，多屬農村型的宗教活動，以家庭式的
佛堂或經堂爲聚會中心，通過血緣關係、姻親關係及模擬血緣親
屬結構的父子關係，以一個主祭神爲中心，由共同的祭祀活動，
形成地域化的祭祀圈。各教派的教主，地位崇高，師徒之間是屬
於上下輩份的關係，近似家族結構，教主或教首多具備民俗醫療
的經驗，他們一方面藉著宗教信仰，一方面藉著民俗醫療，招引
信徒，聚眾聚財。下層社會的貧苦民眾，或因本身患病，或因親
人患病，爲求消災除病，超度亡魂，祈求來生富貴，免墮地獄，
而拜師入教，奉獻銀錢。各教派的教首以各種名目向信眾謀取錢
財，善男信女爲求來生福，多樂意奉獻根基銀錢。供養師父教主，
照顧老教主的子孫，不只是功德，而且也是子女侍奉父母的孝道
表現。

　　但是，各教派的教產，都歸教主或總當家支配，是族長制的管理方式。財富都集中在教主或教首手上，信衆不能過問，是一種集權化的教產管理體制。寺廟佛堂的建造，修橋鋪路及各項宗教福利措施的支出，多由教主或總當家處理。老教主或總當家由於教產的集中和累積而致富，可以置產捐官。各教派所籌措的經費都建立起一套集權化或族長制的管理體制。

【注釋】

① 《清代全史》，第五卷（瀋陽，遼寧人民出版社，1991年10月），頁432。

② 《清代全史》，第五卷，頁9。

③ 《月摺檔》（臺北，國立故宮博物院），咸豐五年二月初一日，閩浙總督王懿德奏摺抄件。

④ 喻松青，《明清白蓮教研究》（成都，四川人民出版社，1987年4月），頁326。

⑤ 《宮中檔雍正朝奏摺》（臺北，國立故宮博物院，民國六十七年九月），頁67。雍正六年八月初十日，福建總督高其倬奏摺。

⑥ 高賢治、馮作民編譯，《臺灣舊慣習俗信仰》（臺北，衆文圖書公司，民國七十三年一月），頁55。

⑦ 陳金田譯，《臺灣私法》（南投，臺灣省文獻會，民國七十九年六月），第一卷，頁560。

⑧ 《宮中檔雍正朝奏摺》，第十七輯（民國六十八年三月），頁662。雍正九年二月二十二日，管理福建海關事務郎中準泰奏摺。

⑨ 《軍機處檔·月摺包》（臺北，國立故宮博物院），第2751箱，7包，48382號，嘉慶二十一年六月二十七日，雲貴總督伯麟奏摺錄副。

⑩　《宮中檔》（臺北，國立故宮博物院），第2719箱，24包，3729號，
　　道光二十一年七月二十四日，貴州巡撫賀長齡奏摺。

⑪　《宮中檔乾隆朝奏摺》，第六十八輯（民國七十六年十二月），頁
　　389。乾隆五十三年五月三十日，廣西巡撫孫永清奏摺。

⑫　《宮中檔》，第13箱，1包，3726號，道光元年二月初二日，兩廣
　　總督阮元奏摺。

⑬　《月摺檔》，咸豐元年十月初七日，湖廣總督程矞采奏摺抄件。

⑭　莊吉發，《清代秘密會黨史研究》（臺北，文史哲出版社，民國八
　　十三年十二月），頁159。

⑮　《天地會》㈠（北京：中國人民大學出版社，1980年11月），頁
　　111，嚴煙供詞。

⑯　《天地會》㈡，頁301，郭丕供詞。

⑰　《軍機處檔·月摺包》，第2778箱，161包，38813號，許光來供詞。

⑱　《清中期五省白蓮教起義資料》，第一冊（蘇州，江蘇人民出版社，
　　1981年1月），頁21。

⑲　《清中期五省白蓮教起義資料》，第五冊，頁29，祁中耀等供詞。

⑳　《清中期五省白蓮教起義資料》，第五冊，頁10，王義等供詞。

㉑　《清中期五省白蓮教起義資料》，第一冊，頁16，乾隆五十九年九
　　月十四日，陝西巡撫秦承恩奏摺。

㉒　《清代檔案史料叢編》，第三輯（北京，中華書局，1979年），頁
　　65，嘉慶二十一年正月二十八日，馬慧裕奏摺。

㉓　《軍機處檔·月摺包》，第2715箱，1包，47135號，嘉慶二十一年
　　四月十三日，晉昌奏摺錄副。

㉔　《清代檔案史料叢編》，第三輯，頁25，嘉慶二十年十一月二十七
　　日，方受疇奏摺。

㉕　《上諭檔》，道光十二年五月初九日，曹振鏞奏稿。

㉖ 《奏摺檔》，（臺北，國立故宮博物院），道光元年十一月分，直隸總督方受疇奏摺。

㉗ 《硃批奏摺》（北京，中國第一歷史檔案館），乾隆三十四年九月二十五日，湖廣總督吳達善奏摺。

㉘ 《上諭檔》，乾隆五十二年三月初二日，和珅奏稿。

㉙ 《宮中檔》，嘉慶朝，第2723箱，99包，19418號，嘉慶二十年七月二十六日，山西巡撫衡齡奏摺。

㉚ 《上諭檔》，嘉慶二十一年三月初三日，托津等奏稿。

㉛ 《軍機處檔·月摺包》，第2776箱，147包，35188號，乾隆四十八年，十二月初八日，《大乘大戒經》。

㉜ 《宮中檔乾隆朝奏摺》，第三輯（臺北，國立故宮博物院，民國七十六年十二月），頁485。乾隆十七年七月二十八日，山西巡撫阿思哈奏摺。

㉝ 《上諭檔》，道光十二年二月初八日，曹振鏞奏稿。

㉞ 《宮中檔雍正朝奏摺》，第二十輯（民國六十八年六月），頁868，雍正十年十一月初九日，直隸總督李衛奏摺。

㉟ 《清中期五省白蓮教起義資料》，第五冊（蘇州，江蘇人民出版社，1981年2月），頁28，乾隆五十九年十月十三日，安徽巡撫陳用敷奏摺。

㊱ 《軍機處檔·月摺包》，第2751箱，30包，52514號，嘉慶二十二年八月初一日，山東巡撫陳預奏摺錄副。

㊲ 《宮中檔乾隆朝奏摺》，第六十三輯（民國七十六年七月），頁358，乾隆五十二年二月十四日，山東巡撫明興奏摺。

㊳ 《剿捕檔》（臺北，國立故宮博物院），嘉慶五年九月十三日，張效元供詞。

㊴ 《清中期五省白蓮教起義資料》，第五冊，頁1，嘉慶元年二月，

聶傑人供詞。

㊵　《軍機處檔・月摺包》，第2760箱，56包，63564號，道光十三年
　　五月初八日，文孚等奏摺錄副。

㊶　《清代全史》，第五卷，頁432。

㊷　《清代全史》，第五卷，頁436。

羅祖教五部六冊圖像

《破邪顯正寶經》封面式樣

于式枚與德國憲政考察

一、前　言

自同治元年（1862）至宣統三年（1911），共計五十年，在半個世紀裡，中國先後展開了自強運動、維新運動、立憲運動和革命運動，都是近代中國求富圖強的救亡運動。史學家曾將立憲派分爲民間的立憲派和朝中的立憲派①，清季預備立憲只是屬於清廷的政治活動。

所謂預備立憲，就是預先做好正式立憲前的各項籌備工作。清廷的預備立憲，雖然不能當作正式的立憲看待，但是全面否定預備立憲的正面影響，也是值得商榷的。預備立憲雖然隨著辛亥革命的爆發及清朝政權的覆亡而宣告失敗，但進步的政治改革，未必都一定成功。

清廷實行預備立憲，雖然是「爲時會所趨，非兩聖本意。」②但清廷對預備立憲基本國策的確立，並由此開始著手進行政治改革，陸續完成了多項籌備工作，而且逐步向君主立憲制度邁進。先派遣載澤等五大臣出洋考察政治，後來又派達壽、汪大燮、于式枚三大臣出國考察憲政。由於清廷的預備立憲和立憲派的努力，使晚清的政治制度，確實產生了顯著的變化，而成爲中國政治制度近代化的開端③，清廷的預備立憲，有它失敗的一面，也有它成功的一面。

清廷宣布預備立憲後，曾被法國報紙批評爲慈禧太后的「愚民之術」④。在「文革」以前，中共史學家對預備立憲的整體分

析及評價，基本上認爲預備立憲是清廷爲抵制革命，挽救其統治權而玩弄的政治騙局。「文革」結束以後，已有不少中共史學家對預備立憲問題作了一些新的探索，指出預備立憲並不是個人意志的偶然產物，不能簡單地斥之爲「騙局」。預備立憲反映了國人夢寐以求的願望，使其具有一定程度的人民性和社會性，有它社會的客觀要求和必然趨勢，預備立憲具有積極的一面，對社會發展也具有量變的漸進的性質⑤。

中國第一歷史檔案館編輯《清末籌備立憲檔案史料》，上、下兩冊，於1979年，由北京中華書局出版。其資料大部分選自清宮檔案，爲研究清季預備立憲和晚清政治改革提供了珍貴的史料。臺北國立故宮博物院典藏《考察憲政檔》、《軍機處檔》內含有頗多清季預備立憲期間關於憲政考察的直接史料。近年以來，中外史學家對民間立憲運動的研究，已經取得了不少成果，在質與量上都相當可觀，但對清廷的預備立憲和憲政考察等問題，還沒有展開充分的討論，本文僅就于式枚出使德國，考察普魯士、德意志憲政經過，進行初步的探討。

二、日俄戰爭與預備立憲

戊戌變法是中日甲午戰後由於清朝慘敗而引發的一種政治改良運動，其目的是爲了救亡圖存。在變法期間，康有爲、梁啓超的言論中，就已經提出開議院、立憲法的政治主張，並且要以日本明治維新爲榜樣，在中國實行日本式的君主立憲政治⑥。梁啓超亡命於日本後，在《清議報》、《新民叢報》發表文章，提倡君主立憲，與梁啓超相呼應的張謇等人，也極力鼓吹君主立憲。

甲午戰後，有識之士已指出強國之道，不在堅甲利兵，而以修政立教爲本源。光緒三十年（1904），日俄戰起，朝野多認

爲此役不只是日俄兩國的戰爭，而且也是立憲和專制兩種政體的戰爭，終於以日勝俄敗而告結束。立憲派就利用俄國對外作戰的失敗及其內部的革命爲借鏡而加緊君主立憲的宣傳，並呼籲清廷實行憲政，以抵制革命。張玉法教授撰〈學者對清季立憲運動的評估〉一文，綜合學者對清廷採行立憲的理由，歸納爲三種說法：

(一)梁啓超等多年鼓吹，認爲中國實行君主立憲較民主共和更有效。

(二)革命排滿的空氣繼長增高，清廷不得不以立憲緩和革命。

(三)日俄戰爭，日勝俄敗，使朝野上下，咸以立憲勝專制⑦。

其中，日勝俄敗的例子，最爲當時朝野所樂道。光緒三十一年（1950）七月二十三日，《南方日報》刊載〈論立憲爲萬事根本〉一文指出「大哉日俄之戰，豈非天意所以示其趨向，而啓中國憲政之萌芽者乎？彼俄之見衄於日也，非俄之衄於日也，乃專制國之敗於立憲國也，故自波羅艦隊之畢燼，而立憲專制之優劣以定，是天猶未厭中國也。今者朝列之間，政論之府，其於此說，亦漸萌芽矣！」⑧朝中的立憲派，自日俄戰後，也主張立憲。同年八月二十二日，《中外日報》也指出「甲辰日俄之戰，知微之士聞之，亦曰此非俄日之戰也，乃立憲專制二治術之戰也。自海陸交綏以來，日無不勝，俄無不敗，至於今不獨俄民群起而爲立憲之爭也，即五國士夫，亦知其事之不容已，是以立憲之議，主者愈多，遠猷辰告，始於出使諸公，繼者乃有疆吏，而今樞臣親懿之中，亦稍稍持其說矣！」⑨日俄戰後，出使大臣、封疆大吏、樞臣親貴先後奏請立憲。京師外城巡警總廳廳丞王善荃具摺時，曾痛切陳請立憲，其原摺略謂：

俄爲近今強國，其器械之精，船礮之利，歐西諸雄猶然憚之，而甲辰之役，獨見敗於日本者，何者？蓋以專制之國

> 與立憲之國遇也。立憲而人民始知有國，專制而人民惟知
> 有家。專制之國民與外國人戰，其戰也，迫於公義，立憲
> 之國民與外國人戰，其戰也，如赴私仇，此其勝敗之數，
> 豈待交綏而後知之哉？俄人自敗衄後，即已宣布立憲，召
> 集國會，蓋亦鑒於地球之趨勢，不能不出於此⑩。

立憲的日本，一勝於中國，再勝於俄國，使人相信一紙憲法，可
抵百萬雄兵⑪，嗣後立憲就成了國人的口頭禪。光緒三十一年（
1905）八月二十三日，《南方報》記載說：「昔者維新二字，
爲中國士夫之口頭禪。今者立憲二字，又爲中國士夫之口頭禪。」⑫
甲午戰後，「維新」成爲士大夫之間的口頭禪，日俄戰後，「立
憲」取代了「維新」，成爲士大夫之間的新口頭禪。

　　日俄戰後，駐法公使孫寶琦、署兩江總督周馥、湖廣總督張
之洞、署兩廣總督岑春煊等先後奏請立憲。光緒三十一年（
1905）六月十四日，清廷特命鎮國公載澤、戶部右侍郎戴鴻慈、
署兵部左侍郎徐世昌、湖南巡撫端方四人分赴東西洋各國，考察
政治。六月二十五日，續派商部右丞紹英隨同載澤等大臣出洋考
察⑬。次日，命戶部籌給出洋考察政治大臣隨員等經費銀五十萬
兩⑭。後來廷議派定載澤、徐世昌、紹英赴日、英、法、比等國，戴
鴻慈、端方赴美、德、義、奧等國，分途前往。七月十九日，出
洋考察五大臣入京請訓，慈禧太后諭以切實考求，爲將來實行立
憲的預備。八月二十六日，五大臣至北京正陽門車站時，爲革命
黨人吳樾所炸，五大臣行程改期，應呈遞各國國書繳回宮中。紹
英因傷不能出洋，徐世昌已授巡警部尚書。九月二十八日，改派
山東布政使尙其亨、順天府丞李盛鐸會同載澤、戴鴻慈、端方出
洋考察⑮。

　　當清廷派遣載澤等五大臣前往各國考察政治期間，京外臣工，

紛紛奏請立憲。駐俄使臣胡惟德奏陳俄國已公布憲法，中國亟宜傚行，以期上下一心，共禦外侮。駐英使臣汪大燮因各國盼望立憲，而奏請從速議定辦法。駐美使臣梁誠則因華僑要求立憲，而奏請速定宗旨。學部尚書張百熙、禮部侍郎唐景崇等亦先後奏請立憲，數月之間，立憲議論，已遍佈於全國，中國採行立憲，已有不能自已之勢[16]。

　　光緒三十二年（1906）五月二十一日，載澤、尚其亨返國，抵上海。二十八日，自上海啓程回京[17]。六月初一日，端方、戴鴻慈自外洋歸抵上海。六月初三日，載澤、尚其亨入京覆命，二十一日，端方、戴鴻慈入京覆命[18]。五大臣歷聘諸國，除李盛鐸赴比利時使臣新任未歸國外，其餘四大臣已先後分道回京覆命。慈禧太后召見載澤二次，端方三次，戴鴻慈、尚其亨各一次，諸臣皆痛陳立憲之利及不立憲之害。慈禧太后令四大臣詳晰指陳得失。載澤具摺指陳大計，力言衡量國勢民情，均非立憲不可，且請破除滿漢畛域。端方三次具奏：第一摺敷陳各國憲政；第二摺力言必須立憲；第三摺請詳定官制。此外，軍機大臣徐世昌也奏請採行地方自治制度，以爲立憲預備。七月十三日，降旨釐訂官制，預備立憲，並飭廷臣妥議預備立憲期限[19]。清廷爲預備立憲，命地方大吏選派司道入京參議。光緒三十二年（1906）八月初一日，署兩廣總督岑春煊以廣東提學使于式枚器識閎遠，學問淵博，於古今中外政治源流、職官沿革，皆能融會貫通。因此，具摺奏明派委于式枚入京參議[20]。

　　光緒三十三年（1907）六月十九日，袁世凱認爲各國政體，以德意志、日本較近似中國，於是奏請特簡大臣分赴德、日兩國，會同出使大臣專就憲法一門，詳細調查，分別後先緩急，呈報政府核交資政院會議定奪[21]。七月初五日，慶親王奕劻等奏准將考

察政治館改爲憲政編查館，專辦憲政，其會議政務事宜，歸併內閣辦理。八月初二日，命外務部右侍郎汪大燮，充出使英國考察憲政大臣，學部右侍郎達壽，充出使日本考察憲政大臣，郵傳部侍郎于式枚，充出使德國考察憲政大臣㉒。

慈禧太后決定採取立憲政體，並非因爲她贊成民主，其目的主要在使清朝富強。預備立憲既是清廷緩和民權運動、抵制革命、追求富強的一種措施，因此，預備立憲實質上被認爲是發自上層的近代化運動㉓。

考察政治和考察憲政，都是清廷預備立憲的重要籌備措施，載澤等五大臣出洋考察政治回國後，再派汪大燮等三大臣出洋考察憲政，就是因爲英、日、德三國都是君主立憲的國家，所以特派專使前往考察其憲政㉔。光緒三十三年（1907）八月二十三日頒發的諭旨中已有「以君主立憲爲吾國政體所最宜」的指示㉕，清廷派遣大臣考察君主立憲國家的憲政，可以視爲維新運動再起的時期，清廷終於揚棄了自強運動的老路，而走上了預備立憲的途徑。

三、出使德國與沿途觀感

于式枚（1853—1915），字晦若，廣西賀縣人。光緒五年（1879），舉鄉試。翌年，成進士，改庶吉士。光緒九年（1883）四月，授兵部主事。于式枚博聞強記，諳習國故，善於屬文。直隸總督李鴻章疏調北洋差遣，居幕府十餘年，章奏多出其手。光緒二十二年（1896）正月，李鴻章奉命赴俄羅斯賀沙皇加冕，並聘問德、法、英、美等國，以于式枚通西學，能知大體，奏准調派于式枚隨行㉖。

于式枚返國後，選授禮部主事，轉員外郎。光緒二十七年（

1901），授御史，調京畿道，遷給事中。辛丑和約簽訂後，清廷以于式枚籌畫機宜有功，賞給五品京堂，充政務處幫提調。光緒二十八年（1902）正月，充京師大學堂正總辦㉗，尋充譯學館監督。光緒二十九年（1903），署鴻臚寺少卿。光緒三十一年（1905）五月，廣東學政朱祖謀因病解職，命于式枚提督廣東學政㉘。光緒三十二年（1906），罷學政，兩廣總督岑春煊電請留粵，授廣東提學使。于式枚疏辭，奉命總理廣西鐵路。光緒三十三年（1907）三月，郵傳部右侍郎吳重熹轉左侍郎，命于式枚爲郵傳部右侍郎。同年八月，于式枚奉命充當考察憲政大臣，出使德國。

　　日俄戰後，除了日本，德國的憲政，也受到朝野的重視。《外交報》指出「德自立憲以來，日益強盛，內憂外患，悉無所聞，憲政之爲用大矣哉！俄自此次戰敗，人民要求立憲，而已如願以償。」㉙德國是君主立憲國家，其國勢已日益強盛。《中外日報》刊載〈立憲淺說〉一文，原文指出「憲法之美備者，首推英國，然英國憲法爲不成文之憲法，苦無專書可考，而日本當日之編定憲法也，實頗以德國爲宗，然則今日中國學子，欲研究憲法學，其將遠採德意志聯邦之通例，而近取日本學者之粹言乎！」㉚日本憲法既以德國爲宗，要想研究日本憲法，必須追源溯本，派遣大臣出使德國考察憲法，一方面是順應輿情的措施，一方面相信這是尋求富強、救亡圖存的途徑。因于式枚曾充當隨員，隨李鴻章聘問德國，所以廷議派于式枚出使德國，以考察德國憲政。

　　于式枚奉命出使德國時，即與憲政編查館諸臣詳細討論，擬定門類，抄閱京外條奏，博訪中西論說，以資考證憲法之用。光緒三十三年（1907）十月二十四日，慈禧太后召見于式枚。于式枚奏陳赴德考察憲政辦法及宗旨，他具奏時首先指出憲政「必

以本國所有者爲根據，而採取他國所有以輔益之。」立憲不可「舍本隨人」。于式枚同時指出駐德使臣孫寶琦究心西政，才識開明，陳請立憲最先，一切可資商榷，並會同調查，博訪通人，詳稽故事。除將考察情形，隨時咨報憲政館外，還要利用暇日，將鉤稽所得，薈萃衆說，勒成一編，窮究源流變遷，參合中西同異，博徵史書，以求合於內地情勢，「不使泥於守舊者有變夏之疑，急於趨新者有蔑古之慮。」㉛

清季歷次奉使歐美，是由南洋航海前往。于式枚啓程赴歐時，天氣嚴寒，即將封凍，海道不便，西伯利亞鐵道已經完成通車，連貫歐亞，交通便利，所以改由陸路北行。于式枚陛辭出京後，即乘火車由天津、山海關以達奉天，往謁福陵、昭陵，然後由奉天乘坐日本火車至長春府，改乘俄羅斯火車至濱江廳，取道西伯利亞。于式枚此行，由奉天東至吉林，北至黑龍江，沿途所見，皆平原遼闊，素號膏腴，民情靜謐。于式枚深慨「興利實邊，正須籌畫」。于式枚因染有痰喘舊疾，沿途感觸風寒，病情增劇。待至春氣稍融，始力就長道，以致行程濡滯。

于式枚進入俄羅斯境內後，看見沿途林木成列，村鎭相連。北出赤塔，西沿貝加爾湖，越過烏拉嶺後，又見溪山勝處，田疇盧舍，與中國江南蜀道，頗相近似。俄羅斯東部的伊爾庫次克（Irkutsk）及西部的鄂木斯克（Omsk），俱爲大都會，建築雄麗。于式枚進入歐西後，連日所見西來移民車輛，前後相連。自從俄羅斯推行向東方拓墾移民實邊政策後，經營多年，遂至生聚日繁。西伯利亞與中國接壤，對中國形成三面包抄之勢。尼古拉二世（Nicholas Ⅱ，1868—1918）曾與清廷駐俄使臣洪鈞面談過，略謂俄羅斯國境雖甚綿長，但自西至東，處處皆屬側面，而中國由南向北，處處皆正面，對西伯利亞地勢，瞭如指掌。俄人經營日

益繁盛,而清朝仍然空虛,于式枚感傷不已。他引古代治生家語後指出「人有十畝之地,其家即不得言貧,豈有坐擁萬里之饒,乃令荒廢多年之理?近年邊陲多事,東隅勢力已分,西北兩面,猶屬桑榆之收,誠不可緩。」㉜

　　光緒三十四年(1908)二月,于式枚奉旨調補禮部左侍郎。三月初七日,于式枚抵達俄羅斯首都聖彼得堡,接晤清廷駐俄使臣薩蔭圖。三月初九日,馳抵德國首都柏林,暫寓西郊旅館。于式枚進入德國境內以後,所過田野,其開闊氣象,又遠勝於俄羅斯。他指出在十二年前初至柏林時,柏林西郊尚屬曠野,此時已是市廛櫛比,樓閣雲連。德國進步神速,令人驚異,柏林市政精詳,尤多可法。于式枚抵達柏林後,先行拜訪駐德使臣孫寶琦,詢商考察憲政事宜。因德皇威廉第二(William II,1888—1918)方出遊地中海等處,于式枚先行照會德國外部,訂期謁見德皇。

　　光緒三十四年(1908)五月初二日,威廉第二返回柏林,德國外部知會于式枚,訂於五月初三日接見。于式枚按約定日期,攜帶國書,偕同駐德使臣孫寶琦,率同通譯官前往皇宮,由德國外部大臣暨禮官延入便殿少息。于式枚見德皇離宮別館,備極雕華,其前代故宮,雖極黯舊,但不加塗飾,以存古式,貴賓室樓窗以外,即臨通衢,車馬市聲,徹於賓座。是日酉刻,德皇威廉第二自上左門出西北向側立,于式枚、孫寶琦及通譯官東南向序立,循例致敬。于式枚捧遞國書,威廉第二戎服佩刀,舉手親受。于式枚宣讀頌詞,其全文如下:

> 大清國考察憲政大臣于式枚敬進詞於大德國大皇帝陛下,本大臣奉本國大皇帝之命,來使貴國,考察憲政。恭維大皇帝雄才大略,四海同欽。本大臣前隨大學士李鴻章通聘各邦,獲瞻風采,何意十二年後,又得親持使節,再覲光

顏、膽對之餘，曷勝懼怵。竊維中德邦交，夙稱親睦，往
年考察政治大臣戴鴻慈、端方，仰承優禮指示各節，中國
政府感佩同深。茲本大臣專爲考察憲政前來，比之李中堂
及端、戴兩大臣等爲時較久，得以詳詢政教，裨益良多，
並祝大皇帝福壽康彊，人民樂業，不勝頌禱㉝。

于式枚於頌詞中表明出使德國的目的，是專爲考察德國憲政而來，
駐德時間亦比考察政治大臣戴鴻慈、端方較爲長久，可以詳詢德
國政教。頌詞內容由通譯官以德文傳譯。德皇威廉第二亦宣讀答
詞，其譯漢答詞全文如下：

貴大臣前十二年曾蒞我邦，目下此間一切地方局面，較之
從前，已大爲改變，想貴大臣已見及矣。今貴大臣榮膺考
察，重蒞我邦，余不勝欣悅，所有應考察各節，我國政府
甚願協助一切。惟我國憲政，頭緒紛繁，窮究不易，貴大
臣在此駐節較久，儘可詳細推求。查諸國憲法，用處各有
所宜，余愚以爲德國憲法，未必盡能合中國之用，即選舉
一節，尤恐未易仿行。近來新立憲諸邦，每多取法德國，
現中國政府銳意維新，因革損益，自有權衡，但擇其合用
者行之，其不合用者置之，方爲妥善，即請代奏皇太后、
皇上聖鑒，敬祝聖躬康強逢吉，不勝頌禱㉞。

由前引答詞可知近代立憲國家，多取法德國，清廷派員前往考察
憲政，實屬刻不容緩。但憲政紛繁，必須詳細推求，德國憲法，
未必盡合中國的國情，其中選舉法，尤恐不易仿行。因此，威廉
第二以因革損益，權衡輕重相勉，禮成而退。

據于式枚的觀察，威廉第二年四十八、九歲，身材中人，微
黃赤色，鬚末上翹，神采英異，行步便捷，耐習勞苦。于式枚等
往謁當天，正值閱兵大典，威廉第二黎明即起，馳赴操場，策馬

烈日之下，自辰至午，始告結束。瑞典國王夫婦及他國使臣先後
觀見，威廉第二酬對終日，不以爲煩。于式枚具摺指出德國全境，
相當於中國一大省或兩小省，但德國強盛，雄視五州，號爲大國，
威廉第二尤以雄才大略著聞於歐西㉟。

　　光緒三十四年（1908）五月，于式枚奉旨調補吏部右侍郎，
未到任以前，由瑞良署理㊱。編修施愚，中學頗有根柢，先曾游
歷東洋，後隨考察政治大臣戴鴻慈、端方游歷西洋，留學德國已
經三年，鑽研西學，專攻法律，通曉德文。于式枚與施愚舊識，
到柏林後，日與施愚討論憲政，深資裨益，經于式枚就近延請在
館幫同考訂編譯德國憲政資料，得力甚多㊲。于式枚自抵德國後，即
著手蒐羅群籍，諮訪學者，參考諸家學說，芟煩舉要，輯錄成編，
專摺具奏，先後進呈考察報告，包括：《立憲必先正名》、《普
魯士所行選舉法》、《普魯士憲法成立前歷史及締造時情形》、
《德意志憲法成立前歷史及締造時情形》、《普魯士憲法解釋要
譯》、《譯注普魯士憲法全文》、《普魯士地方各級行政制度》、
《各省諮議局章程權限與普國地方議會制度不符》等摺件，俱爲
探討清廷預備立憲及中國政治近代化提供了很重要的文獻。

四、憲政考察與憲政取向

　　清廷預備立憲的過程、預備期限及憲法大綱的制訂，都是值
得探討的課題。當清廷決定實行憲政時，即依照日本派遣伊藤博
文赴歐考察憲政的先例，也派遣大臣考察英、日、德三國的君主
立憲制度。日俄戰後，立憲派和革命黨都要求實行憲政，召集國
會，于式枚深慨於民智已開，「愚之無術」，但他認爲中西國情
不同，預備必須詳密。光緒三十三年（1907）十月二十四日，
于式枚陛辭具奏時已指出「日本維新之初，即宣言立憲之意，分

遣各使周歷外邦,最先整理行政及司法制度,其次整理地方行政
制度,後八年乃設元老院及大審院,後十四年乃發布開設國會之
敕諭,而先開設地方議會,又以教育未能普及,即與國民以參政
權,最爲危險,乃先改定普通教育制度,又先設裁判所構成法,
設會計檢查院,越二十年而後頒行憲法。蓋預備如此其詳密,而
實行如此其遲迴,不知者輒以限年爲迂遠之談。」㊳于式枚以日
本實行憲政遲迴爲例,認爲預備立憲,不當以限年爲迂遠。陸軍
部主事王廷楨呈遞奏摺時也認爲實行憲政,須分爲三個階段實行:
第一個階段爲廓清時期;第二個階段爲預備時期;第三個階段爲
建立時期,漸次推進,方臻妥善㊴。于式枚指出朝廷實行憲政,
當預爲籌備,循序漸進,不當躁進,先設京師議院,以定從違;
舉辦地方自治,以植根本,而尤要者,在廣興教育,儲備人才。
此外,凡與憲政相輔而行者,均當先事綢繆,而不容遲緩。

　　于式枚具奏時,曾引英儒斯賓塞爾的談話內容,斯賓塞爾以
各國立憲皆由逼迫而成,日本向爲獨裁國體,民安其化,何以平
地湧現立憲等語詰問日本博士金子堅太郎。金子堅太郎告以「日
本維新以後,廢藩改制所由來,前後歷二十年,並非突然而起。」
光緒三十四年（1908）三月初七日,當于式枚途次俄國首都聖
彼得堡時,曾會晤駐俄使臣薩蔭圖,詳詢俄國立憲情形,薩蔭圖
即舉俄臣石坡甫的談話相告。石坡甫認爲立憲「施行太急,正滋
紛擾,誠不如中國漸進之穩愼。」㊵于式枚對實行憲政的過程,
是傾向於採取穩愼的漸進方式。同年九月初三日,于式枚進呈《
普魯士憲法解釋要譯》,首先引伊藤博文的談話內容,略謂:

　　　日本維新,初多倣英、法主義,於時民智大開,歐美風氣
　　　灌入,多有倡共和之説,乃采德國主義,立憲法以制之。
　　　又云,其憲法固非立憲之至隆,所言當日情形,至爲明確。

近來中國新學日盛，乃正如伊藤前日所言，其意競競欲傲效所謂立憲之至隆，取法過高，責難太急，固亦出於忠愛，而實遠於事情。夫以普魯士為歐西文明舊邦，視英法為近，日本為東瀛改造新國，師歐美最先，而君臣審慎遲迴，猶不敢用其至隆之法，中國地遠俗異，乃欲一蹴而幾，此不待智者而知其不可也㊶。

實行憲政，不能一蹴而幾，取法不能過高，責難不能太急，必須審慎漸進，採行德國主義，始能抵制共和之說。由此可以看出于式枚對預備立憲的實行，主張審慎穩健，于式效始終就是一位保守漸進主義者。

廷臣中贊成立憲者，固不乏其人，惟多主張採行各國憲法，必須適合中國的國情。法部主事沈鈞儒具呈時即指出「立憲之理，求之吾國三代政治而有餘，立憲之制，則為吾國所無，勢不能不取資於歐洲各國及今之日本。第各國政治條理繁多，必不能謂凡為吾國所無，即皆為立憲國所必取。即以憲法條文而論，同一君主國，德之憲法，不必可移於英，英之憲法，不必可移於日本。」㊷沈鈞儒主張採行憲政，但「各有國情所最宜，斷不能易轍而悉合」。預備立憲改革，繫乎政體，影響及於全國，御史徐定超、法部主事沈鈞儒先後奏請光緒皇帝於日講官進講內添講憲法一門。

于式枚綜觀西洋歷史後，將德國、日本學者討論普魯士、英國、比利時、日本等國憲法的專論，擇要輯錄，以供憲政編查館存案備查。德國阿恩特博士指出英吉利憲法是議院制，比利時憲法是共和制，主權出自國民，普魯士憲法是君主國立憲制，所以英吉利、比利時憲法，不適用於普魯士㊸。德國格阿克馬耶博士也指出普魯士憲法集國權於君主，以國王為國權總攬者，為最符合普魯士王室歷史的憲法。日本筧克彥博士曾將普魯士憲法和法、

美、英、日等國憲法進行比較，他指出各國憲法，頗有出入，可將其要點歸納於下：

㈠普魯士立法之初，也是貴族與君主爭權，君主勝利，後來君主、貴族、人民都有權力。法國、美國立憲之後，權力概歸人民，英國自一六八八年以後，也是人民為主。

㈡日本立憲，不是因人民的請求，而是出自政府，日本採行普魯士及德意志等國的憲法，是因為英國憲法自然發達，不可學，而法、美與日本，國情不同，普魯士及德意志諸國，都是斟酌本身國情制定憲法，所以適宜於日本。

㈢普魯士君主以人民的意見制定憲法，人民不得任意解釋，而憲法以成，普魯士憲法由愛國心發生，非如法國憲法以革命購得者。

筧克彥博士認為日本採行普魯士及德意志憲法，是顧及日本的國情。清水澄博士進一步指出日本憲法的採行，曾先參考比利時憲法，後參考普魯士憲法而制定的。因此，日本天皇地位，與普魯士國王地位，大體相同，但增修改正之處不少，可將增修各條列表如下，並與清室憲法大綱作比較。

清室憲法大綱與普魯士憲法及日本憲法比較表

項　　　　目	普 魯 士 憲 法	日 本 憲 法	清室憲法大綱
1　獨立命令	憲法規定執行命令，不規定獨立命令，其獨立命令發布權，議論不一致。	憲法明定獨立命令發布權屬之天皇。	憲法大綱明定君主發命令及使發命令之權，命令為君主實行行政權之用。
	憲法無君主編制	憲法明定編制海	君主調遣全國陸

2	編制兵額	海陸軍及定常備兵額之明文,常備兵額恆為議院所左右。	陸軍及定常備兵額之權屬之天皇。	海軍,制定常備兵額,得以全權執行,凡一切軍事,皆非議院所得干預。
3	締結條約	締結條約權屬之國王,然締結通商條約及加負擔於國家或課義務於國民之條約必經議會協贊。	無論何種條約,議會不得參與。	國交之事,訂立條約,由君主親裁,不付議院議決。
4	事變大權	當遇戰時及國家事變時,其施行細則以法律定之。	當遇戰時及國家事變時,其戒嚴要件雖定以法律,而關於事變之大權,毫無限制,天皇則自由運用。	當緊急之時,得以詔令限制臣民之自由,君主有宣告戒嚴之權。
5	預算權運用	預算不成立得停止行政權否?普國憲法無此規定。	預算不成立時,可據前年之預算施行,故議會預算權運用之範圍甚狹,不至因此而曠行政。	皇室經費,由君主制定常額,自國庫提支,議院不得置議。國家預算,由議院協贊。
6	官制預算	官制定權屬之國王,歲計預算權須經議會之協贊,但官制議定權與預算議定權之關係全無規定,	凡屬天皇大權內之俸給規定權、常備兵額確定權、條約締結權等,議會不得執預算議定之權廢各	設官制祿之權,操之君主,議院不得干預。

		然則官制施行時所必須之預算，議會得廢去。	種歲出，以限制天皇大權作用。	
7	憲法修訂	憲法欲改正時，除相距二十一日須兩次決議外，與普通立法辦法無異，議會得提出改正案。	憲法改正案須以天皇勅令付之議會，議會不能提出議案。	

資料來源：《軍機處檔・月摺包》（臺北，國立故宮博物院），
　　　　　第2730箱，132包，166182號，于式枚奏摺錄副；《光緒
　　　　　朝東華錄》，總頁5961。

前列簡表，包括：獨立命令、編制兵額、締結條約、事變大權、
預算權運用、官制預算、憲法修訂等七項，日本天皇親裁權的範
圍，都大於普魯士國王的施政權。日本有賀長雄博士指出日本完
全保續君主的權力，並以此權力制定憲法，與普魯士及德意志並
無不同，然而日本有一重大差異，普魯士以欽定憲法議案付國會
修正議決而後確定，而日本唯以欽定者公布之，未嘗經國會。而
且日本憲法解釋權全屬天皇，兩院或政府與議會有異解時，則奏
請裁決，無論何人，不得相爭，此例爲德意志諸邦所未見。

　　光緒三十四年（1908）八月初一日，憲政編查館、資政院
會奏憲法大綱，其中「君上大權」部分，共計十四款，明定君主
有統治國家大權，凡立法、行政、司法，皆歸總攬。如前表所列
項目，清室君主的權力，較日本天皇，實有過之，而無不及。

　　日本使臣青木周藏隨同伊藤博文出使德國時，德皇威廉第一
曾說過憲法爲行政之花，欲查其花，必查其根本，地方自治制度

就是憲政的根本，欲考察憲政，就不能忽視立憲國家的地方自治制度。憲政編查館咨令于式枚考察德國地方自治的組織及其權限。于式枚於「為考察普魯士地方行政制度」一摺指出普魯士的地方行政，分為國家行政區域和自治行政區域。自治行政分為三級：第一級為市、鄉、私領地，是自治的基礎；第二級為縣、市縣；第三級為省，是自治的聯合體。普魯士的地方行政制度，就是以地方自治為基礎，先市後鄉，次為縣與省。于式枚指出普魯士的地方官制等級，不同於日本，而與中國略同。普魯士人民較英、法等國服從，固然是由於其習慣相沿，主要也是由於其法制較完善。中國民情服從根於質性，以樂事勸功尊君親上為本分，且自古以來原有自治舊規，又無西方中產階級的把持，因此，中國若實行地方自治，將可事半功倍。于式枚閱看憲政編查館所定城鎮鄉地方自治章程，條理詳明，本末粲著，對於範圍權限，分析尤嚴，與普魯士法令用意相同。但由於歐風東漸，西學大盛，為防範未然，于式枚主張採德國主義立法以制之㊹。

　　光緒三十二年（1906）九月二十日，清廷中央政治體制進行改革，釐定官制，慈禧太后雖然否定了內閣制，但同意設立資政院及司法獨立，中央體制三權分立的原則基本上確立下來。光緒三十三年（1907），改革地方政治體制，決定改按察司為提法司，管理司法行政，省府縣分期設立各級審判廳，管理訴訟及上控事件，府州縣分期設立議事會及董事會，試行地方自治，又命各省設立諮議局，地方體制三權分立的格局也大體上確立下來㊺。同年八月十三日，降旨在京師設立資政院，派溥倫、孫家鼐充資政院總裁。九月十三日，降旨在各省省會速設諮議局，慎選公正明達官紳創辦其事，由各屬合格紳民公舉賢能，作為諮議局議員。「凡地方應興應革事宜，議員公同集議，候本省大吏裁奪

施行，遇有重大事件，由該省督撫奏明辦理。」㊻

各省諮議局的設立，主要目的是以諮議局作爲各省採取輿論之所，並爲資政院儲才之階，資政院選舉議員，可由諮議局公推遞升。光緒三十四年（1908）六月二十四日，清廷頒行各省諮議局章程及議員選舉章程。憲政編查館在擬定各省諮議局章程原奏中指出章程的擬定是「仰體聖訓，博考列國立法之意，兼採外省所擬章程，參伍折衷，悉心編纂。」其內容共分十二章六十二條：第一章總述綱要，說明諮議局的緣起及其設立宗旨；第二章至第五章，規定諮議局議員的額數資格，分類任期，兼及補缺改選辭職等項；第六章至第八章，規定諮議局的職任權限及其會議監督的辦法；第九章以下規定經理諮議局庶務籌支經費，保持紀律等項，並將章程的施行修改列爲附條。又因議員選舉事宜端緒繁雜，而別立選舉章程一百十五條㊼。于式枚奉使德國後，對於普魯士地方議會，即開始詳細考察，又參考各君主立憲國家的制度。他認爲憲政編查館所擬各省諮議局章程，與普魯士地方議會制度，頗多不合之處。其中關於地方議會權限各條，普魯士地方議會，僅參與行政之一部，並無立法之權，對於國家行政，得述意見，而不得決可否，對於自治權，得決可否，而不得與執行。地方議會的決議，其審查權委之於行政長官。因國會並無裁判官吏之權，所以行政訴訟及其他爭議，不得控訴於上下兩議院。諮議局章程條文，竟以資政院爲一國行政最高裁判機關，諮議局立於一省行政唯一監督之地，無論國政民事，均納入其權限範圍內，使一國政權落於最少數人之手。諮議局權限過於龐大，可歸納于式枚的論點如下：

㈠諮議局對於財政權不特有監察權，且有承諾租稅權。

㈡諮議局對於督撫不特有彈劾權，且可操其任免權。

㈢諮議局對於立法不特有參與權，且有審查權。

于式枚認爲「諮議局權限之大，不可思議，若督撫不爲之屈，日事鬧爭，則責歸疆吏；屢請解散，則怨歸朝廷；若爲之屈，俯首拱手，全聽地方之指揮，則一省之政綱弛，內外把持。或更官紳聯合以抗國家之法令，則一國之政權移矣。」于式枚指出「現在預備時代，改革未定，中央政權惟恐少統一堅強之力，而國民識政體、知法意、富經驗者極少，驟以此龐大政權之地方議會，橫立於政府與國民之間，縱使被選者皆非營私武斷之人，而一國政權已落於最少數人之手，其爲後患，何可勝言？」㊽于式枚原奏奉硃批交憲政編查館妥議具奏。奕劻等人認爲于式枚所指陳各節，或涉於過慮，或對於章程條文，殊多誤解，以致有「網羅權力完全無缺之疑」，請仍如原奏章程試辦㊾。

于式枚駐德考察憲政期間，也注意到普魯士的政黨。他指出自立憲以來，普魯士的政黨歷史，可以分爲六國時代；議院初開，行普通選舉，民黨最盛，是爲第一時代；改選法後至1858年，黨雜勢渙，不入黨者甚多，是爲第二時代；自1858年至1861年爲新改元時代，政府改行新政策，是爲第三時代；自1861年至1866年爲憲法牴觸時代，此時政黨與政府最多衝突，是爲第四時代；自1866年至1879年爲維新時代，國勢臻極盛，是爲第五時代；自1879年至1909年爲確守法律時代，黨勢定而主義明，足與政府政策相維而進步益速，是爲第六時代。于式枚將1866年以來普魯士保守黨、維新黨、中央黨、新國民黨、國民維新黨、德意志進步黨、德意志自由黨、維新聯合黨、自由民黨、自由聯合黨、天主教黨、中央黨、波蘭黨、社會黨等政黨的產生和分化及其勢力的消長，進行了初步的考察㊿。于式枚曾引英儒斯賓塞爾的談論，略謂「一國憲法及附屬法律，必須與本國之歷史及國

體有同一之性質，否則實行之際，困難不可思議，流弊尤不可勝
防，即如美國憲法，本在人民平等，行之既久，而政治漸集於政
黨掌握中，其政黨亦多由利己之心，平民不勝其苦。」⑤于式枚
見國內政黨林立，橫議遍於國中，流弊叢生，深以爲隱憂。于式
枚稱維新派爲新黨，新黨主張取法英美，就是想把持政權。他具
摺時指出新黨中以梁啓超、蔣智由最爲兇悍。梁啓超等人所注意
者「全在張民權，以奪國權，最宗仰者爲克林威爾之國會，稱爲
壯哉裁判之國會，軍隊之國會也。夫英國國會權力之大，已爲各
國所不能行，況以克林威爾擁兵廢逐之時，豈可以援據，而乃醉
思夢想心慕目營，欲炙流涎，若有餘羨，跡其好權喜亂，酷類法
革命時段敦羅伯卑爾一流，若使少有憑依，必爲厲階禍首矣。」
⑫于式枚認爲新黨欲奪取國家政權，將爲厲階禍首，而感到深切
隱憂。

　　于式枚比較歐美及日本憲法後，將其要點繕摺具奏。他在《
譯注意魯士憲法全文》一摺，將比利時、英國、法國、普魯士等
國憲法的異同及日本憲政取向，都作了簡要的敍述。其原摺略謂：

> 查普魯士憲法，首爲國家領土，次曰普人權利，三曰國王，
> 四曰國務大臣，五曰國會，六曰司法權，七曰非裁判之國
> 家官吏，八曰財政，九曰鄉市及省府縣聯屬，十爲通則，
> 十一爲補則，共十一章，百一十九條。其法多原於比利時，
> 所異者，比憲法首明主權出於國民，普憲法則特著王權爲
> 所自有；比憲法所不載者，其權皆在議院，普憲法所不載
> 者，其權皆歸國王；比憲法既行，從前舊法多廢，普仍遵
> 用如前，所具列百十條文，不過揭示大綱，俾國民執爲保
> 護權利之據。畢士參謂英、法、比三國憲法爲暴力要索之
> 條款，與普之惠與者不同，然與索雖殊，其爲交換之條款，

則無以異矣。憲法定後，國民獨於選舉法頻年爭論，請改不已，因當時本有改定之諭，日久迄未議行，既經充許於先，宜有責言之及。此外各條均無異詞，惟於新定法律與憲法原文偶有歧互，或更周密者，削除數條，無關宏旨，故其改革之跡，不似英、法之多。日本憲法又本於普，而刪併爲七章，七十六條，尤爲簡括。伊藤博文自爲義解，於普法頗有異同，如升天皇於首章，以明臣民統屬之義，後大臣於國會，以示原本輿論之公，議箝制君權之偏見，爲仿法、比憲法之顚，舉廢棄預算之變例，爲非奧美立憲之正，不必載事變專律，愈見特權保全之眞，不備列鑄幣諸條，益微大權包括者廣，大臣無別設糾彈斷罪之法，議院不可有提出議案之權，租稅議決不必限定一年，議置攝政，不必召集兩院，其所駁議，具見別裁，固由後起損益之彌工，亦見東方情勢之本異也㊼。

引文中已指出普魯士憲法雖本於比利時，但王權大於比利時。日本憲法又本於普魯士，而天皇權限卻大於普魯士，其主要原因，就是由於東方情勢，彼此不同。

憲法有所謂欽定憲法和民約憲法的區別，法國憲法屬於民約憲法，普魯士與日本憲法，則屬於欽定憲法。于式枚在《普魯士憲法解釋要譯》一摺進一步指出中國憲政的取向。其原摺略謂：

伊藤博文之論責任大臣，謂君臣相與，先道德而後科條，君臣如此，君民何獨不然，果能相結以誠，相孚以信，則普與日本以欽定憲法行之至今，如其不同，則法蘭西固民約憲法也，何以革命者再三，改法者十數而猶未定，愈可知立法貴有根本，而不在枝葉之文詞。臣愚以爲今日中國立憲，必應以日本仿照普魯士之例爲權衡，而尤以畢士麥

人民意見制定，伊藤博文先道德後科條之言爲標準，則憲法之大綱立矣(54)。

于式枚認爲普魯士、日本的君主立憲制度，與中國的國情較相近，多可取資，而少流弊，對於取法於美國、法國的主張，頗不以爲然。他認爲憲法大綱的制訂，中國憲政的取向，「應以日本仿照普魯士之例爲權衡」，在清廷實行預備立憲的過程中，于式枚一方面可以說是一位保守漸進主義者，一方面也可以說是一位堅持普、日主義者。

五、結 語

于式枚奉命出使德國時，已患痰喘舊疾。當他馳抵德國後，因水土不服，失於調養，積成肺胃病症，寢食大減，時患風眩。又因柏林晴少雨多，長年陰曀，春夏之交，積濕下注，以致右足腫痛，艱於步履。宣統元年（1909）四月二十四日，于式枚自柏林啓程回國，恐乘西伯利亞鐵路火車長途顚頓，體力不支，而決定前往意大利海口，改乘輪船東渡，途經紅海、南洋諸島，頗受暑熱之苦。同年六月初五日，于式枚奏報行抵上海，因足疾未癒，電請軍機處代奏，請假調理。次日，奉電傳諭旨，賞假一個月。假期屆滿後，足腫稍減，但仍不能穿鞋，七月十六日，又奏請續假一個月(55)。同年九月，還京。于式枚自光緒三十三年（1907）十月二十四日陛辭出京至宣統元年（1909）九月還京，前後歷時兩年。宣統二年（1910）二月，于式枚奉旨轉吏部左侍郎。宣統三年（1911）五月，改授學部右侍郎，總理學館事。九月，充修訂法律大臣。十二月，充國史館副總裁。民國四年（1915）六月，卒於上海旅次，享年六十三歲。清史館纂修《于式枚傳稿》有一段記載說：「式枚生而隱宮，精力過人，夜則倚

枕高坐，從不臥眠，類僧人之入定者。外和易而內廉辨，論事謇
諤持大體，文章博贍，有聲公卿間。其考察憲政各疏，尤為人所
傳誦。」⑤⑥《清史稿》評論于式枚時，有「式枚之論憲政，務因
時損益，而大勢所趨，已莫能挽救。」⑤⑦

　　于式枚出使德國考察憲政，其論憲政各摺，頗受當時朝野的
議論。當于式枚返國滯留上海期間，對上海輿論界的批評，感觸
很深。他具摺指出「臣重至上海，距前不過四年，風氣所趨，更
非昔比，新黨學派競出，宗旨之奇誕，言議之橫恣，不惟中國自
古所未有，亦遍為西國政教所未聞。臣到滬數日，各處報紙指名
呵罵，視故侍郎郭嵩燾所云訓子弟斥僮僕者尤有過之。前後所詆，
亦不獨臣一人，凡中外大臣，莫不肆意誣謗，多出情理之外，流
弊至此，可為隱憂。」⑤⑧

　　于式枚自光緒三十四年（1908）三月初九日馳抵柏林至宣
統元年（1909）四月二十四日離德返華，駐德考察憲政，共計
一年又十五日，其間對普魯士、德意志的憲法成立經過、議院問
題、地方行政制度、地方議會、選舉法、政黨情形等方面都進行
了考察，撰成報告，並將考察心得，繕摺具奏。于式枚認為朝廷
實行憲政，當預為籌備，循序漸進，審慎穩健。採行各國憲法，
必須適合中國的國情，普魯士憲法是君主立憲制，集國權於君主，
日本憲法本於普魯士憲法，而提高天皇的地位，普魯士及日本的
君主立憲制度，與中國的國情較相近，多可取資，而少流弊，憲
法大綱的制訂及中國憲政的取向，應以普魯士和日憲本法為權衡。

　　上海輿論界指名呵罵于式枚的文字，多針對于式枚的保守漸
進及普、日君主立憲主張表示不滿，指摘于式枚擁護專制，阻撓
憲政。光緒三十四年（1908）五月二十日，于式枚進呈〈立憲
必先正名〉奏摺，同年六月初九日，又進呈〈保守漸進等說〉奏

摺，《東方雜誌》以「于式枚又上阻撓憲政摺」為題，而施以攻擊。孟森先生撰〈憲政篇〉批評于式枚，略謂「最奇者則為考察憲政大臣吏部侍郎于式枚，一再阻撓，痛詆各國立憲，並有憲法當求之中國等語。」㊾六月二十七日，政聞社社員法部主事陳景仁以電劾于式枚，請定三年內開國會，革于式枚，以謝天下。奉嚴旨申飭，褫奪其職㉖，輿論更加譁然。九月初三日，于式枚進呈《考察普魯士德意志憲法成立情形》及《普魯士憲法解釋要譯》二摺。孟森先生撰文質疑，原文指出「式枚始抵德之奏，極為公論所不與，此次具奏，首述憲政編查館開送考察憲政要目，曰成立前之歷史，曰組織時之情形。其意蓋牽綴門目，以為敷衍篇幅之地，剽襲普德史書，寥寥數千言，了無關立憲宏旨。」于式枚在原摺中推論普魯士的善政，往往在未立憲以前，以示國家不必因立憲而始臻上理，又推論日本學者所說普魯士憲法是由愛國心而生，與法國以革命購得者不同，以示國家採行憲政，則不免危疑。孟森先生認為于式枚的推論，就是「陰以此示阻撓」。至於《普魯士憲法解釋要譯》一摺，孟森先生則認為「取日本人著述，斷章取義，取足遂其護前之病者，則草草錄數條。所引德儒之言，其實亦竊自東籍，中日同文，剽竊甚易。」㉑孟森先生認為于式枚的考察憲政報告，是剽竊普魯士、德意志及日本的史籍，其推論立憲與不立憲的用意，既被指為阻撓憲政，擁護專制，以致「向所陳論，頗不滿於人意。」㉒

于式枚進呈的考察憲政報告，固然抄襲普魯士、德意志和日本的史籍，其實，清廷預備立憲的各種制度，亦多抄襲日本、普魯士等國的成法。光緒三十四年（1908）八月初一日，清廷所頒布的《憲法大綱》，就是本於立法權屬於議院和君主的二元君主立憲制的日本憲法。其中關於「君上大權」部分，基本上抄自

日本憲法第一章「天皇」，採取日本君主大權政治模式，賦予君主統治國家的大權，立法、行政、司法皆歸其總攬㊿。清季時艱日亟，預備立憲已為時會所趨，清廷屢飭直省督撫將應行預備各項立憲事宜，不可視為緩圖，直省督撫遵奉諭旨將各項事宜次第舉辦。于式枚亦奏請朝廷實行憲政，預備必須詳密，循序漸進，先設京師議院，舉辦地方自治，廣興教育，上海輿論呵罵于式枚阻撓憲政，是不客觀的。

　　清廷為時勢所迫，不得不實行預備立憲，以緩和民權運動。但就維持清朝政權而言，究竟立憲是否足以救亡圖存呢？于式枚舉法國革命為例。他說：「昔法之大將辣飛葉助美洲獨立，成大功，負盛名者也，歸而不忍法民之塗毒，倡言立憲，欲以治美者移而治法，而不知情勢不同，一發而不能收，遂致滔天之禍。」㊿移植制度，不是一蹴而幾的，所謂「滔天之禍」，就是指法國大革命。于式枚進一步指出「法國則當屢世苛虐之後，民困已深，欲以立憲救亡，而不知適促其亂。日本則當尊王傾幕之時，本由民力，故以立憲為報。」㊿于式枚認為中西政教歧異，情勢不同，採行憲政，「行之而善，則為日本之維新；行之不善，則為法國之革命。」法國大革命前夕，欲以「治美者移而治法」，以立憲救亡，而適促其亂。如果清廷沒有預備立憲之舉，革命是否會在辛亥年發生呢？諸家異說，見仁見智，但是由於有了立憲之舉，反而加速了革命的爆發及清廷的覆亡㊿，似乎可以說明革命的發生，往往不在專制政治的敗壞或壓迫到了極點的時候，而是在統治者措意改善，壓迫已經減輕，政治趨向開明之後。于式枚以法國立憲而招致革命為隱憂的引證，並非過慮。

【註　釋】

① 張玉法撰〈學者對清季立憲運動的評估〉，《中國近代的維新運動
——變法與立憲研討會》（臺北，中央研究院近代史研究所，民國
七十年八月），頁149。

② 《電寄檔》（臺北，國立故宮博物院），宣統元年春季號，頁17，
宣統二年三月十四日，致陝甘總督升允電信。

③ 侯宜杰撰〈預備立憲是中國政治制度近代化的開端〉，《中國近代
史月刊》K3，一九九二年，第二期（北京，中國人民大學書報資料
中心，1992年3月），頁10。

④ 李劍農著《中國近百年政治史》（臺北，臺灣商務印書館，民國五
十四年十月），上冊，頁252。

⑤ 林增平等編《辛亥革命史研究備要》（長沙，湖南出版社，1991年
9月），頁590。

⑥ 李侃撰〈東北立憲運動和立憲派瑣議〉，《中國近代史月刊》，K3，
1992年，第三期（北京，中國人民大學書報資料中心，1992年4月），
頁60。

⑦ 《中國近代的維新運動——變法與立憲研討會》，頁149。

⑧ 《東方雜誌》，光緒三十一年，第十期（上海，商務印書館，光緒
三十一年十月），頁171。

⑨ 《東方雜誌》，光緒三十一年，第十二期，頁203。

⑩ 《軍機處檔·月摺包》（臺北，國立故宮博物院），第2730箱，
132包，164348號，光緒三十四年六月十二日，王善荃奏摺。

⑪ 李劍農著《中國近百年政治史》，上冊，頁233。

⑫ 《東方雜誌》，光緒三十一年，第十二期，頁216，錄乙巳八月二
十三日《南方報》。

⑬ 《清德宗景皇帝實錄》，卷五四六，頁15。

⑭ 《東方雜誌》，光緒三十一年，第八期，頁62。

⑮　《清德宗景皇帝實錄》，卷五四九，頁17。

⑯　《東方雜誌臨時增刊》，光緒三十二年（上海，商務印書館，光緒
三十二年十二月），頁1。

⑰　《東方雜誌》，光緒三十二年，第七期，頁36。

⑱　《東方雜誌》，光緒三十二年，第八期，頁39。

⑲　《光緒朝東華錄》（臺北，大東書局，民國五十七年八月），頁
5545，光緒三十二年七月戊申，諭旨。

⑳　故宮博物院明清檔案部編《清末籌備立憲檔案史料》（北京，中華
書局，1979年7月），上冊，頁403。

㉑　郭廷以編《近代中國史事日誌》(臺北，臺灣商務印書館，民國五十
二年三月），第二冊，頁1281。

㉒　《清德宗景皇帝實錄》，卷五七七，頁4，光緒三十三年八月辛酉，
諭旨。

㉓　林增平等編《辛亥革命史研究備要》，頁61。

㉔　李劍農著《中國近百年政治史》，上冊，頁251。

㉕　《光緒朝東華錄》，頁5724，光緒三十三年八月壬午，諭旨。

㉖　《李文忠公全集》（臺北，文海出版社，民國五十七年五月），㈢，
奏稿七十九，頁58。

㉗　莊吉發著《京師大學堂》（臺北，國立臺灣大學，民國五十九年八
月），頁146。

㉘　《清德宗景皇帝實錄》，卷五四五，頁9，光緒三十一年五月丙申，
諭旨。

㉙　《外交報》，譯報第三類，第一四一期（臺北，廣文書局，民國五
十三年），頁25。

㉚　《中外日報》，《東方雜誌》，光緒三十一年，第九期（上海，商
務印書館，光緒三十一年九月），頁151。

㉛　《政治官報》（臺北，文海出版社，民國五十四年十二月），光緒
　　三十三年十月二十六日，第三十七號，頁81。

㉜　《考察憲政檔》（臺北，國立故宮博物院），光緒三十四年五月二
　　十日，于式枚奏報行抵柏林差次日期摺。

㉝　《軍機處檔‧月摺包》（臺北，國立故宮博物院），第2730箱，
　　132包，164304號，光緒三十四年五月初六日，頌詞清單。

㉞　同註㉝，譯漢答詞。

㉟　《軍機處檔‧月摺包》，第2730箱，132包，164288號，光緒三十
　　四年五月初六日，于式枚奏摺錄副。

㊱　《光緒朝東華錄》，頁5612，光緒三十四年五月辛亥，諭旨。

㊲　《軍機處檔‧月摺包》，第2730箱，138包，166183號，光緒三十
　　四年九月初三日，于式枚奏片錄副。

㊳　《政治官報》，光緒三十三年，第三十七號，頁10，光緒三十三年
　　十月二十四日，于式枚奏摺抄件。

㊴　《軍機處檔‧月摺包》，第2730箱，132包，164133號，光緒三十
　　四年五月，王廷楨呈文。

㊵　《軍機處檔‧月摺包》，第2730箱，133包，164291號，光緒三十
　　四年六月初九日，于式枚奏片錄副。

㊶　《軍機處檔‧月摺包》，第2730箱，138包，166182號，光緒三十
　　四年九月初三日，于式枚奏摺錄副。

㊷　《軍機處檔‧月摺包》，第2730箱，132包，164135號，光緒三十
　　四年五月，沈鈞儒呈文。

㊸　《軍機處檔‧月摺包》，第2730箱，132包，166182號，光緒三十
　　四年九月初三日，于式枚奏摺錄副。

㊹　《軍機處檔‧月摺包》，第2746箱，11包，178275號，宣統元年四
　　月十五日，于式枚奏摺錄副。

㊺ 侯宜杰撰〈預備立憲是中國政治制度近代化的開端〉，《中國近代史月刊》K3，1992年，第二期（北京，中國人民大學書報資料中心，1992年3月），頁12。

㊻ 《光緒朝東華錄》，頁5731，光緒三十三年九月辛丑，諭旨。

㊼ 《光緒朝東華錄》，頁5928，光緒三十四年六月戊寅，據憲政編查館奏。

㊽ 《軍機處檔・月摺包》，第2746箱，11包，178274號，宣統元年三月十五日，于式枚奏摺錄副。

㊾ 《國風報》（上海，國風報館，宣統二年正月二十一日），第一年，第二號，頁15。

㊿ 《軍機處檔・月摺包》，第2746箱，11包，178406號，宣統元年四月十八日，于式枚奏摺錄副。

(51) 《軍機處檔・月摺包》，第2730箱，132包，164291號，光緒三十四年六月初九日，于式枚奏摺錄副。

(52) 《軍機處檔・月摺包》，第2746箱，11包，178276號，宣統元年五月初四日，于式枚奏摺錄副。

(53) 《軍機處檔・月摺包》，第2746箱，3包，175609號，宣統元年正月十九日，于式枚奏摺錄副。

(54) 《軍機處檔・月摺包》，第2730箱，132包，166182號，光緒三十四年九月初三日，于式枚奏摺錄副。

(55) 《軍機處檔・月摺包》，第2746箱，11包，178273號，宣統元年四月十五日，于式枚奏摺錄副。

(56) 《于式枚傳稿》（清史館纂修，臺北，國立故宮博物院典藏）。

(57) 《清史稿》（關外本），列傳二三〇，〈于式枚傳〉，頁6。

(58) 《軍機處檔・月摺包》，第2746箱，16包，179991號，宣統元年七月十六日，于式枚奏片錄副。

(59) 《東方雜誌》，光緒三十四年，第七期（上海，商務印書館，光緒三十四年七月），頁12。

(60) 《于式枚傳稿》，清史館。

(61) 《東方雜誌》，光緒三十四年，第十期（光緒三十四年十月），頁97。

(62) 《東方雜誌》，宣統元年，第三期（宣統元年閏二月），頁135。

(63) 《中國近代史月刊》，K3，1992年，第二期，頁11。

(64) 《考察憲政檔》（臺北，國立故宮博物院），光緒三十四年五月二十日，于式枚奏摺抄件。

(65) 同註(64)。

(66) 張朋園著《立憲派與辛亥革命》（臺北，中央研究院近代史研究所，民國五十八年十月），頁2。

兩廣會黨與辛亥革命

倡導革命　救亡圖存

　　清代會黨的起源，與閩粵地區的社會經濟及地理背景，有極密切的關係。閩粵地區聚族而居，異姓結拜或金蘭結義的活動，蔚為風氣，會黨就是由閩粵地區的異姓結拜團體發展而來的各種秘密組織，會中成員，彼此以兄弟相稱，藉盟誓相約束，強調義氣千秋，患難相助。各會黨初起時，規模很小，並未含有政治意味，或狹隘的種族意識。其後由於社會經濟的變遷，人口壓迫日趨嚴重，人口流動，更加頻繁，各省會黨傳佈益廣。但因清廷制訂律例，取締會黨，不遺餘力，地方大吏辦理過激，會黨起事案件，層見疊出。各會黨首領為號召成員，激發忠義，於是標榜種族意識，以反清復明為宗旨。林爽文之役、太平軍之役以後，各會黨受到種族意識的激勵，使向來組織散漫各不相統屬的會黨群眾，終於匯聚成為澎湃的民族革命洪流。清朝末造，國勢陵夷，內憂外患，政權岌岌不保，漢人排滿之風日盛，反滿革命遂成為中國救亡圖存的一種運動。孫中山先生領導革命運動，其主要步驟，包括立黨、宣傳及起義三項。為求天下仁人志士，同趨於革命主義之下共同致力，於是有立黨；為求舉國人民，共喻革命主義，以身體而力行之，於是有宣傳；為求革命主義的實現，先破壞而後有建設，於是有起義。孫中山先生對建黨及聯絡會黨的重要意義，有一段敘述：

　　　　乙酉之後，余所持革命主義，能相喻者，不過親友數人而

已。士大夫方醉心功名利錄，唯所稱下流社會，反有三合
會之組織，寓反清復明之思想於其中，雖時代湮遠，幾於
數典忘祖，然苟與之言，猶較縉紳爲易入，故余先從聯絡
會黨入手。甲午以後，赴檀島美洲，糾合華僑，創立興中
會，此爲以革命主義立黨之始，然同志猶不過數十人耳。
迄於庚子，以同志之努力，長江會黨及兩廣福建會黨，始
併合於興中會，會員稍稍眾，然士林中人，爲數猶寥寥焉
①。

　　會黨以反清復明爲宗旨的思想，與反滿革命主義相近，孫中
山先生倡導革命之初，即先從聯絡會黨入手。在興中會、同盟會
時期，孫中山先生直接領導的十次革命軍事行動，兩廣會黨都提
供最基本的武力。本文撰寫的旨趣，即在就國立故宮博物院現存
清宮檔案，分析兩廣會黨響應革命，參加歷次戰役的經過及其意
義。

義結金蘭　反清復明

　　清代會黨是由下層社會的異姓結拜團體發展而來的多元性秘
密組織，其起源及發展，一方面與閩粵地區宗族制度的發達有密
切關係；一方面與閩粵地區人口流動的頻繁有密切關係。明清時
期，閩粵地區的社會是一種聚族而居的宗族社會，各宗族由於長
久以來定居於一地，其宗族的血緣社會，與村落的地緣社會，彼
此是一致的。各宗族因人丁的蕃滋盛衰，逐漸出現了人多勢衆的
強宗大姓與丁少力單的弱族小姓。明代萬曆年間（1573-1620）
以來，閩粵地區隨著宗族勢力的不斷加強，人口壓力的急劇增加，
社會經濟的重大變遷，以致強宗大姓得以武斷鄉曲，糧多逋欠。
鄉紳大姓，強橫肆虐，以衆暴寡，欺壓小姓。各小姓爲求自保，

往往糾邀數姓，彼此聯合，以抵制大姓。各小姓聯合時，模倣桃園結義及梁山泊英雄聚義的故事，舉行異姓兄弟結拜儀式，跪拜天地，歃血盟誓。同時吸收佛家破除俗姓以「釋」為僧侶共同姓氏的傳統，藉以發揚四海皆兄弟的精神。異姓結拜時，除了本姓外，另以象徵吉祥意義的文字為義姓，於是化異姓為同姓，以打破各家族的本位主義，消除內部的矛盾。明季崇禎年間（1628-1643），福建漳州平和縣鄉紳大姓恃強凌弱，百姓不堪其苦，各小姓謀結同心，聯合抵制，以「萬」為義姓，象徵萬眾一心，公推平和縣小溪人張要為首。張要改姓名為萬禮②。晚明以「萬」為姓的集團，就是漳州平和縣小姓聯合抵制大姓的一個異姓結拜組織。

　　清初順治年間（1644-1661），閩粵地區由於連年戰禍，造成人口下降，宗族之間在經濟利益上的衝突，並不十分尖銳。康熙中葉平定三藩之亂以後，閩粵地區的經濟逐漸復甦，宗族經濟迅速成長，生齒日繁，宗族之間的關係，日益尖銳化，宗族械鬥，層見疊出，異姓結拜的風氣，又再度盛行。除了以「萬」為姓集團外，又有以「齊」為義姓、以「同」為義姓、以「海」為義姓等異姓結拜集團，分別象徵齊心協力、共結同心、四海一家等意義。大姓因小姓聯合抵制而感受威脅，大姓之間亦舉行異姓結拜，以「包」為義姓，象徵包羅萬民。閩粵地區模擬血緣兄弟關係的異姓結拜團體，已經具備會黨的雛形。閩浙總督王懿德具摺時曾指出福建會黨的起源。與大姓欺壓小姓有密切的關係。其原摺略謂：

　　　　伏查閩省地勢，袤延二千餘里，負山面海，外控臺灣、澎湖，實為濱海嚴疆，故兵額之多，較他省為最。乃地多斥鹵，民事畎漁，戶鮮蓋藏，力尤拮据，亦較他省為甚。且

　　上游則山深菁密，村落零星；下游則聚族而居，民貧俗悍，
　　往往以大姓而欺小姓，強房而凌弱房，糾眾結會，持械互
　　鬥之風，久成錮習③。

　　引文中已指出福建下游即漳州、泉州地區的糾眾拜會，與當
地大姓欺壓小姓，強房凌虐弱房的風氣有密切的關係。

　　排比閩粵地區的會黨案件，可以說明會黨的出現時間及其地
理分佈。檢查現存檔案，可知順治、康熙年間（1644-1722），
並未破獲會黨案件，所謂輔佐鄭成功的陳永華創立天地會，或火
燒少林寺影射河南總兵蔡祿餘黨創立天地會，天地會在康熙年間
已經成立的說法，都是應該拋棄的陳說，不足採信。會黨案件的
出現是始於雍正年間（1723-1735），閩粵內地先後查禁鐵鞭會、
桃園會、一錢會、父母會，江南霍邱縣查獲鐵尺會，臺灣查獲父
母會、子龍會等。鐵鞭會、鐵尺會是因會中成員執持鐵鞭或鐵尺
等器械而得名；一錢會是因入會者須出銀一兩而得名；桃園會是
因桃園三結義而得名；子龍會是因趙雲字子龍而得名，會黨以劉
備、關羽、張飛舉行金蘭結義的桃園，或趙雲的字號子龍而命名，
充分顯示了義氣千秋的忠義精神。臺灣父母會，入會者每人出銀
一兩，其宗旨，主要是為父母年老身故籌措互助費用，父母會中
某一成員的父母去世時，彼此互助喪葬費用，是屬於地方性的民
間互助團體。但父母會的組織方式，是屬於異姓兄弟拜把結盟，
歃血瀝酒。在性質上而言，就是一種異姓結拜組織。臺灣會黨是
閩粵內地會黨的派生現象，隨著閩粵先民的移殖臺灣，逐漸形成
早期的移墾社會，泉州莊、漳州莊、廣東莊，以地緣為分界，彼
此之間，各分氣類，互相凌壓，分類械鬥，結盟拜會的風氣，極
為盛行。

　　乾隆年間（1736-1795），會黨較活躍的地區，仍限於福建、

廣東兩省，包括關聖會、子龍小刀會、邊錢會、父母會、北帝會、
鐵尺會、天地會、韃黔會，臺灣破獲小刀會、添弟會、雷公會、
天地會、遊會，兩廣地區破獲天地會、牙籤會。此外，江西破獲
關帝會。三國名將關羽在會黨中的地位，非常崇高。關羽忠義凜
然，各會黨舉行盟誓的地點，多選擇在關帝廟，或設立關帝牌位，
關聖會、關帝會等會黨，就是因崇拜關羽而得名。小刀會是因會
內成員攜帶小刀自衛而得名，添弟會是取弟兄日添爭鬥必勝之義，
雷公會是取不肖之人必被雷神擊斃之義，天地會是取跪拜天地敬
重天地之義。韃黔會是以青氣為天，黑氣為地，暗代天地字樣。
遊會是因結盟拜會以後，可以任從出入遊戲而得名，牙籤會是因
會中成員身佩銀牙籤一副作為暗號而得名。天地會成立的時間，
最早只能追溯至乾隆二十六年（1761），倡立人洪二和尚萬提
喜往返於福建、廣東秘密傳會，次年，洪二和尚又在福建漳浦縣
原籍傳徒結會，發展會眾④。因洪二和尚倡立天地會，所以入會
者，皆為其門徒，故稱洪門⑤。會中傳授開口不離本，出手不離
三；拿煙喫茶俱用三指；路遇搶奪之人則用三指按住胸膛；以大
指為天，以小指為地；以五點二十一或三八二十一暗喻洪門⑥。
乾隆二十七年（1762），陳彪等人在福建漳浦縣觀音廟加入天
地會。福建平和縣人嚴烟，向來賣布為生。乾隆四十七年（
1782），陳彪至平和縣行醫，並招人入會，嚴烟拜陳彪為師，
加入天地會。次年，嚴烟渡海入臺，在彰化開設布店，時常引人
入會。乾隆四十九年（1784），林爽文加入天地會。臺灣天地
會就是閩粵內地天地會的延伸，所謂天地會起源於臺灣，再由臺
灣而轉入福建、廣東云云，是倒果為因的說法，不符合歷史事實。
　　嘉慶、道光時期（1796-1820），南方各省的會黨活動，更
加頻繁，會黨林立，名目繁多。福建省破獲的會黨包括：小刀會、

天地會、添地會、和義會、雙刀會、仁義會、百子會、花子會、
江湖串子會、仁義三仙會、仁義雙刀會、拜香會、洪錢會、父母
會、明燈會、平頭會、三點會、保家會、江湖會、紅錢會、兄弟
會等二十餘種會黨名稱；廣東省破獲的會黨包括：共和義會、天
地會、牛頭會、添地會、三合會、雙刀會、三點會、龍鱗會、隆
興會、臥龍會等十餘種會黨名稱；廣西省破獲的會黨包括：天地
會、添弟會、忠義會、老人會、棒棒會、靶子會、拜上帝會等；
江西省破獲的會黨包括：天地會、三點會、洪蓮會、邊錢會、添
弟會、忠義會、五顯會、太平會、添刀會、鐵尺會、天罡會、長
江會、餐巴會、關爺會等；湖南省破獲的會黨包括：孝義會、忠
義會、公義會、添弟會、擔子會、情義會、仁義會、三合會、棒
棒會、認異會、靶子會等；雲南省破獲添弟會、良民會、三合會
等；貴州省破獲添弟會、孝義會、三合會、邊錢會、老人會等；
四川省破獲雙刀會等；浙江省破獲鈎刀會等。從嘉慶初年以來，
廣東惠州、潮州一帶，逐漸成為天地會或添弟會的重要地盤。兩
廣總督覺羅吉慶於密奏時指出惠州歸善、博羅等縣天地會即添弟
會共有一、二萬人，其中博羅縣羊屎山地方，四面環山，地形險
要，為會黨藏匿之所。嘉慶七年（1802）四月十一日，歸善縣
民陳亞本，與寄居歸善縣的福建漳浦縣人蔡步雲相商邀人結拜天
地會。四月十五日，歃血瀝酒，書寫五色旗，上書「順天行道」
等字，陳亞本自稱大王，蔡步雲自稱大元帥，許榮珠為軍師，此
外有各路元帥、先鋒等組織。各頭目分往稔山、白芒花等處糾人
入會，因官兵濫殺無辜，遂聚眾起事。各種會黨是屬於多元性的
異姓結拜組織，各不相統屬，其宗旨主要是強調內部的互助作用。
而其性質則彼此不同，有的是民間互助團體，有的是自衛組織，
有的是分類械鬥團體，有的是竊盜集團，大致而言，多屬於自力

救濟的秘密組織。各會黨的成員，其經濟地位都較低下，除了少數開山種地的小農外，大部分是家無恆產的販夫走卒，或傭工度日，或堪輿算命，或肩挑負販，多為生計所迫離鄉背井的出外人。清代中葉以來，會黨的盛行，與社會經濟的變遷，確有密切關係。道光元年（1821）二月，兩廣總督阮元接奉硃諭，略謂：

> 朕聞粵西界連湖南、廣東、雲南等省，陸路則深林密箐，山嶺崎嶇；水路則汊港繁多，四通八達，易藏奸究，難淨根株，推其由實因結會之風，迄今未熄。又各處名目不一，蓋仍係天地會耳。匪黨糾約多人，到處搶掠，甚有明目張膽，自起名號，積年煽誘者。有懦弱無能被其脅引者，並有殷實之戶希圖一經入會，可免劫掠甘心入教者，此中胥役兵丁皆不能免，故黨結日眾，包庇日深，盜案充熾矣！卿在兩廣有年，豈無見聞，或因匪黨眾多，礙難辦理，抑或竟置之度外耶？卿受皇考倚任深恩，膺茲重寄，若不能緝暴安良，朕甚代卿憂懼，且卿之名望早達朕聽，必當始終如一，殫心報國，朕有厚望焉⑦。

所謂「名目不一，蓋仍係天地會耳」，說明會黨林立，名目繁多，而以天地會為各種會黨的通稱。兩廣總督阮元覆奏時指出廣西會黨節次拏辦未能盡絕的原因，與外省流動人口進入廣西有密切關係，其原奏略謂：

> 查粵西民情本屬淳樸，因該省與廣東、湖南、雲南等省連界，外省游民多來種地，良莠不齊，以致引誘結拜添弟等會，遂有鄉民因勢孤力弱，被誘入會，希圖遇事幫護。又或有殷實之戶，恐被搶劫，從而結拜弟兄，以衛身家。其初該匪等不過誆騙斂錢，沿襲百餘年前舊破書本，設立會簿腰憑，傳授口號，或稱大哥，或稱師傅，或知天地會罪

重，改稱老人等會名號，每起或一、二千人，或數十人不等，並無數百人同結一會之案，間有一人而結拜二、三會者，夥黨漸多，旋即恃眾劫掠。又復勾結書役兵丁同入會內，冀其包庇，倖免破獲，其意僅在得財花用，尚無謀為不法情事，但惑誘良民，糾眾劫擾，實為地方大害⑧。

　　廣西地方，外來人口眾多，出外人互道孤身無靠，為遇事相助，免受他人欺侮，遂起意結盟拜會。當地多山陬僻壤，查拏不易。原奏指出不僅廣西會黨盛行，廣東會黨亦復不少。給事中劉光三具摺指出廣東小刀會、三點會、三合會等都是從前添弟會的遺種，所謂開口不離本，舉手不離三等暗號，廣東士民莫不周知，雖素不謀面，而猝然相遇，見手口之號，無不呼為兄弟⑨。拜上帝會既承襲天地會的勢力，並標榜種族意識，以倒滿興漢相號召，故當太平軍起事以後，向來組織散漫各不相抗統屬的各地會黨，在民族意識的激盪下，遂同時並起紛紛響應，推波助瀾，為太平軍作前驅。

　　太平天國的政權結束以後，散兵游勇的肆行搶奪，攻城掠地，地方動亂更加擴大，同治、光緒時期（1862-1908），結盟拜會，蔚為風氣，各地會黨，蔓延益廣，據各省督撫奏報，會黨幾乎遍佈全國。湖南伏莽遍地，會黨充斥；湖北哥老會開立山堂，散放飄布；安徽散勇紛至沓來，哥老會靡地蔑有；江蘇鹽梟會黨，黨羽眾多；浙江會黨猖獗，嘯眾成群；江西遊民，無不勾引入會；廣東拜會結黨，任意橫行；廣西會盜，獷悍成風；四川會黨，實繁有徒，游勇散練，動多勾聚；雲貴地區，會黨處處糾合，蔓延殆遍。北方山東、河南、山西、陝西、甘肅各省老哥等會，亦極活躍。其中兩廣地區的會黨尤其盛行，兩廣總督張之洞具摺時指出：

竊維廣東莠民為害地方者，約有三類：一曰盜劫；一曰拜會；一曰械鬥。盜以搶掠，會以糾黨，鬥以焚殺，三者互相出入，統名曰匪。會多則為盜，盜強則助鬥，鬥久則招募會盜，各匪皆入其中，習俗相沿，蘗芽日盛，擾害農商，撓亂法紀。盜以廣州府屬沿海各縣，肇慶、韶州兩府沿江各縣及廉州、瓊州兩府洋面為最多；會以惠州府屬及毗連香港之九龍司等處為最多，高、廉所屬亦漸蔓衍；鬥以惠、潮、廣三府為最多，廉、瓊次之。廣、惠、潮匪徒則以香港、澳門為窟穴，廉、瓊匪徒則以越南為逃藪。溯查同治以前，潮州府屬最號難治，焚殺相尋，田地荒蕪，商旅裹足，錢糧抗完，民不畏官，幾同化外⑩。

兩廣總督張之洞已指出廣東會黨以惠州府境內為最多，高州、廉州等府次之，分別以香港、澳門、越南為隱藏活動的地點。署理兩廣總督袁樹勛對光緒末年以來的廣東會黨作了進一步的描述，其原奏稱：

粵東會黨向止三點會，係於洪逆亂平之後，其遺黨暗用洪字偏旁，互相勾結，蹤跡甚為詭秘。近年此風日熾，膽敢設立堂名，分派頭目，到處糾邀，不從者肆行逼脅，開台拜會，夜聚曉散，習以為常。為首坐台者曰東主，曰老母；轉糾夥黨者曰保母，曰保舅；贊助謀畫者曰白扇；供奔走者曰鐵棍，曰草鞋；其資格較深者曰金花，曰雙金花，名目不一。大抵初則惑眾斂錢，繼則糾黨搶劫，劫財不足，復擄人勒贖。計一省之中，勾結日廣，幾於無處蔑有，而以惠、潮、高、廉各屬為最多。近來附省之順德、東莞、新會等縣，亦蔓延遍地。此外有小刀會、劍仔會諸名目，皆與三點會聯成一氣。小刀會係各攜一小刀以為記號，十

餘年前，惟惠、潮等府有之。劍仔會係以東洋小劍爲記，於近數年始行發現。並有革黨從中勾串，恃港、澳爲逋逃藪，一經劫得巨資，購買洋槍，甚爲便捷。是以粵中盜匪，無不身藏利器。徒黨日繁，一呼羣集，從前劫案夥黨，不過一、二十人，近年劫匪動逾數百。緝捕之難，已較他省迴別，捕獲之後，迅辦稍遲，往往乘機糾黨越獄。蓋別省之盜，不過劫財，粵東之盜，多屬會匪，實有滋蔓難圖之憂⑪。

　　署理兩廣總督袁樹勛原奏指出廣東會黨的盛行，是以惠州、潮州、高州、廉州各屬爲最多，省城附近的順德、東莞、新會等縣，亦蔓延遍地。袁樹勛認爲三點會的得名，是平定洪秀全以後，其餘黨暗用洪字偏旁而倡立三點會。三點會與小刀會、劍仔會等會黨聯成一氣，而且有革命黨從中聯絡。孫中山先生進一步指出「當洪秀全起義之時，洪門會黨多來響應，民族主義就復興起來了。大家須注意洪門不是由洪秀全而得此稱，當是由朱洪武或由朱洪祝（康熙時有人奉朱洪祝起義）而得此稱謂，或未可定。」⑫譚人鳳草擬的「社團改進會意見書」對洪門的由來，曾提出說明，其原文有一段話說：「洪門者，蓋取洪武反元，重光漢業，以爲紀念也。洪字偏旁從水，洪與清對，示明未亡之義也。」⑬洪門原來的含義是指乾隆中葉天地會倡立者洪二和尙的門徒而言，光緒年間三點會取洪秀全的洪字偏旁而命名，革命黨知識分子進一步詮釋洪門的由來，是因明太祖年號洪武，故取以爲名，⑭藉以激發反抗異族統治的革命思想。各種會黨受到種族意識的激盪，逐漸匯聚成爲反滿的民族革命洪流。各地會黨既成燎原之勢，進行革命的軍事行動，主要就是從聯絡會黨著手。

再接再厲　前仆後繼

光緒十年（1884），中法之役，清廷和戰乏策，喪師失地，孫中山先生立志推翻清朝，是為國民革命運動的發端。光緒二十年（1894），甲午中日戰爭爆發後，孫中山先生為救亡圖存，即赴檀香山，以組織革命團體相號召。同年十月二十七日（1894年11月24日），興中會正式成立。甲午戰爭，清朝海陸軍隊相繼失敗，清廷的腐敗無能，暴露無遺，人心憤激。孫中山先生即與鄧蔭南等人返國，策畫軍事行動。光緒二十一年（1895），歲次乙未，是年正月二十四日（1895年2月18日），在香港開設乾亨行，香港興中會總會正式成立，並在廣州設立農學會，作為革命機關。三月十六日，香港總部決定在廣州發難，以會黨分子為基本隊伍，計畫襲取廣州，作為革命根據地，訂於九月初九日粵人掃墓節，分路發動。革命黨認為廣東民俗，每逢掃墓之期，無論何人都要回鄉，來往的人很多，香港有三點會員數千人，屆期混入省城，不易被注意到⑮。九月初，革命黨人四百餘名乘坐保安輪從香港開赴廣州。九月初八日，會黨志士均集中廣州機關待命發動。香港一路因運械不慎，致被海關搜獲手鎗六百餘桿，清軍千總鄧惠良等帶領兵役，破獲廣州革命機關。「清德宗實錄」有一段記載說：

> 九月間，香港保安輪船抵省，附有匪徒四百餘名，潛謀不軌，經千總鄧惠良等探悉，前往截捕，僅獲四十餘人。訊據供稱為首孫文、楊衢雲，共約一、五萬人，潛來省城，剋期起事，現在孫文首逆遠颺，黨類尚多，竊恐釀成巨患⑯。

引文內所稱會黨志士參加起事者約四、五萬人潛往廣州，雖

然是誇大之詞，但已說明會黨聲勢的浩大。廣州革命機關被破獲後，會黨志士朱貴全、丘四及黨人陸皓東等四十餘人被捕殉難，乙未廣州之役就是孫中山先生親自領導的第一次革命軍事行動。

　　乙未廣州之役失敗以後，孫中山先生命陳少白等回香港創辦「中國日報」，以鼓吹革命；命史堅如等入長江，以聯絡會黨；命鄭士良在香港設立機關，以招待會黨⑰，計畫再舉，據署兩廣總督德壽奏報，革命黨設在香港租界的機關稱爲「同義興松柏公司」，其任務主要是購備洋槍、鉛藥、馬匹、乾糧、旗幟、號衣，召集各路會黨⑱。光緒二十六年（1900），歲次庚子，是年夏初，拳變發生，八國聯軍入京，清朝政權，岌岌不保，孫中山先生以時機不可失，於是從日本前往香港，籌畫起事工作。會議於是年五月二十一日在香港海面法輪烟狄斯號船旁的小舟進行，議定由鄭士良率黃盲福、黃耀庭等赴惠州，召集會黨六百人，準備起事；史堅如等赴廣州，謀刺署兩廣總督德壽，以資策應；楊衢雲、陳少白等留在香港，負責接濟餉械。因香港政府監視，孫中山先生不能登岸，而折返日本，轉渡臺灣，以謀軍火接濟。

　　庚子惠州之役是選在廣東歸善縣境內的三洲田地方作爲大本營。據《歸善縣志》記載，歸善縣東至海豐縣界一百七十里，東南至平海所二百里，南至海港一百二十里，西南至廣州新安界一百七十里，西至廣州東莞界一百里，北至博羅界二十里，東北至永安界二百里⑲。署兩廣總督德壽奏摺，對三洲田的地理有一段描述，「查三洲田地方，山深林密，路徑迂迴，南抵新安，緊逼九龍租界，西北與東莞縣接攘，北通府縣二城，均可竄出東江，直達省會，東南與海豐毗連，亦係會匪出沒之處。」⑳三洲田拔海千餘尺，群山環繞，形勢險要，頗具戰略價值。其左近地方，荒遠僻靜，清軍向不駐兵，會黨志士聚散容易；其東南瀕海，逼

近租界，便於接濟。陳少白講述惠州之役的經過有一段話說：

> 等到各方面都佈置好了，就約定在惠州歸善縣與新安縣交
> 界的三洲田會齊聽候鄭士良來做總指揮。在英國首次割據
> 香港的時候，只有香港一島與對岸些小之地，其餘還是歸
> 新安縣管治。後來英國人又說香港是一個海島，四面受敵，
> 不易保護，並且對岸若用大礮發射，也可以達到島上，就
> 要求清政府把新安縣治割給他一半，當時清政府是有求必
> 應的，就割給他們。至於這個三洲田就在新安縣之西南，
> 僅在割去的新界界外，我們總機關在香港，要起事，這個
> 地點自是最屬相宜。所以惠州之役，以三洲田為起事的出
> 發點，就是這個緣故㉑。

三洲田聚集的會黨志士六百人，洋槍三百枝，子彈每枝三十
發。宮崎滔天著《三十三年之夢》有一段記載說：

> 數月以來，鄰近村民有誤入山寨內者，皆被拘留不許走出，
> 以防洩露機密。因此，附近村民看見凡入山寨者有進無出，
> 漸生疑念，謠言亦因之而起。說「三洲田山寨中有人謀反。」
> 一傳十，十傳百，渲染誇大，終於說成有數萬人馬。於是
> 兩廣總督命水師提督何長清率虎門防軍四千人駐進深州，
> 又命提督鄧萬林率惠州府城防軍進駐淡水、鎮隆，以扼三
> 洲田之出路㉒。

庚子惠州之役正式發難的日期，諸書記載，頗不一致，或謂
在庚子年閏八月十五日，或謂在是年閏八月十三日。據署兩廣總
督德壽奏稱：「閏八月初間，奴才訪聞歸善縣屬三洲田地方有孫、
康逆黨勾結土匪起事，並在外洋私運軍火至隱僻海灘，轉入內地，
當以逆黨主謀，意圖大舉，實非尋常土匪可比。」原摺又說：「
莫善積喜勇於閏八月初十日馳抵歸善，維持匪黨未齊，猝聞兵到，

遂定於十三日豎旗起事。先以數百人猛撲新安沙灣墟，欲擾租界。幸何長清靖勇已抵深圳，乃回攻橫岡，進踞龍岡。」㉓閏八月初間，會黨志士在三洲田山寨的活動，消息已經洩漏，閏八月初十日，清軍猝至，遂提前於閏八月十三日發難，旗幟上書寫「大秦國」、「日月」等字樣。會黨志士頭纏紅巾，身穿白布鑲紅號褂。以鄭士良、劉運榮充軍師，何崇飄、黃盲福、黃耀庭充元帥，黃揚充副元帥，蔡景福、陳亞怡充先鋒。因鄭士良尚在香港，暫由黃盲福指揮，率領數百人猛攻沙灣墟。閏八月十四日黎明，欲乘勝直逼新安縣城。會黨志士在三洲田起事後兩天，其消息始為外界所知，遂謂庚子惠州之役發難於閏八月十五日。但會黨志士之所以回攻橫岡，並非如署兩廣總督德壽原奏所稱清軍水師提督何長清所率靖勇已抵深圳。孫中山先生曾說過，是因「改原定計畫，不直逼省城，而先佔領沿海一帶地點。」㉔宮崎滔天著《三十三年之夢》有一段記載說：

> 孫先生的命令尚未到達山寨，水師提督何長清已調動前隊二百人進駐沙灣，欲進橫岡以探三洲田。我軍早已探知此事，坐以待敵則不利，不如先發制人，以喪敵膽，用振軍心。領袖黃（福）率山內八十名壯士，夜襲沙灣，殺敵四十餘人，餘敵完全潰逃。虜獲洋槍四十餘枝，彈藥數箱。於是我軍大振，天明乘勝追擊，欲直逼新安縣城。這時剛巧鄭將軍從香港帶來孫先生的電令，乃改變軍令，取路東北前往廈門。這時我軍已行至中途，聞令折回，在橫岡與日前在三洲田之壯士六百人會合。而大股的同志五、六千人則多聚集於新安虎門之間。這些同志本來計畫同三洲田的壯士合力攻下新安。因中途改變命令，本隊取路東北，以致未攻新安㉕。

閏八月二十一日，會黨志士由橫岡進佔龍岡，轉圖惠州府城。次日，博羅縣的會黨首領梁慕光等率眾響應，圍攻縣城，另以小隊進攻惠州府城。《清議報》記載惠州軍情頗詳，其原文說：

> 會黨於二十二日在距法梅湖四英里之三角湖地方與官兵相遇，將官兵擊退，殺去官兵約二百人，傷者不計其數。該地居民因協助官兵，被會黨將村莊焚燬數間，村民之被害者，約三十人。二十二、三日，會黨率眾逼近惠州府城，在距城約二十里之馬鞍墟。該處遍野蔗林，會黨乃虛豎紅旗數面，飄拂林中。時提督鄧萬林株守城中，見黨勢逼近，乃率各營勇望蔗林進發，遙槍擊之。不料會黨分其黨羽，兩翼抱抄而至，所用多無煙新槍，銳不可當，官軍抵禦不住，而各勇又皆新募，未經戰陣，槍礮器械亦鮮精良，相率棄械逃潰㉖。

會黨志士多用無煙新槍，銳不可當。歸善縣丞杜鳳梧、補用都司嚴寶泰等被擒。閏八月二十四日，會黨志士約二千人由永福出發，擊退清軍大隊，陸路提督鄧萬林中槍墮馬竄逸，俘清軍數百人，會黨副元帥黃揚殉難。閏八月二十五日，會黨志士進攻河源縣城，不克。次日，轉往崩崗墟，紮營於雷公嶺，因彈藥不繼，謀出東江，為清軍所阻，乃折而東走，轉攻三多祝。閏八月二十七日黎明，清軍都司吳祥達等率各營兵勇抵達，會黨志士分路抵抗，雙方損失慘重，會黨志士劉運榮、何崇飄等五百餘人陣歿，三多祝、黃沙洋等處得而復失，會黨志士退往平政墟。當會黨志士與清軍在三多祝激戰時，海豐大嶂山，河源及和平等縣會黨亦響應，其中會黨首領曾金養一路進攻和平縣城，燬南門城樓，城內廣毅軍營勇傾巢而出，會黨寡不敵眾，曾金養等陣亡。九月初五日，會黨志士由平政墟向黃埠轉進。因通往廈門之路被阻，會

黨志士由黃埔分道南走,在濱海的巽寮集結,謀攻平海所城。清軍水師提督何長清急調副將張邦福督率靖勇礮隊由海上馳援。九月初八日,清軍抵禦平海所,會黨志士乃向赤岸轉進。鄭士良等見事已無可爲,於解散會黨後,與黃盲福、黃耀庭諸人從間道返回香港。

當鄭士良等人在惠州苦戰之際,爲策應惠州的軍事行動,乃有史堅如謀炸德壽之舉。德壽是廣東巡撫,署理兩廣總督。廣東巡撫衙門後方空地,向有紅黑門樓之分,原屬官荒,後經民人繳租,建屋居住,漸趨繁庶。史堅如以宋少東夫婦之名在撫轅花園後牆外偏僻曲巷後樓房內租賃房屋一間,炸藥的運送,是由鄧蔭南、黎禮二人從澳門購買西洋炸藥二百磅及藥線等件,初運交西關榮華東街辦事處,由練達成密交五仙門福音堂黃守南代貯。租賃後樓房後,由溫玉山乘肩輿將炸藥暗運入屋㉗,由史堅如等人鋤開坑坎,以大鐵桶埋放炸藥。九月初六日黎明,巡撫衙門牆外,炸藥轟發,屋瓦震飛,衙署後牆被衝塌二丈餘,但德壽並未受傷。九月初七日,清軍統領介字營總兵馬維騏督率勇線在省港輪船碼頭將史堅如逮捕,九月十八日,史堅如遇害。孫中山先生回憶說史堅如聰明好學,真摯誠懇,與陸皓東相若;其才貌英姿,亦與陸皓東相若;陸皓東沉勇,史堅如果毅,都是命世之才。乙未廣州之役,陸皓東殉難,是爲共和革命犧牲的第一健將;史堅如遇害,是爲共和革命犧牲的第二健將,庚子惠州之役就是孫中山先生親自領導的第二次革命軍事行動。

光緒三十一年(1905),中國同盟會成立後,革命風潮已遍及全國,清廷屢向日本政府交涉,將孫中山先生逐出日本境外。孫中山先生離開日本後,與胡漢民、汪精衛等人前往越南,在河內設立機關總部,以策畫革命行動,不久就有廣東潮州黃岡之役。

黃岡位於饒平縣境內，在東江上游，明代因防海盜，曾設寨城一座。清初曾派駐副將、都司、同知、巡檢等官，後來裁撤副將缺，兵額亦減少。黃岡寨城距潮州府城及饒平縣城各九十里，與福建詔安縣連界，向來為會黨活動較頻繁的地區，地方大吏視為難治之地。革命黨人陳芸生等奉命聯絡黃岡三點會首領余丑、曾金全、余錫天及詔安縣白石鄉會黨首領沈牛屎，後嶺鄉會黨首領沈家塔等人，先在詔安縣屬烏山、饒平縣屬浮山、拓林等處結盟拜會。光緒三十三年（1907）正月，沈牛屎將鷹球票布等散發給會黨弟兄，並刊刻告示，計畫奪取已裁黃岡協署舊存槍械起事。同年四月十一日，警兵拘捕會黨弟兄邱保、張善二人，三點會首領余丑據報後，即糾黨劫獄。十一日夜九時，余丑率眾圍攻協署，次日辰刻，巡防營兵彈盡援絕，城守把總許登科、署拓林司巡檢王繩武等伏誅，守備蔡阿宗投降，三點會遂佔領衙署，拆毀關廠局所，奪取副將、都司兩個衙門的槍械。余丑等佈告安民，免除一切苛捐，人民悅服。管潮州府知府李象辰、饒平縣知縣鄭世璘等困守府縣城池。署潮州鎮總兵黃金福督兵馳赴鉅黃岡三十里的井洲駐紮，惠潮嘉道沈傳義馳往汕頭駐紮，四月十三日，潮州府城巡警管帶官外委邱焯、五品軍功林清帶勇四名前往黃岡寨偵探，俱被會黨擒殺。四月十四日，陳芸生等率領會黨志士進佔黃岡寨城，組織軍政府，標明「大明軍政都督府孫」等字樣，並分發諭帖，殷富捐辦銀米。下寮、東灶各處會黨亦乘船而來，分為水、陸兩路，水路佔領古樓山，陸路佔領寨城。同日夜間，會黨志士進撲井洲守軍，總兵官黃金福率隊出戰，雙方各有傷亡。是夜五鼓，會黨數千人，分路包抄，巡防各營分頭接仗，據黃金福稟報會黨傷亡百餘人。四月十五日黎明，會黨分為五路，水陸並進。適因巡防第九營管帶官趙祖澤援兵抵達，會黨志士退守大澳山腳。

是夜五鼓，巡防營奪佔古樓山。十六日夜，惠潮嘉道沈傳義運到開花礮彈，會黨志士棄寨退走，巡防營兵進取東灶，奪回黃岡㉘。馮自由著《中華民國開國前革命史》一書開列參加黃岡之役革命志士的姓名、籍貫、結果等項，共四十三人，除日籍萱野長知、池亨吉二人外，其餘四十一人，籍隸廣東省共三十八人，約佔百分之九十三，江西、山西、安徽三省各一人，約佔百分之七㉙。據兩廣總督周馥指出黃岡會黨起事，是陳芸生、余丑等聽從孫中山先生策畫發難。是役，會黨與清軍接仗七次，陣亡五、六百人，會黨頭目余升第被捕殉難，曾金全陣亡，陳芸生、余錫天、余丑等脫逃，黃岡之役就是孫中山先生親自領導的第三次革命軍事行動。

鄧子瑜是廣東惠州人，加入興中會，庚子惠州之役，鄭士良倚為左右手，事敗後走新加坡。黃耀庭是庚子惠州三洲田戰役的元帥，以勇敢善戰聞名。黃岡之役，原定惠州、潮州兩府三路同時並舉，以分清軍之勢。鄧子瑜、黃耀庭先後返回香港策畫軍事行動。黃岡之役發難後，只有七女湖一路發動。七女湖在惠州府境內，是歸善縣屬著名墟場。光緒三十三年（1907），歲次丁未，是年四月二十二日，會黨首領陳純等集合會中弟兄在惠州七女湖正式起事。四月二十五日，進攻泰尾。四月二十七日，進兵柏塘。清軍管帶由柏塘拔隊跟追，午刻至八子爺地方，會黨志士百餘人，各持槍枝，先登埋伏，清軍四面圍攻，鏖戰至酉刻，會黨志士寡不敵眾，乃由山仔一帶沿山退走，陣亡數十名，石亞佛等被俘。清軍拾獲快槍七枝，小槍六枝，大小旗幟各一面，上書「革命軍都督朱令」字樣。羅浮山附近會黨首領黃寧瑞等人亦率眾響應，四月三十日，清軍中路巡防第十營管帶鍾子才督隊捕拏黨人。五月初九日，鄧子瑜被兵役押赴鴨家輪船，引往新加坡㉚。惠

州七女湖之役，就是孫中山先生親自領導的第四次革命軍事行動。

廣東欽州、廉州兩屬周圍約二千餘里，北接廣西，南鄰越南，中間亂山叢箐，地勢險要，向來爲會黨活動的大本營。光緒二十九年（1903）十二月間，距欽州一百五十里的犀牛腳、嶺門等處，有黃夢、麻六、林中月等糾黨拜會，密謀起事，經龍門協副將傅建勛督帶團紳師船前往捕拏，傅建勛、團紳吳振英及勇練等十八人中槍陣亡㉛。爲策畫革命軍事行動，孫中山先生即遣黨人王和順等人進入欽州，招集會黨志士。欽州所屬三那墟即那思、那麗、那彭三邑，出產蔗糖。光緒三十二年（1906），欽州官紳抽收糖捐，以辦理學堂、工藝等事。光緒三十三年（1907）三月中旬，各墟民因糖捐繁重，聚衆抗捐，成立萬人會，共推劉思裕爲首㉜。欽廉道王秉恩等出示勸諭解散，並派分統宋安樞率勇彈壓，墟民抗拒，官兵開槍，擊斃墟民數十人。四月初旬，廉州府因穀貴，鄉民要求定價值，飭查各富紳存穀，除留食外，餘穀出糶。鄉紳王師浚積穀頗多，卻隱匿少報，群情憤恨，聚衆千餘，群擁知府詣王宅驗穀，饑民乘機強搶王宅積穀㉝。劉思裕等率領二、三千人，豎旗起事，攻佔三那。兩廣總督周馥因署北海鎮何長清兵力單薄，即增派已革陝西補用道郭人漳帶領一營，並派新軍統帶趙聲帶領一營，加派礮隊，乘輪馳赴廉州，向欽州進發。五月初一日，清軍進攻那思，會黨四千餘人堅強抵抗，鏖戰自辰至申，不支敗退。劉思裕調集大隊萬餘人乘黑夜攻撲，喊聲動地，郭人漳、趙聲分兵接戰。五月初三日天明時，清軍衝鋒。劉思裕且戰且走，郭人漳由小路攻下米仔村，趙聲由大路攻下木蘭塘。劉思裕退守那彭，架礮列槍，踞險堅守，郭人漳等督礮猛攻，驅兵攻下那彭㉞。同日，署北海鎮何長清派分統宋安樞攻下平吉村。五月初四日，擊退廣平墟等處會黨。五月初八日，攻破

梁屋，起出告示，書明「總統漢軍大元帥黃」等字樣㉟。王和順是廣西人，同盟會成立後，其主要活動地點是在廣東欽州、廉州等地。劉思裕起事後，王和順即奉孫中山先生之命聯絡會黨，接濟餉糧。孫中山先生又遣黨人暗通營隊，因駐防城的衡字軍及縣署親兵願爲內應，王和順等即於七月二十七日攻陷防城，又攻撲東興，進取欽州，圍攻靈山。會黨志士所經各處，都出示安民，倡言革命，以排滿興漢相號召，稱爲革命南軍，設有統領、都督、元帥、管帶等組織，其糧台稱爲經費部，得局紳李漢才等相助，並由日本振武學生黎光漢教操。革命南軍計畫襲取南寧，以便牽動兩廣，聲勢浩大。但因接濟困難，彈藥不繼，防城於八月初一日被清軍奪回㊱，會黨志士退入十萬大山，黃世欽、李漢才等人先後殉難。兩廣總督張人駿具摺時指出，會黨志士與清軍戰鬥激烈，其原奏略謂：

> 廉、欽地近越邊，民情獷悍，伏莽滋多，素稱難治，故頻年用兵，終難平靖。近者逆首孫汶以邊地爲可圖，以越南爲逋藪，多方煽惑，遣其悍黨王和順、農二十四等入內地勾結，而內匪劉思裕等本係革黨，遂於上年春間藉口抗捐，先在三羅倡亂，一時游勇土匪群起響應，先後兩撲欽州，一攻東興，一圍靈山，一陷防城，如火燎原，兇燄鴟張，人心大震，兩省戒嚴，雖經統帶郭人漳、標統趙聲、分統宋安樞攻克三那，收復防城，解圍靈山，保全欽城，然匪勢浩大，股數不一，首要眾多，以致官軍防勦，疲於奔命㊲。

兩廣總督張人駿指出，「此次欽廉之亂，實係逆首孫汶爲主謀。」㊳張人駿對清軍用兵困難，疲於奔命的原因歸納爲五點：

一、追勦爲難。革命大本營在越南，以逸待勞，革命軍能

來，而清軍不能往。

二、偵探爲難。越南佈滿革命黨，屢遭黨人所殺。

三、電報爲難。軍情瞬息萬變，全恃消息靈通，革命黨拆
　　毀電線電桿，破壞清軍機關。

四、轉運爲難。清軍主客部隊多至數十營，而廉、欽距省
　　城二千餘里，水陸並進，補給困難，餉械欠缺。

五、交涉爲難。此疆彼界，外人乘隙要挾，提犯追人，稍
　　不詳愼，動生枝節。

有此五難，以致清軍糜餉老師，疲於奔命。革命軍與清軍交戰於密菁深山，或搏命於槍林彈雨寒暑瘴癘之中，革命軍事行動的艱難，會黨志士赴湯蹈火的勇敢，可想而知，防城之役，就是孫中山先生親自領導的第五次革命軍事行動。

鎮南關在廣西憑祥縣西南，歷代以來，有雞陵關、大南關、界首關等不同名稱，清初改稱鎮南關。鎮南、平而、水口三關，原爲安南人出入廣西的關口，清初以來，平而、水口兩關，久經封閉。鎮南關是安南進貢正道，峻崖夾峙，中建關城，關外即屬安南諒山地界，坡壘驛就是東漢馬援立銅柱處。鎮南關是廣西邊防要隘，也是越南出入廣西內地的要道。光緒三十三年（1907）十月二十六日，革命黨人黃明堂率領志士由越南潛襲鎮南關，佔領鎮南、鎮中、鎮北三處礮台。孫中山先生率領黃興、胡漢民、法國軍官及越南革命黨百餘人親往鎮南關指揮。孫中山先生計畫由鎮南關集合十萬大山會黨志士，會師進攻龍州。十萬大山一路，因道遠不能抵達，遂以越南一路志士，與清軍數千人激戰，以寡擊衆，連戰七晝夜。據兩廣地方大吏奏報，廣西革命軍由越南進攻鎮南關，奪據礮台後，豎立青天白日旗。十一月初三日夜間二鼓，清軍觀察龍濟光、參將陸榮廷分派各隊，周密佈置，先派兩

隊猛進，直撲北台，各隊同時猛攻，接連使用巨礮轟擊，革命軍
點燃「大電燈」自照，抵禦有方，相持至第二天晚上，清軍搶佔
四方嶺、小尖山㊴。革命軍無險可憑，退入壘中堅守，清軍層層
包圍，攀登壘房高阜，槍礮密集射擊，革命黨不支，乘夜退回越
南燕子大山。當孫中山先生經過諒山時，被清軍偵探查知，清廷
即照會法國政府將孫中山先生逐出越南。鎮南關之役，就是孫中
山先生親自領導的第六次革命軍事行動。

　　爲禁止革命黨在越南邊境的活動，外務部與駐京法使訂定「
中越交界禁止革命黨章程」，後來在光緒三十四年（1908）正
式簽字，其章程條文如下：

　　　　第一條：法國官員如查知有中國叛匪在越境成股，即當隨
　　　　時實力解散。如有前項情事，由中國官員查出，一經知會
　　　　法汛，或由領事轉達越督，亦當照辦。

　　　　第二條：如有匪黨在越境，或用報章，或用他項宣布之法
　　　　傳播悖逆之論説，均由法國官員禁止，並將爲首之人，或
　　　　驅逐出境，或按法國律例懲治，若有越文報紙干犯前項，
　　　　亦隨時停禁。

　　　　第三條：凡攜帶軍械單行，或成股之匪，業經與中國官軍
　　　　抗敵，或在中國地方擾亂治安，逃匿在法界者，當將軍械
　　　　索扣，匪人拘管，由法國政府酌定拘管期限，俟限滿後將
　　　　該匪驅逐出境，並一面知會中國政府，其所有一切拘管費
　　　　用，由法官知照中國官方擔承撥還。又或將該匪黨逐出境
　　　　外，亦可永遠不准在越南，或越屬來往，並設法使其人不
　　　　能再入中國邊界。

　　　　第四條：凡曾在中國搶劫，或犯私罪人犯，中國有請解交
　　　　者，應由中國官照會越督，並將其人犯罪案由全卷隨文附

送，以便核辦，如有可以允交之處，一經交犯，案件應行
各事均皆辦妥後，即照光緒三十二年三月二十二日商約第
十七款將該犯解交中國官辦理。如其人犯供稱係國事犯，
或與國事犯有涉者，應將所犯罪案切實根究，毋任朦脫。
第五條：如有匪徒私運軍火，兩國邊界官員，應均設法實
力查禁，以杜偷漏接濟等弊⑩。

　　孫中山先生被迫離開越南河內之前，一面令黃興籌備再入欽
州、廉州，以圖集合當地革命志士；一面令黃明堂進窺河口，以
圖取道雲南，作爲革命黨的根據地，孫中山先生離開越南後，前
往南洋，河內革命機關，由胡漢民負責。光緒三十四年（1908）
二月二十五日，黃興率領幹部及革命志士二百餘人，組織「中華
國民軍南路軍」，出越南，自廣西邊境攻入欽、廉、上思一帶，
轉戰數月，所向無前，屢挫清軍，黃興威名因此大著。後因彈盡
援絕，於四月初四日自動退回越南。欽、廉、上思之役，就是孫
中山先生親自領導的第七次革命軍事行動。

　　雲南思茅、蒙自關外，山水險惡，瘴癘盛行。清代地方大吏
只在沿邊各隘，設市埠，派兵防守，其餘關外地界，俱棄置不顧。
革命黨即於關隘市埠要地以外紅河對岸越南境內的老街地方爲大
本營，招集志士，進入雲南，糾邀沿鐵路散處工人，並結合關隘
內地會黨，約期舉事。廣西鎮南關之役失敗後，黨人王和順、關
仁甫、梁金秀等先後進入雲南，暗中運輸餉械，以圖再舉。光緒
三十四年（1908）三月二十九日夜間，黨人黃明堂率領百數十
人由越南保勝境內暗渡河口，攻破營壘，佔領河口城，擊斃警察
委員蔡正鈞及其巡目。城內管帶官岑得貴退守山半礮台。四月初
一日下午六時，黃明堂攻陷副督辦營壘，河口副督辦兼南防營務
處會辦王鎮邦亦被擊斃⑪，王鎮邦次子王由森亦陣歿，管帶岑得

貴被革命黨俘擄，十營管帶黃體良率兵千餘名歸順。黃明堂即以河口爲根據地，斫燬電線，以阻清軍救援；廣納潰卒游民，以充實戰力；散發信函，張貼告示，以倡言排滿革命。是時，孫中山先生在南洋，因不能再入越南境內，所以電令黃興前往指揮。因蒙自爲中外通商之所，箇舊錫廠爲財富之區，四月初四日，黃明堂分兵三路：西路溯紅河進攻蠻耗。四月初六日，清軍管帶柯樹勛迎戰不利，革命軍克新街，攻撲蠻耗，霸洒管帶李美率全營兵弁下河口，繳槍歸順。四月初八日，新軍管帶周國祥率兵增援，鏖戰獲勝，清軍漸有起色；東路軍攻古林箐，趨開化；中路由南溪進取白河地方，四月初八日，破南溪，清軍管帶胡華甫率全營降。黃明堂於四月初六日，又分兵由河口趨蒙自，革命軍深入雲南境內三百里。四月十二日，黃興路過老街時，被法國警察疑爲日本人，拘遣河內，革命軍因指揮無人，戰局逆轉。雲貴總督錫良駐紮通海縣，並派總兵白金柱暫兼提督，督辦全滇軍務，前後添令統帶共十餘營，分兵兩路：一由蒙自大路推進；一由開化四南出墨灣之後，兩路抵達接近河口二十餘里的黃柯地方，與清軍主力會合，對革命軍形成三面合圍的形勢。四月十二日，清軍中路統領普洱府知府王正雄奪回三㟜河險要，進踞老范寨，革命軍退保泥巴黑地方。四月十七日，清軍中路與東路會師攻泥巴黑，革命志士黃東成等陣亡。清軍西路從霸洒西南村的上村進逼河口，攻下新街、龍膊等處。四月二十三日，進攻田房。四月二十四日，清軍中路、東路攻下泥巴黑，然後合力敢取車河地。次日，攻取大小南溪。四月二十六日，清軍進攻霸洒，革命黨撤退。四月二十七日，河口被清軍奪回。雲貴總督錫良具摺指出革命軍沿蠻河進兵，數日之間，即由霸洒、田房、新街直入蠻耗，入邊已三百餘里。在各戰役之中，中路老范寨，最稱善守，西路田房一役，

最爲惡戰⑫。黃明堂率六百餘人退入越南，後來由法國政府遣送出境，然後轉往新加坡。河口之役，就是孫中山先生親自領導的第八次革命軍事行動。

　　孫中山先生自從歷次戰役失敗後，越南、日本、香港等地，都不能自由居留，於是將國內一切革命計畫，都委託於黃興、胡漢民等人，而孫中山先生本人則漫遊各地，專任籌款，以接濟革命工作的進行。黃興、胡漢民回香港設南方統籌機關，朱執信、鄒魯等人則進入廣州，聯絡廣州新軍，新軍加入同盟會者，與日俱增，同時接受革命思想，排滿思想，日益濃厚。由於革命黨人進行工作的結果，在新軍和巡防營內部，已經積聚了相當強大的革命力量，朱執信與倪映典、趙聲等於是密謀運動廣州新軍舉事。宣統元年（1909）十一月間，廣州督練公所參議道員吳錫永向署理兩廣總督袁樹勛面稟新軍標營統領在營房內拾獲票紙一張，票面刊有「同盟會」、「天運年號」等字樣。袁樹勛爲先事預防計，曾將形跡可疑的新軍陸續開除多名，新軍內部人心不安。袁樹勛又訪聞革命黨人倡言革命，勾結港、澳三點會，計畫起事。袁樹勛即密飭營縣捕拏可疑黨人李洪、盧子卿即黃子卿二名。審訊時，李洪等供認爲三點會頭目，聚衆拜會，購運軍火，約期舉事，且涉及新軍。十二月二十八日，李洪、盧子卿二人殉難。十二月二十九日，新軍統帶又在營內查獲革命黨票據數張，亦有「同盟會」字樣。同時訪聞二標一營後隊二排三棚正兵劉茂昌有聯絡會黨情事，將劉茂昌解送督練公所發縣審訊，以致密謀洩露。新軍各營在事人員防範更加嚴密，因慮及新軍放假，而各營所的槍彈甚多，於是藉口營庫潮濕，恐損藥力，飭令將各標營所存槍彈運送城內軍械局收存，正擬陸續搬運，但在十二月三十日卻發生兵警衝突事件。是日除夕夜，新軍步隊二標二營新軍吳英元在

城內刻字舖訂刻名戳名片，託同營兵士華宸衷代取，兵士六人，與店夥爭論價值，彼此齟齬。老城巡警第一分局警兵上前干涉，新軍不服，適放假外出目兵王冠文等經過，幫同理論，警兵遂鳴哨集衆，當時新軍有未穿軍服者，亦被一併拘入警局。新軍二標統帶聞信率員馳往彈壓。三標管帶親到一局作保，警官不允，更將被拘新軍加鎖拘禁，包圍譁鬧者千餘人。經巡警道及廣州協到局勸諭，始將新軍釋回，二、三標新軍回營後，以巡警欺凌爲言激動全體新軍。次日即正月初一日，各營照例放假，新軍各執木器出營入城，聲稱向警局復仇，於是拆毀警局門窗，毆傷警兵。是時，東門第五分局亦被新軍衝燬，毆斃警兵一名，並毆傷警官，警官傳令將大東門、小北門，暫行關閉，並由文武各官，分往各局彈壓。二標、三標密派人員將槍械拆卸子碼，暗運城內。二標、三標各兵出營後，多有離營不歸者，袁樹勛傳諭初二、三兩日暫不放假，即使請假，亦須由官長率領，不准穿著便服。新軍一標標統劉雨沛，與協統張哲培商議將初二、三兩日假期改爲運動會，以防範各兵出營滋事。正月初二日，一標及礮工輜各營聞而大譁，認爲二標滋事，與一標何干？遂抗違不服，鬨鬧出營，各營新軍，亦多隨行。標統劉雨沛彈壓不止，內有已撤礮營排長倪映典及正目黃洪昆爲革命黨，乘新軍滋事之際，藉口爲二標兵士向巡警復仇，而激勵衆兵，於是一標各兵齊赴礮工輜營糾衆同行，兵中有人提議，須攜槍自衛，各兵復入一標取槍，礮工輜兵亦各攜械出營，齊赴司令部，衝燬屋宇，劫取講武堂槍械。協統張哲培在二標聞變，倉皇離營入城，起事的新軍逼脅二、三標。袁樹勛與將軍增祺商議下令閉城，並決議鎮壓。

　　正月初三日，礮隊第一營管帶齊汝漢方集衆勸解，倪映典突出短槍，自後猛擊，連開數槍，齊汝漢當場斃命。新軍佔據東明

寺、牛王廠、茶亭各要隘，水師提督李準督率新軍統領保升、道員候補知府吳宗禹等帶隊出城，協統張哲培亦尾隨至痲瘋院地方，倪映典率領新軍，分三路進撲清軍。候補知府吳宗禹等指揮隊伍抵抗，使用退管礮還擊，新軍被轟斃數十人，倪映典等為首五人騎馬指軍，亦俱陣亡，黃洪昆等四十餘人被俘，新軍敗退。正月初四日，清軍向白雲山、瘦狗嶺等處搜捕，逮捕新軍司務長王占魁、江運春、目兵尤龍標等二百餘人，奪回快槍二百餘桿。王占魁被捕後供認參加革命，並有運動章程十條。袁樹勛原奏指出革命當運動各界，尤以各省軍界為最多，並有新軍為革命出力，非為清朝出力等語⑬。倪映典等人原來計畫等候軍械到齊後約期舉事，適值二標新軍與警兵衝突，認為有機可乘，迫不及待而起事，倪映典等中彈陣亡後，新軍指揮乏人，遂致功敗垂成。廣州新軍之役，就是孫中山先生親自領導的第九次革命軍事行動。

　　宣統三年（1911）三月初旬，廣州將軍增祺奉召入京，副都統孚琦署理廣州將軍。三月初十日，飛機師馮如在廣州城近郊燕塘試演飛行，孚琦親往參觀，革命烈士溫生才預伏要路槍殺孚琦。《收電檔》有一段記載說：

　　　　獲犯溫生才訊供大概情形，於初十日會同電奏，十三日欽奉電傳諭旨，均切實研訊，務得實情，嚴行懲辦等因，欽此，遵即督飭緝捕總局司道提犯復審。據該犯溫生才供，年四十二歲，實係嘉應州丙村人，前供名生財，順德縣人，均係混供，素元長隨，後因出洋學習工藝，投入孫汶革命黨，回華後，專持暗殺主義。本月初十日，在燕塘看演飛機，聞將軍亦到觀看，獨自一人在東門外道旁拔槍向轎連轟四響，不知中傷何處，跑逃被獲不諱。詰以革黨內容，據稱孫汶革命如何佈置，伊實茫然無所知，惟自在南洋聞

其演説革命宗旨，甚爲信服，情願犧牲性命，並非與將軍
挾有私仇，亦非有人指使，及另有知情同謀之人等語㊹。

溫生才信服孫中山先生的革命宗旨，所以情願犧牲性命。孚
琦被刺殺後，廣東各地紛紛相傳革命黨即將大規模起事，水師提
督李準芳等加強戒備，查獲私運軍火案件多起。兩廣總督致軍機
處請代奏電文中稱：

伏查此次粵省亂黨起事，蓄謀已非一日，糾合均係各省死
黨，並准外務部電稱，接代辦駐日公使來電，與留學生之
國民軍確有關係，其勾結之廣，概可想見，奪獲軍火，皆
精利無匹。至匪黨之兇悍，尤爲罕見，訊據獲匪供稱，仍
係孫汶主動，軍火皆在外洋購買。黨中分廣東、廣西、湖
南、江蘇、浙江、安徽、江西、河南、四川、雲南、福建
十一部分，人數多寡不一，各部均舉有代表。因廣東密邇
港澳，易於偷運軍火，是以定在廣東起事，原議四月初間
發難，志在先將督署焚燬，次及水提衙署，破壞軍事機關，
占領省會，再號召各省同時大舉，並在香港設有總司令部，
歸該黨首領黃興、趙聲、胡漢民主持，黃興來省舉事，趙、
胡在港接應。因黨眾約會未齊，信息先已洩漏，官軍防查
嚴緊，同黨中多主張暫先退回香港，黃興恐爲同黨取笑，
二十九日，臨時決定即行起事等語。查黃興又名勁武，爲
該黨著名兇悍首領，前此欽廉及廣西、雲南邊界肇亂，均
係該匪倡首㊺。

黃興等人原訂四月初起事，因信息洩漏，臨時決定提前發難。
宣統三年（1911）三月二十九日申初，即下午三點，署巡警道
王秉恩逮捕革命黨九人。下午五時三十分，黃興率所部一百七十
餘人進攻兩廣總督衙門，總督張鳴岐聞風逃遁，水師提督李準率

大隊抵抗，清軍管帶金振邦中彈陣亡，廣州發難後，佛山、順德、潮州、惠州等地會黨，亦起而響應。《東方雜誌》有一段記載說：

> 省外革黨知事泄，東竄順德縣之樂從墟。午刻，有革命黨
> 數人，在該處演說，初聚數十人，約數分鐘時，已有數百
> 人，各鋪戶紛紛閉門，黨人愈聚愈多，遂四處豎旗，其旗
> 四面皆紅，角藍色，中作白圓形。佔團練分局爲大營，奪
> 局中槍械，聲言接濟省城，日夜煽惑鄉人入黨，樂從巡警，
> 以眾寡不敵，匿不過問，革黨不擾居人，且出安民示⑯。

引文中所謂「其旗四面皆紅，角藍色，中作白圓形」，就是革命黨青天白日滿地紅的黨旗，廣州省城及省外順德縣的起事，因寡不敵眾而失敗。是役，革命黨精英戰歿及被執遇害的烈士，後來叢葬於黃花岡。廣州黃花岡之役，就是孫中山先生親自領導的第十次革命軍事行動。黃花岡之役雖然失敗，但革命精神卻磅礴全國，所以武昌義旗一舉，各省響應，終於推翻清朝，建立民國，有志竟成。

會黨響應　慷慨成仁

辛亥革命期間，是會黨運動史上的極盛時期，會黨在歷次革命軍事行動中，可以說是赴湯蹈火，無役不與。雖然有一些學者在肯定會黨積極作用的同時，也指出它的消極作用，不贊成將會黨的積極作用估價過高。但會黨對辛亥革命確實曾經貢獻過最大的力量，捨身取義，前仆後繼。在辛亥革命期間，會黨並未獨樹旗幟，另組軍隊，而是在興中會、同盟會的統一領導下積極參與歷次軍事行動，對推翻清朝，建立民國，的確產生了積極的作用。譚人鳳草擬「社會改進會意見書」已指出革命之成，「實種因於二百年以前之洪門會黨。」⑰光緒十二年（1886）夏間，孫中山

先生轉入廣州博濟醫院附設南華醫院學堂學習，在學校中，結識了會黨首領鄭士良和尤列等人。光緒十四年（1888），鄭士良輟學返回歸善縣原籍，在縣境淡水墟開設同生藥房，同時從事聯絡三合會黨，以爲舉事的預備⑱。光緒十九年（1893）冬，尤列提供廣雅書局抗風軒作爲秘密聚會所，孫中山先生曾邀鄭士良等人召開興中會籌備會，這是次年檀香山興中會正式成立的先聲。從光緒十二年（1886）到光緒十九年（1893）檀香山興中會成立前夕，是醞釀革命的時期，陳少白、楊鶴齡、陸皓東等人都曾聯絡會黨，孫中山先生對會黨已有較深刻的認識，爲以後進一步聯絡兩廣會黨起而革命，創造了更有利的條件。

在辛亥革命期間，兩廣會黨扮演了重要的角色。陳劍安撰〈廣東會黨與辛亥革命〉一文指出廣東會黨經常在得風氣之先的沿海和珠江三角洲一帶活動，因而廣東會黨與內地其他省分的會黨不同。廣東會黨的首領有不少是具有民主意識的知識分子，華僑加入廣東會黨的亦不乏其人。例如頗習外情的尤列，早年曾加入天地會，後來成爲中和堂大佬。惠州三合會首領鄭士良接受了不少西方社會科學和自然科學知識。來往於潮州和新加坡的華僑三合會首領許雪秋，既是華僑，又是會黨，飽覽了海外新鮮事物。此外，如鄭蔭南、鄧子瑜、李紀堂、謝纘泰、王和順等人，都常活躍於廣東和海外，都是具有新思想的會黨首領。因此，革命黨聯絡廣東會黨，不僅易於爭取那些具有新思想的會黨首領，而且易於使他們把傳統的反清意識和新鮮的民主革命意識結合起來，進而通過他們調動廣大會黨群眾接受革命黨的領導⑲。革命黨聯絡會黨的具體表現，就是兩廣會黨參加多次的革命軍事行動。

兩廣地區的地理條件和人文背景，特別是當地的革命風氣的盛行，有利於革命活動。孫中山先生親自領導的十次革命軍事行

動，主要在兩廣地區，就是由於兩廣會黨、人民群衆和革命黨三方面因素結合的結果。馮自由著《革命逸史》一書所載〈興中會會員人名事跡考〉，列舉歷次參加起事的興中會成員中，會黨分子所佔比例較高，例如參加乙未廣州之役的朱全貴、丘四等人都是會黨，他們從香港率領會黨志士二百餘人進入廣州起事，事洩後在廣州碼頭被捕，與陸皓東同日殉難。清遠縣人朱浩、劉秉祥、黃麗彬，花縣人湯才，南海縣人陳煥洲、李芝，香山縣人李舉，潮州府人吳子材，順德縣人莫亨等九人在乙未廣州之役分任城內城外起事職務，失敗後逃匿。清遠縣人梁大礮也是會黨，乙未廣州之役時擔任江北一帶發難事宜(50)。乙未廣州之役雖然失敗，但會黨志士慷慨赴義，追隨革命的事實，更堅定了孫中山先生繼續聯絡會黨的信心。

興中會時期，革命黨對會黨進行了三項工作：一、大量吸收會黨分子加入興中會；二、依賴會黨發動軍事行動；三、與廣東三合會、長江哥老會進行聯合(51)。光緒二十五年（1899）冬，孫中山先生派史堅如、畢永年返回內地，訪問各會黨首領。畢永年是哥老會會首，黃明堂是三合會會首，鄭士良是三合會首領，也是興中會幹部。是年年底，各首領共十二人在香港舉行聯合會議，歃血爲盟，議定將興中會、三合會、哥老會三會合組興漢會，推孫中山先生爲總會長。由於革命黨積極結合各會黨，因此加入興中會的會黨分子，與日俱增。〈興中會會員人名事跡考〉列舉參加光緒二十六年（1900）庚子惠州之役的會員計五十二人，就其出身背景而言，會黨共二十二人，佔百分之四十二，知識分子十八人，佔百分之十五，其餘商人、工人、傳教士、船戶等所佔比例甚低(52)。會黨分子的加入革命，成爲庚子惠州之役的主力軍。陳少白在《興中會革命史要》一書中曾說道：

> 三合會的會員，散處四方，不容易號召，有一個人名黃福
> 者，在三合會領袖中最得人望，他和鄭士良甚相得。其時
> 正在南洋婆羅洲謀生，我們就派人去請他回來。說也奇怪，
> 他一回來，各處堂號的草鞋都會圍集攏來，只要黃福發一
> 個令，眞是如響斯應，無不唯唯照辦的㊿。

　　由於會黨成員多屬於流動人口，浪跡江湖，散處四方，全靠
其首領號召糾邀。黃福，即黃盲福，在三合會中資望極高，他久
在南洋婆羅洲謀生，庚子惠州之役，應鄭士良之邀回國，惠州境
內各處會黨都聽從號令。三洲田發難時，鄭士良在香港未到，衆
人公推黃福爲革命軍大元帥。黃耀庭是新安縣人，在三洲田之役，
擔任先鋒，以勇敢聞名。黃閣官、江公喜也是新安縣人，新安縣
的會黨，多受他們的節制。庚子惠州之役，江公喜擔任攻取新安
及虎門的任務。曾捷夫、曾儀卿叔姪是歸善縣人，曾捷夫是三合
會首領，庚子惠州之役，協助鄭士良聯絡會黨，頗爲得力。曾儀
卿也是三合會重要頭目，在惠州平海所一帶黨夥頗多，三洲田戰
役，曾號召平海所會黨響應。林海山是博羅縣人，惠州三合會首
領之一，曾協助鄭士良，甚爲得力。羅生是歸善縣馬欄頭人，住
屋寬廣，三洲田大營就是設在羅生住家。歸善縣人林俠琴、廖和、
唐皮，博羅縣人何松，新安縣人盧灶娘，以上五人均與黃福等駐
紮三洲田大營，發難時分任軍中職務。歸善縣人蔡景福、陳怡，
博羅縣人劉運榮，新安縣人蔡生、何崇飆，河源縣人陳福，歸善
縣人黃揚等人都是三洲田戰役的將校，身先士卒，沿途血戰陣亡。
河源縣人曾金養是惠州之役的別動隊司令，於庚子年閏八月二十
五日夜間率衆攻打和平縣城時陣亡。庚子惠州之役雖然又遭敗績，
但革命黨聯絡會黨的工作，卻未停頓。庚子惠州之役，會黨志士
與清軍激戰凡十餘仗，以寡擊衆，屢獲大捷，紀律嚴明。閏八月

二十三日，當會黨大隊向永明推進時，所向披靡。宮崎滔天回憶當時的情形說：

> 先是鄭曾命令全軍秋毫無犯。因此，沿路鄉民，簞食壺漿，夾路歡迎。戰鬥槍聲一停，則爆竹之聲隨之而起，貢獻財帛，贈送牛羊，不可勝計。父老讚嘆道：革命軍兵從來沒有這樣嚴肅的，實在是仁義之師。同志來投者多至數千人⑭。

孫中山先生認識到在最艱苦的歲月裡，堅決響應革命的，多爲會黨中人士。庚子惠州之役，失敗的主要原因，是寡不敵眾，補給困難，清軍兵力眾多，佈署周密。孫中山先生對庚子惠州之役的評價說：

> 經此失敗而後，回顧中國之人心，已覺與前有別矣。當初次之失敗也，舉國輿論，莫不目予輩爲亂臣賊子，大逆不道，咒詛謾罵之聲，不絕於耳。吾人足跡所到，凡認識者，幾視爲毒蛇猛獸，而莫敢與吾人交遊也。惟庚子失敗之後，則鮮聞一般人之惡聲相加，而有識之士，且多爲吾人扼腕歎惜，恨其事之不成矣。前後相較，差若天淵。吾人睹此情形，中心快慰，不可言狀，知國人之迷夢，已有漸醒之兆。加以八國聯軍之破北京，清帝后之出走，議和之賠款四萬萬兩而後，則清帝之威信已掃地無餘，而人民之生計從此日蹙，國勢危急，岌岌不可終日，有志之士，多起救國之思，而革命風潮自此萌芽矣⑮。

庚子惠州之役是國民革命的轉捩點，此後，有志之士，多起救國之思，加入革命行列者，與日俱增，即舊日保皇黨人，亦多易幟改變宗旨，革命風潮更加洶湧澎湃。

庚子惠州之役失敗後，革命黨策動會黨首領洪全福在廣州起

事。洪全福原名洪春魁，字其元，又號梅生，是洪秀全之姪，起
事時改名洪全福，藉托洪秀全福蔭之意㊱。洪全福向在外洋，因
賭致富。光緒二十七年（1901），潛回香港，糾邀廣州、惠州
會黨，約期大舉，計畫先攻省城，並佔領惠州，由梁慕光在省城
招人從香港運送槍械，由劉玉岐等十餘人糾邀會黨。省城北路會
黨首領劉大嬏允招三千人，先攻城外製造局，搶取軍火，約定於
十二月三十日夜間在城門放火為號，齊攻省城，會黨所運軍械，
都是記名貨物進口，由德商布士兜洋行代報完稅，運至番禺縣屬
芳村德教堂左近收藏。十二月二十八日，香港巡捕查出會黨窩聚
之所，並起獲會黨簿據。次日，由英國駐廣州口岸總領事送交會
黨刊刻告示多張，內有「大明順天國南粵興漢大將軍」字樣，另
有會黨與廣州其昌街德商布士兜洋行買辦及同興街德教民梁慕光
所開信義店往來書信多件，署兩廣總督德壽接獲密報後，即派幹
員，並照會德國領事，會同前往搜查，在教堂通連的和記公司起
出旗幟、衣褲共四千三百餘件，響角、鐵斧、刀剪、草鞋、九龍
袋五千餘件。水陸營員先後逮捕梁慕光之胞兄梁慕信及會黨頭目
劉玉岐、蘇亞居等人，洪全福等逃出洋界。光緒二十八年（
1902）二月二十六日，洪全福潛回內地，被兵役格斃，搜出「
全福之寶」金牌一面。光緒二十九年（1903）元月，清軍在歸
善縣拏獲會黨首領黃譚福等四十餘名，在番禺縣大墩頭鄉查獲洋
槍百餘枝，在增城縣新塘河面截獲槍彈萬餘粒㊲。洪全福起事計
畫佈置周密，惟因事機洩漏，終遭敗績。但同年八月間，惠州會
黨首領戴梅香、陳馬王海、徐大等人又開台拜會，密謀攻城，亦
因事洩，戴梅香等被捕，陳馬王海則在東莞縣石陜村堅強抵抗，
經營勇四面圍攻，退守兩頭塘村後兵敗被捕。廣東南海縣西樵等
鄉會黨首領區新等人也響應革命，以英義堂為聚會中心。區新曾

於光緒二十五年（1899）入京謀刺滿洲大臣，失敗後改易洋裝，返回廣東，組織會黨，成立「新廣東志氣軍」，槍械精良，聲勢浩大。區新往來於香港、澳門等地，與革命黨密切聯繫，進行反滿活動。清軍水師提督李準密調水陸各軍，駐紮西樵一帶，光緒二十九（1903）十一月十六日，李準調齊粵義、靖勇、安勇、喜字、順字等營，分六路進攻區村，次日黎明，清軍進入區村，區新率眾抵坑，相持三日，會黨不支，區新、區湛兄弟及會黨成員潘亞佑等二十三人被俘⑱，新廣東志氣軍是由會黨成員組成的革命隊伍，但在起事前即遭清軍鎮壓而告失敗。

廣東潮州饒平縣屬黃岡等地是三點會最盛的地區，廣東饒平縣人余丑、陳湧波、余通等人都是三點會的重要首領，與革命黨人許雪秋常有聯絡。光緒三十二年（1906），歲次丙午，孫中山先生委任許雪秋為國民軍東軍都督。是年冬，許雪秋與余丑、余通、陳湧波赴香港謁馮自由，經馮自由介紹加入同盟會。黃岡之役，起事倉促，許雪秋雖掛銜東軍都督，但因遠在香港，黃岡起事後，即由余丑暫主其事，黃岡之役就是以三點會成員為基礎的革命隊伍。

經過多次失敗後，革命黨有感於會黨的散漫，聚散靡常，並未達到預期的效果，河口之役失敗後，革命黨加緊聯絡新軍及防營。革命黨認為新軍有訓練，器械精良。訓練新軍的教官，許多是從日本回來的新知識分子，有的是直接策動革命之士，新軍的思想，比較新穎，為爭取實力，希望將革命勢力打入新軍⑲。運動軍界，起事時既不虞軍火的缺乏，而於平日又可避人耳目，稍免官方的懷疑，策反新軍，相信可以事半功倍。因此，對新軍寄以厚望。鄒魯、朱執信在廣州積極聯絡新軍，頗有成效，宣統元年（1909），廣州新軍之役，就是革命黨計畫以新軍為主力的

一次革命軍事行動，林增平撰〈會黨與辛亥革命〉一文已指出，
光緒三十四年（1908）以前革命派借助會黨輪番起事，確曾鼓
蕩起一次又一次的反清浪潮。但是，如果他們不將活動重點轉向
策反新軍，那就不可能獲得推翻清王朝的勝利⑩。陳劍安撰〈廣
東會黨與辛亥革命〉一文則指出同盟會時期，從1905年八月同
盟會成立開始，到1911年十一月廣東獨立為止，前後共六年，
其間可以1908年雲南河口之役失敗為界，分為前後兩個階段：
前一階段是革命黨大力運動會黨的階段，也是廣東會黨在革命黨
策動下武裝起事最多的階段；後一階段革命黨雖然把活動的重心
移向防營、新軍，但並未放棄對會黨的工作，會黨的積極作用，
仍然得到進一步發揮，廣東獨立正是在革命黨人策動會黨群眾大
起事的形勢下促成的⑪。誠然，革命黨歷次起事，都與會黨緊密
聯繫在一起。河口之役，與越南的華僑會黨也有密切關係。越南
河內等地，以兩廣僑民居多數，會黨山頭主義很顯著，革命黨特
設衛生社、日新樓等，一方面使越南洪門聯為一體，聽命於革命
黨，積極參加內地的革命軍事行動；一方面充作招納會黨亡命之
所，王和順、黃明堂、關仁甫等會黨首領，多流寓於此。河口之
役失敗以後，會黨仍然前仆後繼的參加革命軍事行動，在新軍、
防營內部，也是會黨充斥。宣統三年（1911），黃花岡之役為
配合起事，朱執信等人加緊聯絡會黨，發動廣州附近會黨分子，
並使南海、番禺兩縣各路會黨分子連為一氣，直到起事前一日，
聯絡會黨的工作仍在進行中。黃花岡之役發難後，南海、番禺會
黨立即響應，進入杏市、樂從、占鰲溪公司，取道爛石灣，進窺
佛山。黃花岡之役失敗後，經過革命黨長期聯絡發動的會黨群眾，
仍然不斷地進行小規模的起事活動。

百折不撓　有志竟成

清朝末造，國勢陵夷，內憂方殷，外患日亟。孫中山先生於〈檀香山興中會成立宣言〉中已指出清廷的喪權辱國，其原文說：

> 中國積弱非一日矣。上則因循苟且，粉飾虛張；下則蒙昧無知，鮮能遠慮。近之辱國喪師，強藩壓境；堂堂華夏，不齒於鄰邦。文物冠裳，被輕於異族；有志之士，能無撫膺！夫以四百兆蒼生之眾，數萬里土地之饒，固可發憤為雄，無敵於天下。乃以庸奴誤國，荼毒蒼生，一蹶不興，如斯之極。方今強鄰環列，虎視鷹瞵，久垂涎於中華五金之富，物產之饒，蠶食鯨吞，已效尤於接踵，瓜分豆剖，實堪慮於目前。有心人不禁大聲疾呼，亟拯斯民於水火，切扶大廈之將傾。用特集會眾以興中，協賢豪而共濟，抒此時艱，奠我中夏，仰諸同志，盍自勉旃⑥。

自從清廷受不平等條約的束縛以來，中國便開始遭受帝國主義的外交、經濟及軍事等力量的壓迫。中日甲午一役，更引出列強瓜分中國的論調，後來德租膠州灣，俄租旅順、大連，英租威海衛，法租廣州灣。又紛紛畫分勢力範圍，如德之於山東，俄之於東北，英之於長江流域，法之於西南各省，日之於福建等省，瓜分豆割，中國遂淪於次殖民地。全國有志之士，為挽救國家民族的危亡，紛紛提出救國救民的方案，君主立憲與國民革命就是兩種救亡運動，也就是晚清在野思潮中的兩股主流，為使其方案付諸實施，都注意到下層社會的廣大民眾，嘗試聯絡會黨，號召群眾，以期達到救亡圖存的目標。因此，會黨在近代中國救亡圖存的運動中扮演了極其重要的角色。

革命黨是直接倒滿主義者，孫中山先生提倡民族主義，相信

「民族主義這個東西,是國家發達和種族圖生存的寶貝。」[63]他
認為到了清朝中葉以後,有民族思想的,只有洪門會黨。清代後
期,會黨仍以反清復明為宗旨,具有濃厚的反滿意識,所以響應
革命黨的號召。洪門會黨的反滿思想,與主張君主立憲的保皇黨
格格不入,自立軍起事是保皇黨利用會黨,計畫以武力保皇的最
初一次,也是最後一次。洪門會黨接受革命黨的領導,前仆後繼,
慷慨赴義,對國民革命運動作出了重要的貢獻,其中兩廣洪門會
黨因地理背景較特殊,對外接觸較頻繁,接受革命思想較先進,
在歷次軍事行動中提供了最基本的武力,對推翻清朝的革命運動
過程中扮演更特殊的角色。在興中會時期,孫中山先生直接領導
的革命軍事行動,共計二次,都在廣東境內。光緒二十一年(
1895),乙未廣州之役,被捕殉難的朱貴全、丘四等人,都是
廣東三點會的首領。光緒二十六年(1900),庚子惠州之役,
充當總指揮的鄭士良、元帥黃福等人都是三合會的首領。在同盟
會時期,孫中山先生直接領導的革命軍事行動,共計八次,除河
口之役在雲南外,其餘七次都在廣東和廣西境內,例如黃岡之役
率眾起事的余丑等人,七女湖之役在香港策畫起事的鄧子瑜,防
城之役的領導人王和順,鎮南關及欽、廉之役的黃明堂等等,都
是會黨首領,他們都富於號召力。其實,雲南河口之役、廣州新
軍之役、黃花岡之役,都有兩廣會黨參加,可以說同盟會時期在
華南策動的八次起事,都和兩廣會黨有直接的關係。總之,兩廣
會黨與革命黨聯繫最早,表現最為突出,提供最基本的武力,參
加歷次戰役的人數最多,可以說是無役不與,再接再厲,百折不
撓,有助於革命主義的實現,兩廣會黨對推翻清朝,建立民國的
貢獻,是可以肯定的。

【注釋】

① 《國父全書》（臺北，國防研究院，民國五十五年一月），中國國民黨時代，專論，頁1044。

② 江日昇著《臺灣外記》（臺北，臺灣銀行經濟研究室，民國四十九年五月），第一冊，頁112。

③ 《月摺檔》（臺北，國立故宮博物院），咸豐五年二月初一日，閩浙總督王懿德奏摺。

④ 秦寶琦撰，〈天地會起源『乾隆說』新證——伍拉納、徐嗣曾關於天地會起源的奏摺被發現〉，《明清史月刊》，1986年，第四期（北京，中國人民大學書報資料中心，1986年），頁43。

⑤ 戴玄之撰，〈略論清幫與洪門的起源〉，《星洲日報》，1973年元旦新年特刊，第三十四版。

⑥ 《宮中檔乾隆朝奏摺》，第六十三輯（臺北，國立故宮博物院，民國七十六年七月），頁89、456；《宮中檔乾隆朝奏摺》，第六十七輯（民國七十六年十一月），頁472；蔡少卿著，《中國秘密社會》（杭州，浙江人民出版社，1989年8月），頁24。

⑦ 《宮中檔》（臺北，國立故宮博物院），第2726箱，1包，013號，道光元年二月初二日，兩廣總督阮元奏摺。

⑧ 同註⑥。

⑨ 《清宣宗成皇帝實錄》，卷一八〇，頁17，道光十年十一月乙亥，寄信上諭。

⑩ 《張文襄公全集》（臺北，文海出版社，民國五十九年一月），卷一四，頁5，光緒十一年十二月二十七日，查辦匪鄉摺。

⑪ 《辛亥革命前十年間民變檔案史料》（北京，中華書局，1985年2月），下冊，頁478。

⑫ 《國父全集》，民族主義，第三講，頁147。

⑬　譚人鳳草擬，〈社團改進會意見書〉，轉引自陳浴新撰，〈湖南會
　　黨與辛亥革命〉，《文史資料選輯》（中國文史出版社，1986年），
　　第三十四輯，頁136。

⑭　陶成章撰，〈教會源流考〉，《近代秘密社會史料》（臺北，文海
　　出版社，民國六十四年九月），卷二，頁4。

⑮　陳少白講述，許師慎筆錄，《興中會革命史要》（臺北，中央文物
　　供應社，民國四十五年六月），頁9。

⑯　《清德宗景皇帝實錄》，卷三，頁1，光緒二十一年十月癸未，寄
　　信上諭。

⑰　《國父全書》，〈孫文學說・有志竟成〉，頁34。

⑱　《宮中檔》（臺北，國立故宮博物院），2711箱，18包，3348號，
　　光緒二十六年十二月初一日，署兩廣總督廣東巡撫德壽奏摺。

⑲　章壽彭等纂修，《歸善縣志》（臺北，國立故宮博物院，乾隆四十
　　八年刊本），卷二，頁4。

⑳　《宮中檔》，第2711箱，18包，3340號，光緒二十六年九月十四日，
　　德壽奏摺。

㉑　《興中會革命史要》，頁47。

㉒　宮崎滔天著，啓彥譯《三十三年之夢》，（臺北，帕米爾書店，民
　　國七十三年一月），頁222。

㉓　《宮中檔》，第2711箱，18包，3340號，德壽奏摺。

㉔　《國父全書》，〈孫文學說〉，頁34。

㉖　《清議報》，第六十四冊，頁8，惠事略紀，光緒二十六年十月初
　　一日。

㉗　馮自由著，《中華民國開國前革命史》（臺北，世界書局，民國四
　　十三年），第一冊，頁106。

㉘　《辛亥革命前十年間民變檔案史料》，下冊，頁459，光緒三十三

年四月二十六日，兩廣總督周馥奏摺錄副；《東方雜誌》，光緒三十三年，第七期，頁74。

㉙ 《中華民國開國前革命史》，第二冊，頁157。

㉚ 馮自由著，《革命逸史》（臺北，臺灣商務印書館，民國五十八年三月），第五集，頁115。

㉛ 《辛亥革命前十年間民變檔案史料》，下冊，頁442，光緒三十年三月十二日，署兩廣總督岑春煊奏摺。

㉜ 《東方雜誌》，光緒三十三年，第七期（上海，東方雜誌社，光緒三十三年七月），頁83。

㉝ 《辛亥革命前十年間民變檔案史料》，下冊，頁456，光緒三十三年四月十四日，軍機處收電檔。

㉞ 《辛亥革命前十年間民變檔案史料》，下冊，頁462，光緒三十三年五月初六日，軍機處收電檔。

㉟ 《辛亥革命前十年間民變檔案史料》，下冊，頁466。按王和順，清朝文書多作黃和順。三那抗捐，會黨首領黃世欽與劉思裕率眾起事。告示中「總統漢軍大元帥黃」，或指黃和順，或指黃世欽，軍機處收電檔。

㊱ 《東方雜誌》，第四年，第十期（光緒三十三年十月），頁118。

㊲ 《軍機處檔‧月摺包》（臺北，國立故宮博物院），第2730箱，145包，169116號，光緒三十四年十一月二十三日，兩廣總督張人駿奏摺錄副。

㊳ 《辛亥革命前十年間民變檔案史料》，下冊，頁471，光緒三十三年十一月十九日，兩廣總督張人駿奏摺。

㊴ 《東方雜誌》，第五年，第一期（光緒三十四年一月），軍事，頁24。

㊵ 《外交報》，己酉三月二十五日，第二四一期，頁5，見《外交報

　　彙編》，（臺北，廣文書局，民國五十三年十一月），第二十七冊，頁185。

㊶　《東方雜誌》，第五年，第五期（光緒三十四年五月），雜俎，頁13。

㊷　《軍機處檔·月摺包》，第2746箱，1包，174902號，光緒三十四年十一月二十七日，雲貴總督兼管雲南巡撫錫良奏摺；《東方雜誌》；第五年，第七期（光緒三十四年七月），記載，頁14。

㊸　《收電檔》（臺北，國立故宮博物院），宣統二年正月初三日，收署理兩廣總督致軍機處請代奏電；《軍機處檔·月摺包》第2777箱，32包，186363號，宣統二年正二十六日，袁樹勛奏摺；《東方雜誌》，第七年，第五期（宣統二年五月），奏牘，頁72，宣統二年四月二十二日，兩廣總督張人駿奏摺；《東方雜誌》，第七年，第二期（宣統二年二月），記載，頁16。

㊹　《收電檔》，宣統三年三月十五日，頁405。

㊺　《收電檔》，宣統三年四月初八日，頁133。

㊻　《東方雜誌》，第八卷，第三號（宣統三年四月），中國大事記，頁8。

㊼　《文史資料選輯》，第三十四輯，頁136。

㊽　《革命逸史》，初集，頁34。

㊾　陳劍安撰，〈廣東會黨與辛亥革命〉，《紀念辛亥革命七十周年青年學術討論會論文選》，（北京，中華書局，1983年8月），頁30。

㊿　《革命逸史》，第四集，頁38。

5⃣1⃣　蔡少卿著，《中國近代會黨史研究》（北京，中華書局，1987年10月），頁300。

5⃣2⃣　《革命逸史》，第四集，頁51。

5⃣3⃣　《興中會革命史要》，頁47。

(54) 《三十三年之夢》，頁323。

(55) 《國父全書》，〈孫文學說〉，頁34。

(56) 莊政著，《國父革命與洪門會黨》（臺北，正中書局，民國七十三年十月），頁103。

(57) 《辛亥革命前十年間民變檔案史料》，下冊，頁435。

(58) 《辛亥革命前十年間民變檔案史料》，下冊，頁441。

(59) 張玉法撰，〈清季革命運動的背景〉，《中國現代史專題研究報告》（臺北，中華民國史料研究中心，民國七十一年六月），頁93。

(60) 林增平撰，〈會黨與辛亥革命〉，《會黨史研究》（上海，學林出版社，1987年1月），頁172。

(61) 《紀念辛亥革命七十周年青年學術討論會論文選》，頁44。

(62) 《國父全書》，乙編，興中會時代，頁351。

(63) 《國父全書》，民族主義，第三講，頁196。

福義興

居住香港收過　　底
銀壹元正交清公司執單
為據川大丁首关并呈王
天運　　　　港福義興月
　　　　　　香　　　　日票

義興公司

居住實力憑單收過
題銀　　　交清公司
收起洪家祖氏批明執炊
天運　年　月
　　　　　日給印

認來榜五分
萬千千綿
家
關不正便
共供知會
洪風票
龍開不洪

東梁山

點得銀餉百萬兵　　掃平胡光鎮乾坤
西江水　　內外衷忧服
北漢堂
南藏香　　外華真歸
英雄本是天生子　　風虎雲龍統弟兄

購買文韜武畧
上將豪傑英雄
同心興邦立業
和益正直東公氾
滿人四方惠氣
義得八面威風

錦華山

四海水
仁義堂
萬福香
內口号　義童　桃園
錦華山上一炉香五祖名兇到廣楊
天下英雄齊錦義三山五岳定家邦
外口号　英雄　克立

洪門會黨各式腰憑